2020 유럽의 미래

2020 유럽의 미래

EU의 글로벌 기업 규제와 디지털 성장전략 해부

2016년 10월 17일 초판 1쇄 발행
2018년 10월 19일 초판 2쇄 발행

지 은 이 ㅣ 연세-SERI EU센터
펴 낸 곳 ㅣ 삼성경제연구소
펴 낸 이 ㅣ 차문중
출판등록 ㅣ 제1991-000067호
등록일자 ㅣ 1991년 10월 12일
주   소 ㅣ 서울특별시 서초구 서초대로74길 4(서초동) 삼성생명서초타워 30층
전   화 ㅣ 02-3780-8153(기획), 02-3780-8084(마케팅), 02-3780-8152(팩스)
이 메 일 ㅣ seribook@samsung.com

ⓒ 삼성경제연구소 2016
ISBN ㅣ 978-89-7633-970-6 03320

● 이 책은 유럽연합(EU)으로부터 재정 지원을 받아 출간되었습니다.
  This book has been published by the Yonsei-SERI EU Centre
  with the funding of the European Union.

● 가격은 뒤표지에 있습니다.
● 잘못된 책은 바꾸어 드립니다.

삼삼성경제연구소 도서정보는 이렇게도 보실 수 있습니다.
홈페이지(http://www.seri.org) → SERI 북 → SERI가 만든 책

EU의 글로벌 기업 규제와
디지털 성장전략 해부

2020
유럽의 미래

연세-SERI EU센터 지음

삼성경제연구소

EU(유럽연합)는 세계에서 가장 진전된 경제통합체로 60여 년의 역사를 지니고 있다. 완전한 정치통합체로 발전하지 못했기에 28개 회원국을 대체하는 정식 국가로는 인정받지 못하고 있지만, 그럼에도 EU는 국제사회에서 커다란 영향력을 발휘하고 있다. 특히 EU 집행위원회는 대외 무역 및 투자 협상에서 전권을 행사하고 있으며, 반독점 정책이나 정부보조금 규제를 비롯해 기업 인수 및 합병 분야에서도 막강한 권한을 지니고 있다.

하지만 EU에 대한 국내의 관심은 상대적으로 높지 않아 전문가나 일부 관계자를 제외하면 EU의 실제 모습을 정확히 아는 사람은 그다지 많지 않다. 독일, 영국, 프랑스 등 EU의 개별 국가에 대해서는 관심이 높고 친숙한 이들도 EU 자체에 대해서는 잘 모르는 경우가 많은 것이 사실이다. 이러한 까닭에 EU는 몇 년 전부터 국내에서 EU센터 지원 제도를 운영해왔다.

그동안 EU는 서울대학교를 시작으로 연세대학교와 부산대학교, 그리고 한국외국어대학교, 영남대학교, 고려대학교 등 총 6개 대학교와 순차적으로 계약을 맺고 EU센터 활동을 지원하였다. 2009년에는 처음으로 연세대학교와 민간 연구기관인 삼성경제연구소(SERI)가 서로 의기투합하여 '연세-SERI EU센터'를 공동 운영함으로써 새로운 협력 모델을 제시하였다.

2013년에 계약을 한 차례 갱신한 연세-SERI EU센터는 2016년 초까지 활동을 지속하였다.

7년이라는 기간 동안 연세-SERI EU센터는 학생 교환 프로그램과 학술 심포지엄 및 전문가 세미나 개최, EU 관련 정보지(《EU Brief》) 발간 등을 통해 EU를 알리고 한국과 EU 간 협력을 증진하는 데 도움이 되도록 활발한 활동을 펼쳤다. 이 책은 그 활동의 결과물로서, EU가 경제적으로 어떠한 방향성을 가지고 미래를 그려가고 있는지를 담고자 하였다.

필자가 분석해보건대 한국에서 EU에 대한 관심이 고조된 시기는 지난 30년 동안 대략 세 차례를 꼽을 수 있다.

첫 번째는 1980년대 후반부터 1990년대 초반의 시기로, 1993년 'EU 단일시장의 출범' 때문이었다. 1980년대 중반부터 EU 국가들은 국경 통제를 철폐하고 상품, 서비스, 사람, 자본 등 네 가지 요소의 자유로운 이동을 통해 세계 최대 단일시장을 만드는 작업을 추진하였다. 세계 각국은 '유럽요새화(Fortress Europe)'를 우려하면서 대책 마련에 나섰고, 국내에서도 정부 주도로 국책연구소와 민간연구소, 대학에서 각 분야 전문가들이 총동원되어 300여 개 조항으로 구성된 《유럽공동체 역내시장백서(White Paper on Completing the Internal Market)》의 내용과 영향을 분석하고 그 대응책을 마련하느라 분주하였다. 국내 기업들을 대상으로 수많은 대응 세미나와 설명회가 개최되었고, 그 결과 다수의 기업들이 유럽 단일시장 출범에 따른 사업 기회를 포착하기 위해 대(對)EU 투자에 나섰다.

두 번째는 1990년대 후반부터 2000년대 초반의 시기다. 1999년 유럽경제통화동맹(EMU)의 출범, 즉 유럽 단일통화(유로화)의 도입을 전후로 EU,

보다 정확하게는 유로지역(유로존)에 대한 관심이 다시 고조되었다. 경제통화동맹의 출범으로 유럽중앙은행(ECB)에 의해 공동통화 정책이 시행되고 참가국 간에 고정환율제가 적용되었다. 이로써 유럽 단일시장에서 환율 불안(환율 장벽)이 완전히 제거되어 금융시장 통합이 앞당겨지게 되었다. 당시 유럽 기업들 사이에서는 구매, 금융, 재무, 회계, 인사 등 경영 전반에 걸쳐 유로화 사용체제를 얼마나 완벽히 구축하느냐가 경쟁력을 가늠하는 척도로 인식되었다. 이러다 보니 유럽 기업들은 1998~2001년에 밀레니엄 버그와 맞물려 경영 시스템을 유로화 체제로 전환하는 작업을 서둘렀다. 유럽에 수출하거나 유럽 내에 거점을 두고 있던 국내 기업들 역시 유로화 체제를 갖추는 작업에 착수하였는데, 환율 장벽의 제거로 역내교역이 활성화되고 가격 투명성이 제고되어 시장 경쟁이 갈수록 심화될 것을 우려하였다.

세 번째는 2000년대 후반부터 2010년대 초반의 시기로, 한—EU 자유무역협정(FTA)의 협상 및 발효와 맞물려 있다. 2007년 5월 공식 협상을 시작한 한—EU FTA는 총 8회에 걸친 협상 끝에 2009년 7월 타결, 2010년 10월 공식 서명, 2011년 7월 1일 잠정 발효되었다. 국내 기업들은 세계 최대 시장인 EU와의 FTA에 큰 기대를 걸었다. 한—미 FTA에 비판적이었던 여론도 한—EU FTA에 대해서는 우호적인 시각이어서 비교적 순조롭게 비준작업이 이루어졌다. 한국과 EU 양측은 FTA를 계기로 무역과 투자 등 경제협력을 확대해 양자 관계를 전략적 동반자 관계로 격상시킨다는 계획을 가지고 있었다.

하지만 한—EU FTA가 발효된 지 6년이 지난 현재, 국내의 시선은 차갑기만 하다. 2012~2015년간 한—EU 무역 통계를 살펴보면 그 이유를 금방 알 수 있다. 이 기간 중 한국의 대EU 수입은 20.6% 늘어난 반면, 대EU 수출은 13.7% 줄어들었다. 이 때문에 1998년부터 흑자 기조를 유지해오던 대EU 무역수지가 2012년 이래 큰 폭의 적자를 지속하고 있다. 이러한 대EU 수출 부진은 글로벌 금융위기와 재정위기로 인해 유럽 경제의 침체가 장기화된 데 주로 기인한다. EU에 대한 국내의 관심이 차갑게 식은 것 역시 대EU 수출 부진에 따라 그만큼 유럽 시장의 중요성이 감소한 탓이라고 봐도 될 것이다.

다만, 한-EU FTA의 실망스러운 성과와 관련하여 수출 부진이 전적으로 유럽 경제의 침체에만 기인한 것인지는 냉정하게 분석해볼 필요가 있다. 한-EU FTA 협상이 한창이던 2000년대 후반에 FTA의 경제적 기대 효과를 연구했던 국내 연구기관들은 'FTA의 꽃'으로 불리던 상품양허 분야에서 관세인하가 폭넓게 이루어짐으로써 한국의 대EU 수출이 크게 늘어날 것으로 전망하였다. 하지만 필자는 FTA만으로 수출이 저절로 늘어나지는 않을 것이라는 우려를 갖고 있었다. 예컨대 FTA 체결은 자동차(교역)가 자유롭게 왕래할 수 있는 고속도로(인프라)를 까는 것에 비유할 수 있다. 수출 당사자인 기업이 얼마나 잘 활용하느냐에 따라 FTA의 효과가 나타날 수도, 그렇지 않을 수도 있다.

필자가 이러한 입장을 취한 것에는 나름대로 이유가 있었다. 2011년 당시 한국의 대EU 수출 구조를 분석한 결과, 한-EU FTA의 효과를 극대화하기에는 한국의 수출 구조에 적지 않은 문제가 있음을 발견하였기 때문이다. 첫째, EU 시장에서 중국, 미국, 일본 등 경쟁국에 비해 한국의 경쟁우위 품목 수가 계속 줄어들고 있었다. 그리고 EU의 주력시장인 서유럽 15개국에 대한 수출 비중이 가파르게 하락하고 있었다. 둘째, 한국의 수출 품목 구조가 매우 취약했다. 한국의 대EU 수출은 소수 품목 의존도가 대중국 수출이

나 대미국 수출보다 훨씬 심각했다. 대기업들이 주로 생산하는 특정 중공업 제품 위주로 수출이 이루어지다 보니 대EU 수출의 저변이 상대적으로 취약하였던 것이다. 또한 수출 경쟁국들과 비교하더라도 한국은 소수 품목에 대한 의존도가 지나치게 높았다. 10대 주력 수출 품목의 비중(2010년)을 비교해보면, 한국 65.9%, 일본 38.4%, 중국 36.4%, 미국 35.4%였다. 이는 한국의 수출 상품 다양성이 미흡하고 수출 산업의 저변이 취약해 한−EU FTA가 제공하는 폭넓은 관세인하 혜택을 누릴 수 없음을 의미했다.

다시 말하자면, 이때 필자의 우려는 비록 한−EU FTA가 잘 깔린 고속도로이긴 하지만 그 고속도로를 이용할 차량(수출 품목)이 적고 다양하지 않아 '그림의 떡'에 불과하지 않을까 하는 것이었다. 현재의 대EU 수출 부진은 경제 침체를 이겨낼 수 있는 수출 품목이 부족해 빚어진 현상이라는 것이 필자의 생각이다. 한−EU FTA 발효 이후 지속되는 한국의 대EU 수출 부진이 단순히 유럽 경제의 침체 때문이 아니라 한국 수출의 구조적 취약성에서 비롯된 것이라면 수출 부진의 장기화 가능성도 배제할 수 없다.

지금까지 국내에서 EU에 대한 관심이 고조된 시기를 살펴본 결과, 이러한 현상은 대략 10년 주기로 반복되어왔음을 알 수 있었다. 이른바 '10년 주기설'이 나름대로 근거가 있다면 이제 네 번째로 EU에 관심을 가져야 할 시기가 되었다. 공교롭게도 EU 역시 2020년을 목표로 적극적인 디지털 성장 전략을 추진 중이며 국내 기업들은 이에 대한 대비를 서둘러야 할 것이다.

이러한 토대에서 연세−SERI EU센터는 '2020 유럽의 미래'라는 제목 아래 책자 출간을 기획하게 되었다. EU는 디지털 성장전략을 통해 1∼3차 산업혁명의 옛 영광을 되찾고자 하고 있다. 이 디지털 성장전략의 정식 명칭은 '디지털 어젠다(DAE)'로, 2020년 유럽 디지털 단일시장의 완성을 목표로 설정하고 있다. 한국 경제와 기업들이 디지털 경제로 무장한 '미래의 EU'를 정확히 이해하고 적절한 대비책을 세울 수 있기를 바라는 마음을 책 속에 담았다.

이 책은 '위기', '수성', '진격', '기회'라는 키워드의 4부로 구성되어 있다. 먼저, '위협받는 사회적 시장경제'라는 부제를 달고 있는 제1부 '위기의 EU 경제'에서는 글로벌 금융위기의 진원지인 미국과 달리 EU 경제가 금융위기와 재정위기를 잇달아 겪으면서 부진의 늪에서 쉽게 빠져나오지 못하는 원인을 다각도로 분석하였다. 그리고 위기 극복을 위한 EU의 정책대응에 대해서도 간략히 살펴보았다.

제2부 '수성의 EU 경제'에서는 다국적 기업들에 대해 규제를 강화하는 EU의 보호주의 정책을 심층적으로 다뤘다. EU와 회원국 정부가 글로벌 자본으로부터 유럽의 기업과 일자리, 시장을 지키기 위해 도입하고 있는 기업 규제 조치들을 분석하였다. 특히 디지털 경제의 확산에 대응하여 EU가 최근 강화하고 있는 다국적 디지털 기업에 대한 규제를 개인정보보호, 조세, 신사업활동(반독점법, M&A 규제)의 세 가지 분야를 중심으로 살펴보았다. 최근 언론에서 거론되고 있는 프라이버시 실드(Privacy Shield)와 애플에 대한 EU 집행위원회의 130억 유로 규모의 세금 징수 문제도 다루었다.

제3부 '진격의 EU 경제'에서는 디지털 어젠다를 자세히 들여다보았다. EU의 중장기 성장전략인 '유럽 2020(Europe 2020)' 전략의 일환으로 구상된 디지털 어젠다의 추진 배경은 물론, 법·제도 정비 작업인 디지털 단일시장 완성, 인프라 확충에 해당되는 고속 브로드밴드 구축, 그리고 ICT 산업 경쟁력 확보를 위한 R&D 투자 확대라는 세 가지 측면에서 디지털 어젠다

의 주요 내용을 집중 분석하였다. 더불어 디지털 어젠다의 성공요건과 함께 2020년 EU 경제의 미래 모습을 네 가지 시나리오로 나누어 살펴보았으며, 앞으로의 분야별 영향과 경쟁구도도 전망해보았다.

끝으로 제4부 '기회의 EU 경제'에서는 유럽 시장의 특성과 글로벌 기업들의 대응전략을 살펴보고 EU 시장에 관심이 있는 한국 기업을 위한 제언을 제시하였다. 먼저, 성장잠재력이 큰 매력적인 시장인 동시에 갈수록 경쟁이 치열해지고 규제가 강화되는 이중성을 지닌 '두 얼굴의 시장'으로 규정할 수 있는 유럽 디지털 시장의 특징을 살펴보았다. 또한 미국 디지털 기업과 중국 혁신기업들의 유럽 시장 진출 전략을 대표적인 기업 사례를 들어 분석하였다. 미국은 물론 중국 기업들이 유럽의 콘텐츠와 서비스 분야를 비롯해 하드웨어 분야에서 약진할 것으로 예상되는 상황에서 한국 기업을 위한 유럽 시장 진출 전략과 규제 돌파를 위한 대응책을 담고자 노력하였다.

원고 작업은 연세-SERI EU센터의 활동 기간 중 작성되었던 각종 자료와 연구소의 다양한 보고서를 토대로 이루어졌는데, 그 과정이 결코 순탄하지만은 않았다. 특히 원고를 탈고하기 바로 직전인 2016년 6월 23일 영국 국민투표에서 그동안 우려했던 영국의 EU 탈퇴, 즉 브렉시트(Brexit) 시나리오가 현실화되어 집필자들은 커다란 허탈감을 느낄 수밖에 없었다. 브렉시트로 인해 영국과 EU의 관계가 흔들리는 것은 물론 장기적으로 EU의 미래, 특히 이 책의 핵심 주제인 디지털 어젠다와 디지털 단일시장 추진이 차질을 빚을 가능성도 배제할 수 없기 때문이다. 하지만 이 책에서 브렉시트라는, 매우 확률이 낮았던 돌발변수를 반영하여 EU의 전략을 다시 분석할 필요는 없다고 판단하였다. 관련 데이터를 영국과 EU 27개국으로 분리하

10

는 작업이 쉽지 않을 뿐만 아니라 브렉시트의 향방이 불확실해 산업 및 시장의 변화를 정확히 예측하기란 누구도 어렵다는 현실적인 이유가 크게 자리하고 있기도 하지만, 브렉시트로 인해 크고 작은 영향을 받을지언정 글로벌 기업 규제 강화나 디지털 성장전략에서 EU의 방향성이 달라지지는 않을 것이기 때문이다. 따라서 아쉽기는 하지만 이 책에서 브렉시트 문제를 심도 있게 다루지는 않았다.

다만, 아쉬움을 달래고자 브렉시트가 현재 EU가 추진 중인 디지털 어젠다와 디지털 단일시장에 어떤 영향을 줄 것인지에 대해 몇 가지 견해를 여기에 간략히 소개하고자 한다. 현재 두 견해가 맞서 있는데, 하나는 EU 내 2위 경제대국으로서 디지털 경제 측면에서 선두권을 형성하고 있는 영국이 EU에서 탈퇴할 경우 EU의 디지털 단일시장은 반쪽짜리로 전락할 것이라는 견해다. 이는 브렉시트를 지지하는 영국 정치인들이 주로 내놓는 주장이다. 반면, 영국이 EU의 디지털 단일시장에서 배제될 경우 경제적 혜택을 누리지 못하게 되어 큰 손실을 입게 될 것이라는 견해도 있다. 이는 프랑스, 벨기에를 비롯해 EU 국가들에서 제기하는 주장이다. 어느 주장이 맞을지는 시간이 지나면 알 수 있을 것이다. 하지만 한 가지 분명한 사실은 영국이 EU의 디지털 단일시장에서 빠질 경우 영국은 물론 나머지 EU 27개국도 적지 않은 경제적 손실을 감수해야 한다는 것이다. EU가 디지털 경제에서 미국과 경쟁하기 위해서, 또한 디지털 단일시장을 완성하고도 '앙꼬 없는 찐빵'이 되지 않기 위해서는 미국에 버금가는 디지털 경쟁력을 지닌 영국이 반드시 필요하다. 이러한 점에서 2017년 초부터 본격화될 영국의 탈퇴 협상은 매우 중요하며, 이 과정에서의 변화를 놓치지 말고 주의 깊게 살펴야 할 것이다. 필자 개인적으로도 EU와 영국이 어떻게 새로운 관계를 이루어나갈 것인지에 대해 관심과 기대가 크다. 브뤼셀 소재의 싱크탱크인 브뤼겔(Bruegel)이 EU와 영국의 새로운 관계 모델로 제시한 '긴밀한 경제관계와 느슨한 정치관계의 결합(Continental Partnership)' 등 연구기관이나 전문가들의 의견을 참고하면서 이 과정을 지켜본다면 유럽의 미래를 보다 구체적으로 그려볼 수 있을 것으로 생각된다.

아마도 여러 지인의 도움이 없었다면 이 책은 나오기 힘들었을 것이다. 우선, 연세-SERI EU센터의 활동 중 하나로 이 책이 출간되기까지 재정 지원을 해준 EU와 삼성경제연구소 그리고 연세대학교에 감사드린다. 무엇보다 연세-SERI EU센터의 설립 및 운영에 도움을 주신 삼성경제연구소의 정구현·정기영 전 소장님 두 분과 의미 있는 책이 나올 수 있도록 관심과 지도편달을 아끼지 않으셨던 차문중 소장님께 감사드린다. 또한 집필할 수 있도록 시간을 할애해주고 수시로 유익한 의견을 주신 류한호 연구조정실장과 황인성 글로벌연구실장께도 감사드린다.

지난 7년 동안 연세-SERI EU센터를 함께 운영하면서 동료애를 발휘해주신 연세대학교의 선배 및 동료 교수들께도 감사드린다. 특히 EU센터 소장으로 협력의 미덕을 보여주신 연세대학교의 박영렬 교수님과 이연호 교수님, 그리고 연세-SERI EU센터의 터줏대감으로 궂은일을 마다하지 않았던 고주현 박사님께도 감사드린다.

원고 작업에 참여해주신 삼성경제연구소의 후배 연구원들에게도 고마운 마음을 전한다. 원고 집필과 교정 과정에서 최선을 다해준 이대식 박사와 이선휘 박사, 그리고 박성배 박사에게 감사드린다. 더불어 연구 작업에 흔쾌히 참여해주신 임태윤 상무님을 비롯해 김선빈, 정호성, 안강, 김상지 박사에게도 고마움을 표한다. 또한 무더운 날씨에도 불구하고 편집 작업에 심혈을 기울여준 출판팀에도 깊이 감사드린다. 끝으로 누구보다도 감사해야 할 숨은 일꾼이 있다. 오랫동안 EU센터 관련 활동을 함께하면서 젊은 연구자로서 귀감이 되어주었고, 이제는 바쁜 영국 유학생활 중에도 원고 작성과 교정 작업에 최선을 다해준 김경훈 박사에게 심심한 감사를 표하고자 한다.

이 책이 졸고(拙稿)라는 자괴감이 드는 것은 어쩔 수 없으나, SERI 연구진의 연구 결과를 토대로 작성된 책이라는 데 감히 자부심을 갖는다. EU가 추진 중인 디지털 어젠다와 디지털 단일시장이 가져다줄 2020년 EU 경제의 변화를 읽는 데 이 책이 도움이 되리라 믿어 의심치 않는다. 아무쪼록 EU센터의 설립 취지대로 이 책이 '2020 유럽의 미래'를 알리며 네 번째 붐을 일으키는 기폭제 역할을 할 뿐만 아니라 국내 기업들의 EU 시장 진출에도 기여했으면 하는 바람이다.

2016년 10월
집필진을 대표하여
김득갑

책을 내며 • 4

제1부 / **위기의 EU 경제**
위협받는 사회적 시장경제

1 | EU 경제를 흔드는 위기의 정체 • 19

2 | EU 경제위기 고착화의 원인은 무엇인가? • 41

3 | 위기 극복을 위한 EU의 정책대응 • 65

제2부 / **수성의 EU 경제**
글로벌 기업에 대한 규제 강화

1 | 뒤늦게 새판을 짜려는 유럽 • 83

2 | 개인정보 규제: 인권 이슈로 확대 • 88

3 | 조세 규제: '바닥으로의 경쟁'을 저지 • 112

4 | 신사업활동 규제: 승자독식을 우려 • 136

제3부 / **진격의 EU 경제**
디지털 어젠다의 추진

1 | EU는 왜 디지털 경쟁에서 뒤처졌는가? • 161

2 | 디지털 경제 실현을 위한 승부수, 디지털 어젠다 • 186

3 | 디지털 어젠다의 성공 열쇠와 네 가지 시나리오 • 213

4 | 디지털 어젠다의 분야별 영향과 경쟁구도 전망 • 223

제4부 / **기회의 EU 경제**
글로벌 기업들의 대응전략과 한국 기업을 위한 제언

1 | 두 얼굴의 유럽 시장 • 243

2 | 미·중 경쟁 기업들의 유럽 전략 • 258

3 | 한국 기업을 위한 제언 Ⅰ: 유럽 시장 진출전략 • 276

4 | 한국 기업을 위한 제언 Ⅱ: 규제 돌파를 위한 대응책 • 293

제1부

위기의 EU 경제

위협받는 사회적 시장경제

1. EU 경제를 흔드는 위기의 정체

2. EU 경제위기 고착화의 원인은 무엇인가?

3. 위기 극복을 위한 EU의 정책대응

1

EU 경제를 흔드는
위기의 정체

미국보다 회복이 더딘 EU 경제

'유럽의 옛 영광'을 재현하려는 EU의 원대한 꿈은 물거품이 되는 것인가? 경제통합에서 한 발 더 나아가 정치통합까지 바라보던 EU로서는 1957년 출범 이래 최악의 시련을 맞고 있다. EU가 자칫 붕괴할지도 모른다는 비관주의가 EU 내에 팽배해 있다.

　EU 곳곳에서 나타나고 있는 균열의 조짐은 EU 경제가 오랫동안 부진을 면치 못한 탓이 크다. 설상가상으로 시리아 사태에서 촉발된 난민위기는 EU에 정치·경제적 어려움을 가중시키고 있다. EU 탈퇴(브렉시트, Brexit)[1]로 최종 결론이 난 영국 국민투표와 EU 역내의 자유로운 이동을 보장하는 솅겐 협정(Schengen Agreement)의 잠정 중단은 EU가 처한 위기 상황을 단적으로 보여준다.

EU가 이러한 총체적 위기에서 벗어나는 길은 하루빨리 예전의 경제성장을 되찾는 일이 될 것이다. 유럽인들은 물론 전 세계가 세계경제의 약 4분의 1을 차지하는 EU 경제의 역동적인 모습을 간절히 바라고 있다.

사실 브렉시트라는 돌발변수가 발생하기 전까지만 하더라도 EU(또는 유로지역)[2] 경제는 오랜 부진의 늪에서 벗어나는 기미를 보여 기대를 모았다. 유럽통계청(Eurostat)에 따르면, 2016년 1/4분기 유로지역 경제는 당초 예상(0.4% 성장)을 웃돌며, 전기 대비 0.6% 성장하였다. 이는 지난 2011년 1/4분기(0.9% 성장) 이후 5년 만에 가장 높은 성장률이다.

하지만 이제 유로지역의 경기회복을 낙관하기 어렵게 되었다. EU 집행위원회(European Commission)가 내놓은 경제전망 보고서[3]에서 언급한 것처럼 브렉시트의 충격이 EU 경제에 부정적 영향을 줄 것으로 예상될 뿐만 아니라 경기회복을 위협하는 대내외 변수가 적지 않아 성장동력의 약화가 우려된다. EU 경제가 경제위기의 충격에서 완전히 벗어나려면 더 많은 시간과 노력이 필요할 것으로 보인다. 디플레이션 우려가 상존[4]해 있는 만큼

---

1 2016년 6월 23일 실시된 국민투표에서 영국의 EU 탈퇴가 결정되었다. 영국 정부가 EU 탈퇴 의사를 공식 통보한 시점부터 2년 동안 영국과 EU 간에 탈퇴 협상이 진행될 예정이다. 협상이 진행되는 동안 영국의 EU 회원국 자격은 그대로 유지되기 때문에 이 책에서는 필요한 경우 외에는 영국과 EU를 구분해서 다루지 않았으며, 영국이 포함된 EU 통계를 그대로 사용하였다. 향후 영국의 EU 탈퇴가 끼칠 경제적·사회적 파장에 대해서는 보다 심도 있는 연구가 필요할 것으로 보인다.

2 유럽연합(EU)은 28개국으로 구성되어 있는 단일경제권을 가리키며, 유로지역(또는 유로존)은 유로화를 공용통화로 사용하는 EU 19개국으로 구성된 단일통화권을 지칭한다. 2015년 현재 유로지역이 EU 경제의 71%를 차지하고 있다.

3 European Commission (2016. 7). The Economic Outlook after the UK Referendum: A First Assessment for the Euro Area and the EU.

4 유로지역의 소비자물가 상승률은 2016년 4월 -0.2%에 이어 5월에 -0.1%, 6월에 0.1%를 기록하였다.

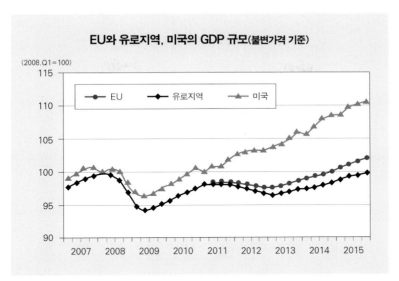

EU와 유로지역, 미국의 GDP 규모(불변가격 기준)

(2008.Q1=100)

자료: Eurostat; Bureau of Economic Analysis.

현재의 저금리 기조가 당초 예상보다 더 오래 지속될 가능성도 배제할 수
없다.

　2008년 글로벌 금융위기 이후 최근까지의 EU 및 유로지역 경제 상황을
미국과 비교해보자. 2016년 1/4분기의 EU 전체 GDP(불변가격 기준)는 글
로벌 금융위기 이전의 최고치(2008년 1/4분기)에 비해 2.4% 증가하였다. 하
지만 유로지역 19개국의 GDP는 2016년 1/4분기가 되어서야 비로소 위기
이전 수준을 회복하였다. 그 이유는 2008~2009년 글로벌 금융위기에 이
어 2012~2013년에는 재정위기로 인해 유로지역 경제가 다시 침체에 빠졌
기 때문이다.

　반면 글로벌 금융위기의 진원지였던 미국 경제는 훨씬 빠른 속도로 회
복되었다. 2008년 1/4분기부터 2016년 1/4분기까지 유로지역 경제가 연
평균 0.2% 성장하는 동안 미국 경제는 연평균 1.3% 성장하였다. 미국의

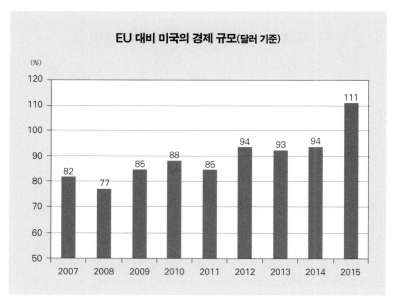

EU 대비 미국의 경제 규모(달러 기준)

(%)

자료: IMF. World Economic Outlook DB.

2016년 1/4분기 GDP(불변가격 기준) 규모는 최고치를 기록했던 2008년 2/4분기에 비해 10% 이상 증가하였다.

그 결과 2008년만 하더라도 EU의 77%(달러 기준) 수준에 머물렀던 미국의 경제 규모는 2014년 EU의 94% 수준까지 격차를 좁혔으며, 2015년에는 유로화 가치의 급격한 하락으로 인해 EU의 경제 규모를 11% 능가하기에 이르렀다.[5]

실업률 측면에서도 유로지역과 미국은 현저한 차이를 보이고 있다. 글로벌 금융위기의 충격이 본격화되던 2009년 10월 미국의 실업률은 10%

---

5 달러 기준으로 경제 규모 환산 시 환율 변동이 큰 영향을 준다. 2007년 말 달러 대비 유로화 환율은 1.46달러였으나, 2015년 말에는 1.09달러로 크게 하락하였다.

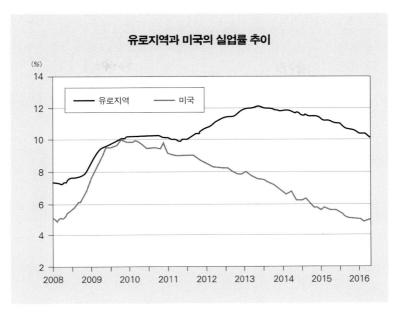

유로지역과 미국의 실업률 추이

(%)

자료: Eurostat; Bureau of Labor Statistics.

까지 치솟았으나, 이후 강한 경기회복에 힘입어 실업률이 계속 하락해 2016년 5월 자연실업률[6]을 하회하는 4.7%까지 떨어졌다. 반면 유로지역은 글로벌 금융위기에 이은 재정위기로 고용이 계속 악화되어 2013년 상반기에 실업률이 12.1%까지 상승하였다. 이후 유로지역 경기가 회복되면서 실업률이 점차 낮아지고 있으나, 2016년 5월 현재 유로지역 실업률은 여전히 두 자릿수(10.1%)를 기록 중이다.

글로벌 금융위기가 미국에서 시작되었는데도 대서양 너머에 있는 EU, 특히 유로지역의 경제적 충격이 미국보다 더 크고 오랫동안 지속되고 있는

---

6 물가상승률을 가속화하지 않고 현재 수준에서 안정시킬 수 있는 완전고용 실업률을 의미하며, 흔히 'NAIRU(Non-Accelerating Inflation Rate of Unemployment)'라고 부른다. 일반적으로 미국의 자연실업률은 연준(연방준비위원회)의 추정치(5.4%)보다 다소 낮은 약 5% 정도로 평가된다.

것은 아이러니가 아닐 수 없다. 그 이유는 과연 무엇일까? 글로벌 금융위기의 충격이 EU 경제, 특히 유로지역 경제에 어떤 경로를 통해 영향을 주었는지를 살펴보면 유럽 경제의 부진 원인을 알 수 있다.

금융위기의 충격에 따른 유럽 은행의 부실

미국발(發) 글로벌 금융위기는 은행을 매개로 하여 유럽으로 전이되었다. 유럽은 미국과 달리 자본시장을 통한 직접금융보다 은행을 통한 간접금융이 발달해 있다. 금융위기의 충격으로 은행들의 자금중개 기능이 급격히 위축되면서 사태가 악화되었다.

글로벌 금융위기가 본격화되기 시작한 2009년 당시 유럽 은행들의 상황을 간단히 살펴보자. 미국발 금융위기로 유럽 은행들은 막대한 손실을 입었다. 유럽 은행들의 손실[7]은 금융위기의 주범으로 지목되었던 미국 은행들보다 더 컸다. 유럽중앙은행(ECB)은 유로지역 은행들의 손실 규모가 총 6,490억 달러(은행 총자산의 4.5%)로 미국 은행의 손실 규모를 상회하는 것으로 추정하였다.[8] 유럽 은행의 부실은 민간대출과 대(對)유럽 증권투자 손실에 주로 기인한다. 2008년 말 민간대출의 손실 예상액은 4,310억 달러[9]로 증권투자 손실 예상액(2,180억 달러)을 크게 상회하였다. 한편, 증권투자 손실에서도 대유럽 증권투자 손실 예상액(1,570억 달러)이 대미(對美) 증권투

---

7 은행 손실은 자산평가 손실, 기타 비경상 손실, 대출 손실로 구성된다.
8 ECB (2009. 6). Financial Stability Review.
9 민간대출의 부문별 손실 예상액은 기업대출 2,300억 달러, 가계대출 2,010억 달러로 추정된다.

자 손실 예상액(610억 달러)의 약 2.5배 수준에 달했다. 2009년 4월 국제통화기금(IMF)도 《글로벌 금융 안정 보고서》에서 유럽 은행들의 자본 확충 필요액을 총 6,000억 달러로 산정하여 미국(2,750억 달러)[10]을 크게 상회한다고 추정한 바 있다.[11]

2008년 1/4분기 기준으로 유로지역 비금융·회사(NFCs: Non−Financial Corporations)들의 외부 조달자금 중 은행차입이 차지하는 비중이 41.3%에 달했고, 회사채와 주식의 비중은 각각 6.5%, 29.7%였다. 글로벌 금융위기와 재정위기를 거치면서 자금 조달원으로서 은행의 역할이 줄어들어 2016년 1/4분기에 그 비중이 35.4%로 하락했으나, 유로지역 경제의 근간이 되는 중소기업들은 여전히 은행대출에 주로 의존하고 있다.[12]

유럽은 은행의 자금중개 기능에 대한 의존도가 높아 실물경제와 은행 건전성 간에 밀접한 상관관계가 있다. 미국 은행과 달리 유럽 은행들은 투자자산보다 대출자산 비중이 높고, 특히 기업 관련 자산이 높은 비중을 차지한다. 그렇다 보니 2011년 은행의 민간대출 규모는 EU GDP의 136%(미국 55%)에 이르는 반면, 회사채 발행 규모는 EU GDP의 15%(미국 35%)에 불과하다. 이에 따라 실물경기 침체로 인한 기업 부실이 은행의 자산건전성과 이익에 미치는 충격이 미국보다 유로지역에서 훨씬 컸다. 기업의 부실 및 도산이 은행 손실로 이어지고, 은행 부실은 다시 기업의 자금조달을 어렵게 하는 악순환 고리가 형성되었다.[13]

---

10 2008년 말 기준 자산 규모가 1,000억 달러를 상회하는 미국의 19개 은행지주회사를 대상으로 한 위기 상황 분석(Stress Test) 결과, 2009년 5월 7일 미국 정부가 10개 대형 은행에 명령한 자본 확충 규모는 746억 달러에 불과하였다.

11 IMF (2009. 4). Global Financial Stability Report.

12 ECB (2016. 5). Economic Bulletin.

미국발 금융위기의 충격으로 은행 부실이 급격히 확대되자 EU 국가들은 부실 은행 지원에 나섰다. EU 집행위원회의 자료[14]에 따르면, 2008년 10월부터 2012년 10월까지 은행 지원에 EU 전체적으로 5조 1,000억 유로가 승인되었고, 이 중 실제로 사용한 금액은 1조 6,000억 유로(2010년 EU GDP의 12.5%)에 이른다. 사용 용도를 살펴보면, 은행 자본 확충에 3,000억 유로, 정부 보증에 1조 1,000억 유로, 자산 상각에 1,000억 유로, 유동성 지원에 1,000억 유로가 사용되었다. 국가별 승인액을 비교해보면 영국(8,733억 유로), 독일(6,461억 유로), 덴마크(6,126억 유로), 스페인(5,753억 유로), 아일랜드(5,713억 유로) 등 5개국이 전체의 64%를 차지하였다.

이렇듯 정부재정을 투입해 은행 지원에 나선 결과 EU 국가들의 재정이 급격히 악화되는 결과가 초래되었다.

정부재정 악화와 국가부도 위기

1999년 경제통화동맹(EMU; Economic and Monetary Union) 출범 이후 유럽 금융시장 통합이 진전되면서 북유럽 국가들의 잉여자본이 고수익을 올릴 수 있는 남유럽 국가에 투자되었다. 이에 힘입어 스페인, 포르투갈, 그리스 등 남유럽 국가들과 아일랜드를 비롯한 주변국들이 경제 호황을 구가할

---

13 당시 독일 중앙은행 총재였던 악셀 베버(Axel Weber)는 기업도산 증가를 이유로 은행의 추가 자본 확충의 필요성을 역설하였다 [German Central Bank President Signals Caution (2009. 8. 18). *The Wall Street Journal*].

14 European Commission (2013. 4). European Financial Stability and Integration.

수 있었다. 특히 풍부한 저리의 자금이 스페인과 아일랜드의 부동산 시장에 몰려 건설경기가 장기간 호황을 보이고 주택 가격이 폭등하는 현상이 발생하였다.

하지만 글로벌 금융위기가 시작되면서 상황은 급반전되었다. 투자심리 악화로 위험회피 현상이 심화되면서 그동안 경상수지 적자와 재정적자를 메우는 데 필요한 재원을 금융시장에서 조달해온 남유럽 국가들의 취약성이 부각되었다. 그 결과 남유럽으로부터 자본 이탈이 본격화되었다. 국제결제은행(BIS)의 통계에 따르면, 2008년 1/4분기를 기점으로 5개 재정취약국(포르투갈, 아일랜드, 이탈리아, 그리스, 스페인)에 대한 유럽 은행들의 익스포저(exposure)[15]가 지속적으로 줄어들어 2015년 말에는 그 규모가 최고점 대비 37% 수준으로 감소하였다. 5개 재정취약국 중에서 그리스 (−90%), 아일랜드(−72%), 스페인(−66%)의 감소폭이 가장 두드러졌다. 그 결과 2005~2007년에 30% 이상 상승했던 아일랜드의 주택 가격은 2013년 초에 최고점 대비 50% 이상 폭락했으며, 스페인의 주택 가격도 2014년 9월 말에 2008년 3월 최고점 대비 31% 하락하였다.

유로지역 국가 중에서 재정 상태가 가장 취약했던 그리스는 2009년 말부터 위기에 직면하였다. 두바이 사태[16]에 따른 국제금융시장 불안과 그리스의 정권교체 이후 과거 정권의 회계부정 적발, 통계조작 의혹[17] 등이 불거지면서 그리스 경제에 대한 투자자들의 불신이 고조되었다. 그리스 신정부로

---

15 위험 노출액으로 은행의 신용대출과 증권투자를 지칭한다.
16 석유자원이 없는 두바이는 대규모 해외자본의 유입에 힘입어 물류, 건설, 관광산업 등을 중심으로 급성장하였다. 하지만 2008년 글로벌 금융위기와 신용경색으로 인해 자금조달에 차질이 생겨 부동산을 비롯한 자산가격이 급락하면서 위기에 처하게 되었다.

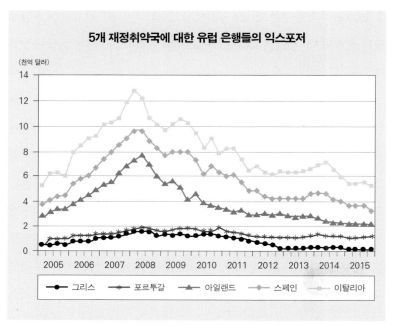

5개 재정취약국에 대한 유럽 은행들의 익스포저

(천억 달러)

| 그리스 | 포르투갈 | 아일랜드 | 스페인 | 이탈리아 |

자료: BIS. Detailed tables on BIS international banking statistics.

서는 위기에 대처할 능력이 없었을 뿐만 아니라 대외환경도 불리하게 전개
되었다. 또한 그리스에서 긴축재정에 대한 사회적 저항이 거세지고, 독일
과 프랑스 등 주요국들의 선거로 EU 차원의 지원이 지연되면서 시장의 불
확실성이 갈수록 커졌다. 지방선거를 목전에 둔 메르켈 독일 정부는 그리스
지원 반대 여론이 거세 구체적인 구제금융 계획을 제시하는 데 주저할 수밖
에 없었다. 이러다 보니 그리스에 이어 포르투갈과 스페인 등 남유럽 국가
로 위기가 전이될 것이라는 우려가 대두되었고, 시장의 불확실성이 커지면

---

17 2009년 10월 새로 들어선 중도좌파 성향의 사회당(PASOK) 신정부는 2008년의 재정적자를 GDP 대비
5.0%에서 7.7%로 상향 조정하고, 2009년 재정적자가 과거 정부가 제출한 GDP 대비 3.7%보다 3배 이
상 높은 GDP의 12.7%에 달할 것이라고 발표했다.

제1부 위기의 EU 경제

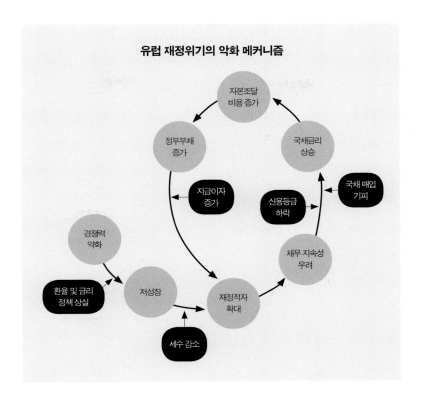

유럽 재정위기의 악화 메커니즘

서 그리스의 국가디폴트 가능성마저 불거졌다.

EU 회원국들은 위기가 유로지역으로 확산되는 것을 막고자 7,500억 유로의 구제금융기금을 긴급 조성하기에 이르렀다. 2010년 3월 EU 정상회의에서 회원국 상호 간 차관 및 채무보증(4,400억 유로), EU 긴급대출(600억 유로), IMF 대출(2,500억 유로)을 통해 기금을 마련하기로 합의하였다. 하지만 이러한 위기대응책은 구체적인 자금조성 계획이 미흡한 데다 즉각적인 집행 가능성이 불확실한 측면이 있었다. 4,400억 유로의 채무보증 방식과 시행방안의 구체성이 결여된 데다 시행까지 상당한 시간이 걸릴 것으로 예상되었다. EU의 긴급대출 증액(600억 유로)은 각국의 의회 승인이 필요하지 않은 반면 4,400억 유로의 재원을 조달하려면 각국 의회의 승인이 필요했기 때문이다. 회원국 간 불협화음과 각국 의회와의 마찰, 반대 여론 등이 즉각적인 자금 집행을 가로막는 걸림돌로 작용하였다.

그럼에도 불구하고 국가부도 위기에 몰린 그리스(2010년 5월), 아일랜드(2010년 12월), 포르투갈(2011년 5월), 키프로스(2013년 3월) 등 주변국들은 결국 EU와 IMF로부터 구제금융 자금을 지원받았으며, 은행위기에 처한 스페인도 2012년 7월 390억 유로의 구제금융 자금을 지원받기에 이르렀다. 특히 그리스는 1차에 이어 2012년 3월에 2차 구제금융, 2015년 8월에 3차 구제금융을 지원받았다.

위기 확산의 차단과 ECB의 대응

2012년 상반기, 유로지역 위기는 최고조에 달했다. 재정취약성이 부각된 스페인과 이탈리아가 국가채무위기에 직면하면서 유로지역의 존립마저 위태로워졌다. 투자자들이 스페인과 이탈리아의 국채 매입을 꺼리면서 이들 국가의 국채금리가 위험 수준[18]까지 상승하였다. 이는 재정 악화와 은행 부실 확대(스페인), 과도한 국가채무(이탈리아)라는 내부요인과 함께 그리스의 국가부도(디폴트) 및 유로지역 탈퇴 위기라는 외부요인까지 겹쳐 스페인과 이탈리아에 대한 우려가 고조된 데 따른 결과였다.

---

18 스페인과 이탈리아의 10년물 국채금리가 6%를 넘어서자 시장에서는 위험 경고등이 켜진 것으로 받아들였다.

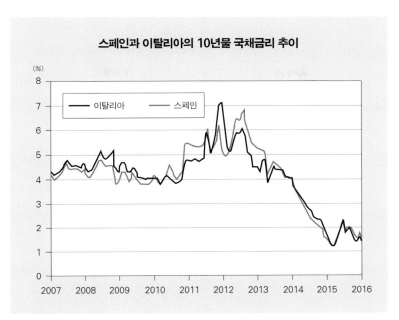

스페인과 이탈리아의 10년물 국채금리 추이

(%)

— 이탈리아   — 스페인

2007 2008 2009 2010 2011 2012 2013 2014 2015 2016

자료: Bloomberg.

경제 규모가 작은 주변국의 위기와는 달리 유로지역의 3, 4위 경제대국인 이탈리아와 스페인이 처한 위기는 유로지역의 존립 자체를 위태롭게 하는 중대한 사안으로 인식되었다. 그리스, 아일랜드, 포르투갈, 키프로스 4개국의 경제 규모는 모두 합하더라도 유로지역의 5.6%에 불과하지만 이탈리아와 스페인의 경제 규모는 유로지역의 27%를 차지할 정도로 존재감이 크다.

2012년 3월 당시 이탈리아와 스페인의 정부부채는 총 2조 7,370억 유로로, 유로지역 전체 정부부채의 32%를 차지하는 엄청난 규모였다. BIS의 통계에 따르면, 두 나라 공공기관에 대한 유럽 은행들의 익스포저만 하더라도 2,100억 달러에 달해, 어느 한 국가가 디폴트를 선언할 경우 유럽의 은행 시스템을 붕괴시킬 정도의 파괴력을 지니고 있었다.

이에 따라 EU 차원에서 본격적인 위기대응책이 모색되었다. 2012년 6월 EU 정상회의에서 위기 확산을 막기 위한 방화벽 구축이 합의되었다.[19] 또한 같은 해 7월에는 위기대응의 최후 보루로 여겨졌던 ECB가 본격 대응에 나서면서 시장 내 불안감이 빠르게 진정되었다.

ECB는 회원국들이 재정건전성 확보를 위해 시행하는 긴축 정책으로 인한 경기 침체를 막기 위해 시중 은행을 상대로 한 장기 저리 유동성 공급(LTRO; Long-Term Refinancing Operations), 외화 유동성 공급, 증권시장 프로그램(SMP; Securities Markets Programme) 등 비전통적인 통화 정책 수단으로 유동성 공급 확대에 나섰다.

2009~2012년 ECB는 금융시장 안정을 위해 1년 또는 3년 만기의 저리 유동성을 은행에 공급(LTRO)하는 한편, 일부 취약국의 국채를 제한적으로 매입하였다. 하지만 결과는 기대에 미치지 못했다. 저리의 장기 유동성 공급을 네 차례 실시했으나, 은행들의 대출자금 조기 상환으로 인해 ECB의 자산 규모는 2012년 이후 오히려 감소하였다.

또한 ECB는 2010년 5월부터 2012년 2월까지 증권시장 프로그램(SMP)을 통해 3개 구제금융 지원국과 이탈리아·스페인의 국채를 매입했는데, 총 매입 규모가 한때 2,120억 유로에 달했다. 하지만 동일한 규모의 유동성을 시중에서 흡수해 통화량을 조절하는 불태화 정책(sterilization)[20]을 시행한 결과 ECB의 자산 규모는 별다른 변화가 없었다. 이때까지만 하더라도 ECB는 미국, 영국, 일본과 달리 금융완화 정책을 보수적으로 운영하였다.

---

19 5,000억 유로 규모의 가용자원을 지닌 구제금융기관인 유럽안정화기구(ESM; European Stability Mechanism)의 설립을 의미한다.

20 중앙은행이 물가상승 우려를 감안해 시중에 풀었던 유동성을 다시 흡수하는 정책을 뜻한다.

제1부 위기의 EU 경제

2014년 들어 물가 하락세가 지속되자 ECB는 디플레이션 우려를 해소하려고 추가 금리인하에 나섰다. 2014년 6월 ECB는 예치금리(deposit rate)를 −0.10%로 인하하는 한편, 기준금리도 0.15%로 낮췄다. 또한 ECB는 유동성 공급을 확대하고자 목표물 장기대출 프로그램(TLTRO; Targeted Long-Term Refinancing Operations)[21]을 시행하는 한편, 증권시장 프로그램(SMP)에 적용해왔던 불태화 정책을 중단하였다. ECB의 금리인하 및 유동성 공급 확대 정책은 시장 안정과 경기 진작에 어느 정도 기여한 것으로 평가된다. 그 결과 그리스를 제외하고 아일랜드와 포르투갈은 국채금리가 큰 폭으로 하락하여 시장에서 자금을 조달할 수 있게 됨으로써 구제금융 지원 프로그램을 예정대로 2013년 12월과 2014년 6월에 각각 종료할 수 있었다.

하지만 ECB는 디플레이션 우려가 지속되자 2015년 3월부터 매월 600억 유로 규모의 채권을 매입하는 양적완화(QE; Quantitative Easing) 정책을 실시하였다.[22] 그리고 2015년 12월에는 채권 매입 종료기간을 당초 2016년 9월에서 2017년 3월로 연장하였으며, 2016년 3월부터 매입 규모를 매월 800억 유로로 확대하였다. 2016년 4월 말 현재 ECB는 총 9,178억 유로의 채권을 매입했는데, 국채 7,265억 유로, 커버드본드(covered bond)[23] 1,723억 유로, 자산유동화증권(ABS; Asset Backed Securities) 190억 유로로 구성되어 있다. 2016년 3월부터는 비금융기관이 발행한 우량 회사채도 매입 대상에 포함되었다.

---

21 비금융 민간대출(2014년 4월 말 기준)의 7%(기본대출 기준)까지 대출한도를 설정하였다.
22 ECB의 본격적인 양적완화 조치는 독일 등 일부 회원국의 반대로 미국, 일본보다 늦게 시행되었다.
23 발행기관이 보유한 주택담보대출 등 우량자산을 담보로 발행하는 담보부채권을 말한다.

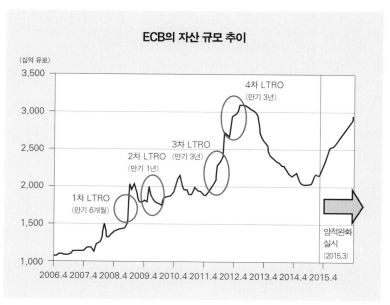

ECB의 자산 규모 추이

(십억 유로)

3,500

3,000

2,500

2,000

1,500

1,000

2006.4 2007.4 2008.4 2009.4 2010.4 2011.4 2012.4 2013.4 2014.4 2015.4

1차 LTRO
(만기 6개월)

2차 LTRO
(만기 1년)

3차 LTRO (만기 3년)

4차 LTRO
(만기 3년)

양적완화
실시
(2015.3)

자료: ECB.

ECB의 금융완화 정책은 유로화 약세와 장기금리를 떨어트리는 데는 성
공했으나, 당초 의도했던 인플레이션 유도 및 경제 활성화에는 미흡한 것으
로 평가된다. 특히 경기회복에 반드시 필요한 은행의 민간대출(특히 기업대
출) 확대 효과가 미흡하다는 지적이다. 은행의 가계대출 증가율은 2016년
들어 전기 대비 2% 내외를 기록하고 있지만, 기업대출 증가율은 1% 미만으
로 회복이 더딘 실정이다. 이는 시중의 신용경색이 여전히 지속되고 있음을
뜻한다. ECB가 목표로 내건 물가상승률 2% 목표 달성도 요원하다. 유로지
역의 소비자물가(CPI) 상승률은 2011년 하반기 한때 3%까지 증가했으나,
고용 악화와 가계부채 부담으로 인한 수요 둔화, 저유가, 글로벌 저성장 등
의 영향으로 디플레이션 우려가 지속되고 있다. 에너지·식품·주류(酒類)·

제1부 위기의 EU 경제

담배를 제외한 근원소비자물가 상승률은 2014년과 2015년 모두 0.8%에 그쳤다. ECB는 유가 하락을 반영하여 2016년과 2017년의 헤드라인 소비자물가 상승률을 각각 0.1%와 1.3%로 전망하는 등 물가목표 달성 시기를 당초 2017년 상반기에서 2018년으로 늦춰 잡은 상태다.

유럽 경제위기의 본질

지금까지 미국발 금융위기의 전이 경로와 유로지역의 경제위기 경과를 간단히 살펴보았다. 미국발 서브프라임 모기지 사태가 글로벌 금융위기를 야기해 유럽 경제위기를 초래한 것은 분명 사실이다. 하지만 유로지역 경제도 자체적으로 많은 문제를 내포하고 있었다. 1999년 유로화 출범 이후 형성된 경제적 버블이 미국발 대외 충격으로 꺼지면서 위기가 본격화된 것이 유럽 경제위기의 본질이라 할 수 있다.

　유로화 출범 후 저금리 장기화, 역내 금융기관 간 대출 경쟁 등으로 남유럽 국가로 자금이 유입되어 소비가 급증하여 무역 및 경상수지가 악화되었고 부동산 가격이 급등하였다. 한편 글로벌 금융위기로 인한 버블 붕괴로 경기가 급락하면서 은행 부실이 확대되고 가계 부실이 심화되었다. 정부재정도 세수 감소와 복지 지출 확대로 인해 급격히 악화되었다. 여기에는 방만한 재정 운용, 지하경제 등 모럴해저드 문제와 내부 모순이 작용하였다. 특히 재정위기는 회원국 간 정치 협력이 미흡하고 정부재정이 통합되지 않은 상태에서 단일통화(유로화)를 사용하는 경제공동체(유로지역)가 지닌 태생적 한계를 드러낸 것이라 할 수 있다.

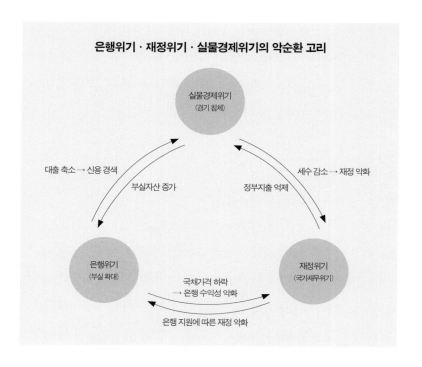

은행위기 · 재정위기 · 실물경제위기의 악순환 고리

실물경제위기
(경기 침체)

대출 축소 → 신용 경색

부실자산 증가

세수 감소 → 재정 악화

정부지출 억제

은행위기
(부실 확대)

국채가격 하락
→ 은행 수익성 악화

재정위기
(국가채무위기)

은행 지원에 따른 재정 악화

　　다행스럽게도 지난 수년간 도입된 다양한 위기대응 조치들이 작동하고 있어 유로지역의 존립까지 위협할 만한 위기가 재발할 가능성은 지금으로서는 낮아 보인다. 하지만 유로지역 위기는 산발적으로, 언제든지 다시 악화될 여지를 안고 있다. 유로지역 위기는 재정위기(국가채무위기) − 은행위기 − 실물경제위기가 상호 복합적으로 작용하는 악순환 고리를 형성하고 있다. 이 가운데 재정위기와 은행위기 간의 연결고리는 EU 차원의 방화벽이 가동되면서 어느 정도 차단되었다. 하지만 실물경제 침체(실물경제위기)로 인해 재정위기와 은행위기가 악화될 수 있는 연결고리는 여전히 작동하고 있다.

　　이러한 연결고리를 차단하기 위해서는 무엇보다도 실물경제 회복이 중요하다. 하지만 유로지역의 경기 침체는 글로벌 금융위기 이전까지 누적되어온 경기과열의 산물로서, 역내 불균형[24] 조정 과정에서 나타나는 불가피한 현상이기 때문에 경기 침체에서 벗어나기가 쉽지 않다. 그동안 역내 불균형을 조정하고자 수요를 축소하고 재정긴축을 급격히 시행하다 보니 실물경제 침체가 심화되었다. 역내 불균형이 해소되기 전에는 실물경제의 본격적인 회복은 물론 회원국들의 독자적 채무상환 능력 확보도 어려워 단시간 내에 유로지역 위기의 근본 해결을 기대하는 것은 무리라고 생각된다. 유로지역 위기의 근본 해결은 실물경제의 회복과 더불어 얼마나 지속가능한 수준으로 역내 불균형을 해소하느냐에 달린 셈이다.

저조한 투자와 경기회복의 지연

글로벌 금융위기 이후 유로지역의 투자 부진이 지속되고 있다.[25] 글로벌 금융위기 이전(2000~2007년)에는 유로지역의 연평균 투자 증가율이 2.7%로 경제성장률(2.2%)을 상회했으나, 2010~2015년에는 연평균 투자 증가율이 −0.1%로 경제성장률(0.8%)을 크게 밑돌았다. 경쟁국인 미국(3.6%)이나 일본(1.8%)과 비교하면 유로지역의 투자가 특히 저조했다. 2015년 유로지역의 투자 규모(불변가격 기준)는 2007년보다 12.5% 낮은 수준을 보이고 있다.

글로벌 금융위기 이후 유로지역의 투자가 극히 부진했던 이유는 무엇일까? 그 이유는 다음과 같이 정리해볼 수 있다.

---

24 유로지역의 역내 불균형이란 인플레이션, 단위노동비용 등 거시경제 측면의 격차가 경상수지와 순대외투자포지션(international investment position) 등의 격차를 초래하는 것을 의미한다.

25 유로지역의 투자 증가율은 2014년 1.3%에 이어 2015년에는 2.7%를 기록했으나, 이는 이전의 심각한 부진에 따른 기저 효과(base effect)의 성격이 강하다.

유로지역은 글로벌 금융위기의 충격에서 벗어나기도 전에 재정위기가 발생하며 경기 침체의 골이 깊어지고 장기화되었다. 이러한 상황에서 금융시장의 변동폭이 확대되는 등 경제적 불확실성이 증대되었다. 이로 인해 기업들의 투자심리가 크게 위축되었다. 특히 재정위기의 여파로 은행들의 대출기피 현상이 심화되면서 재정취약국을 중심으로 기업의 투자자금 조달 여건이 악화되었다. ECB의 통계에 따르면, 2010~2015년에 중소기업의 은행대출 실패율[26]은 스페인 15.6%, 이탈리아 14.5%, 포르투갈 12.9%에 이르렀다.

재정취약국에서는 기업의 수익성 악화, 자산가치 하락, 디레버리징(부채축소) 등이 진행되면서 기업의 투자여력이 크게 약화되었다. 투자 추이를 국가별로 살펴보면 독일, 프랑스 등 중심국들은 대체로 플러스 증가율을 보인 반면 그리스, 포르투갈, 이탈리아 등 재정취약국은 마이너스를 기록하였다.

유로지역의 GDP 갭률(%)[27]은 2012~2015년에 큰 폭의 마이너스를 기록하였으며, 플러스로 전환되기까지는 상당 기간이 소요될 것으로 예상된다. IMF는 유로지역의 GDP 갭률이 2020년 이후에나 플러스로 전환될 것으로 전망하고 있다.[28] 유로지역 경제가 회복세를 지속하느냐의 여부는 투자 확대에 달려 있다 해도 과언이 아니다.

---

26 기업이 은행으로부터 대출을 거부당하거나 차입비용이 높아 대출을 포기하는 것을 의미한다.
27 (실제 GDP−잠재 GDP)÷잠재 GDP×100으로, GDP 갭률이 플러스면 인플레이션 압력이, 마이너스면 디플레이션 압력이 존재하는 것으로 해석된다.
28 IMF (2015. 10). World Economic Outlook.

생산성 둔화에 따른 성장잠재력 약화

EU 경제의 잠재성장률은 지속적으로 하락하고 있다. 글로벌 금융위기 이전만 하더라도 2%대 중반의 잠재성장률을 유지했으나,[29] 2008~2013년에는 0.9%로 크게 하락하였다.[30] 글로벌 금융위기로 인해 EU의 총요소생산성(TFP; Total Factor Productivity)[31] 증가율이 큰 폭으로 하락한 게 성장잠재력 약화의 주된 요인이다. 최근 유로지역의 총요소생산성은 마이너스 증가율을 보이고 있다. 이러한 마이너스 증가율은 EU에 걱정거리가 아닐 수 없다.

EU의 총요소생산성 증가율은 왜 마이너스를 기록하고 있으며 이런 상황은 얼마나 오래갈 것인가? 경제가 회복되면 경기 침체로 인한 부정적 영향은 사라지겠지만, 총요소생산성 증가율의 장기적 하락은 기술 진보와 혁신이 약화되는 추세를 반영하고 있어 심각성을 낳고 있다. 현재 EU에는 노동, 상품, 자본시장의 경직성으로 자원이 비생산적인 기업과 산업에 배분되어 비효율성이 초래되고 있다. 충분한 투자가 이루어지지 않다 보니 생산성 증가율이 낮을 수밖에 없다. EU는 인구 고령화로 인한 생산인력과 노동시간의 감소 문제를 생산성 향상으로 극복해야 하는 상황이다. 인구구조가 악화되어 노동 투입이 저조하더라도 투자를 통한 생산성 증가가 충분히 이루어진다면 EU 경제는 지속가능한 성장을 기대해볼 수 있다.

지속적인 경제성장과 생산성 향상에는 정보통신기술(ICT; Information and Communications Technology) 투자가 중요한 역할을 한다. ICT가 경제

---

29 1995~2002년에 2.6%, 2003~2007년에 2.4%를 기록하였다.

30 미국의 비영리 경제조사기관 콘퍼런스 보드(Conference Board)는 EU 경제의 잠재성장률이 2014~2019년에 1.5%로 회복될 것으로 예상하고 있다.

31 자본, 노동, 에너지, 원료료, 서비스 등 측정가능한 모든 요소를 투입한 산출량의 변화율을 의미한다. 총요소생산성 증가율은 경제학적 의미에서 기술의 진보로 해석된다.

EU와 미국의 ICT 투자와 총요소생산성 추이

기간	주요 내용
1995~2002년	• 미국과 EU 모두 ICT 투자가 활발히 이루어졌으나, EU의 ICT 투자 효과는 미국보다 저조
2003~2007년	• 닷컴 버블 붕괴로 미국의 투자가 부진한 반면, EU의 생산성 증가율은 평균 수준을 유지
2008~2013년	• 경제위기로 EU는 심각한 생산성 부진에 빠진 반면, 미국은 총요소생산성 증가율을 플러스 상태로 유지
2014~2019년 (전망)	• 인구구조 악화와 투자 부진으로 EU의 생산성 회복은 완만하게 진행될 것으로 예상

자료: van Ark, B. (2014). Total Factor Productivity: Lessons from the Past and Directions for the Future. The Conference Board.

성장과 생산성에 미치는 영향에 대해 다음과 같은 설명이 가능하다.

ICT는 투자 경로(investment channel)와 기술 경로(technology channel)에 이어 파급 경로(spillover channel)를 통해 경제에 영향을 준다. 네트워크 구축 단계에서는 투자 증가와 생산 능력 확충을 통해 자본스톡이 증가하고, 네트워크 보급 단계에서는 구축된 능력을 활용하게 되어 자본 기여도가 상승하게 된다. 그리고 네트워크 상호연계, 즉 파급경로 단계에서는 규모의 효과와 혁신적 활용(인터넷 및 무선기술)의 확산을 통해 총요소생산성을 끌어올릴 수 있다.

2

EU 경제위기 고착화의
원인은 무엇인가?

세 가지 측면에서 바라본 원인 진단

글로벌 금융위기는 미국에서 발생했는데 정작 그 경제적 충격은 EU, 특히 유로지역에서 여전히 지속되고 있다. 2011년 12월 독일의 메르켈 총리는 의회 연설에서 경제위기 해결에 오랜 시간이 걸릴 수 있음을 예상한 바 있다.[32] 경제위기의 장기화는 EU의 거시경제 펀더멘털이 취약하고 위기대처 능력이 미흡해서 생긴 불가피한 현상이라 여겨진다.

지금부터 EU 경제의 위기가 당초 예상보다 심각해지고 장기화된 근본원인을 살펴보고자 한다. EU와 유로지역에 내재된 태생적 한계(내재적 측면),

---

32 Merkel: Financial Crisis Solution to 'Take Years' (2011. 12. 2). *Associated Press.*

EU 경제위기의 원인

구분	내용
태생적 한계	유럽식 경제모델로서 사회적 시장경제의 한계
	불완전한 경제통합체
	최적통화지역(OCA) 요건 미충족(유로지역)
거버넌스 부재	회원국 간 불협화음으로 대응정책 실기(失期)
산업경쟁력 약화	경직된 노동시장과 불리한 노동비용
	낮은 ICT 산업 비중

거버넌스 부재(정책대응 측면), 산업경쟁력 약화(산업구조적 측면) 등 세 부분으로 나누어 위기의 원인을 고찰해보자.

내재적 측면: 사회적 시장경제의 한계

한계에 직면한 유럽식 경제모델

현재 EU와 미국은 '범대서양무역투자동반자협정(TTIP; Transatlantic Trade and Investment Partnership)'이라 부르는 자유무역협정(FTA)을 위한 협상을 진행 중이다.[33] TTIP가 발효되면 세계경제의 약 47%를 차지하는 세계 최대 경제권이 탄생하게 된다. 대서양 경제권을 구성하고 있는 EU와 미국은

---

33 2013년 6월에 협상을 개시한 이래 2016년 7월까지 총 14차례의 회의가 개최되었다.

선진 경제로서 유사한 측면이 적지 않으나 역사적 배경이 달라 각기 고유의 경제철학을 바탕으로 경제를 상이하게 운영해왔다.

대서양 경제권은 영미식(앵글로색슨) 경제모델과 사회적 시장경제로 대표되는 유럽식 경제모델로 구분할 수 있다. 영미식 경제모델이 시장경제 원리에 비교적 충실한 반면, 유럽식 경제모델은 사회복지제도의 근간을 유지하면서 정부 주도에 의한 시장경제체제를 운영한다는 특징을 지니고 있다.

EU의 많은 회원국들은 자유로운 경제활동을 보장하면서도 사회적 균형을 도모하는 사회적 시장경제(social market economy)를 추구한다. 사회적 시장경제란 시장실패를 보완하고 사회적 효용을 증진하기 위한 정부의 역할을 중시하는 경제를 말한다. EU 국가들은 시장의 자유로운 경쟁과 효율성을 중시하는 동시에 사회 형평성을 위한 정부의 시장 개입을 인정한다.

사회적 시장경제는 시장경제와 자유로운 기업활동을 제한하는 정부정책을 합리화하는 기제로 작용해왔다. EU 국가들은 시장통합을 위한 법률제정 과정에서도 사회적 시장경제의 색채를 유지하고자 노력해왔다. 경제통합 과정에서 EU 국가 간에 정책의 무리한 하향평준화를 막고 제도 경쟁을 지양해온 결과 유럽 국가들은 다른 지역 국가들보다 기업 규제 문화가 강하게 형성되어 있다. 유럽식 경제모델이 지닌 특징은 다음과 같이 정리할 수 있다.

- 정부 주도에 의한 세계 최고 수준의 사회복지제도 운영
- 수준 높은 복지제도를 유지하기 위해 기업과 가계에 많은 세금 부과
- GDP의 50~60%를 차지하는 정부지출 규모
- 엄격한 해고 제한, 강한 노조 권한 등에 따른 경직된 노동시장

- 상품시장 규제와 독과점의 존재
- 국내 산업을 보호하기 위한 산업 정책 시행
- 자유무역체제(특히 역내무역의 경우)와 적극적인 FDI 유치 정책
- 역내 자본 및 노동 인력의 제한적 이동
- 높은 공기업 비중

여기서 열거한 특징들은 한때 EU 경제의 장점이었으나 오늘날과 같은 글로벌화 시대에는 EU 경제의 경쟁력을 약화시키고 활력을 저해하는 요인으로 작용하고 있다는 지적이 나온다.

유럽의 사회복지제도는 빈곤 타파와 소득불평등 해소는 물론 경제적 효율성에도 기여한 측면이 없지 않다. 그러나 경제성장이 정체된 상황에서 과도한 사회복지제도는 유럽 국가들의 경제 및 사회 문제 해결에 걸림돌로 작용하고 있다. 사회복지제도가 도입된 1960년대와 비교해 현재의 인구 구성, 가계구조 및 노동시장은 크게 달라졌으므로 사회복지제도의 개혁이 필요하다.

EU 국가들로서는 재정적자와 정부부채가 확대되는 것을 막고 균형재정을 이루기 위해서라도 대대적인 정책 전환이 필요하다. 현행 사회복지 정책이 계속 유지되려면 세금 인상이 불가피한데, 이 경우 원가경쟁력을 약화시켜 노동시장에 부정적 영향을 미치게 되고, 결국 EU 경제의 성장에도 악영향을 초래하게 된다. 또한 경제통합과 경제활동의 글로벌화로 각국 정부 간에 세금인하 경쟁이 심화되고 있어 재정건전화 압력에 직면한 EU 국가들로서는 정부 역할의 축소가 불가피한 실정이다.

〉 독일과 프랑스의 경제 시스템 비교 〈

EU 경제라 하더라도 자세히 들여다보면 회원국마다 각기 다른 특징을 지니고 있음을 알 수 있다. 유로지역을 대표하는 독일과 프랑스도 경제시스템이 상이하다. 독일은 사회적 시장경제의 색채가, 프랑스는 국가자본주의 (state capitalism)의 색채가 강하다. 양국의 경제발전 수준과 경제구조가 유사하지만 자국의 특수한 역사적 배경을 바탕으로 자본주의가 발전해왔기 때문이다.

독일은 1948년부터 자유경쟁 원칙을 중시하면서도 사회주의 정책 성향이 강한 사회적 시장경제를 표방해왔다. 시장 내 자유경쟁을 보장하면서도 '국민의 복지'를 이유로 정부가 시장경제에 직간접적으로 개입했다. 특히 사회복지를 위한 의료산업 등 사회 정책 관련 분야에서 국가가 조정 및 통제 역할을 적극 수행하고 있다. 독일의 사회적 시장경제는 자유경쟁이 원칙이지만 사회주의적 요소가 경제 전반에 남아 있어 일각에서는 시장 변화에 신속히 대응하지 못한다는 비판을 제기하기도 한다. 1990년대 들어 독일 정부는 실업 문제가 최대 난제로 등장하자[34] 이를 해결하고자 노동시장 유연화를 적극 추진하였다. 특히 2003년부터는 하르츠(Hartz) 개혁[35]을 통해 노동시장 규제 완화와 유연성 제고 정책을 추진하여 경제위기에 선제적

---

34 통일 후유증에 따른 경기 침체와 노동시장 경직성으로 실업 문제가 악화되어 1991년 1월 5.2%이던 실업률이 1994년 4월 8.6%로 상승하였다.

35 하르츠 개혁은 폴크스바겐의 인사 담당이사인 피터 하르츠(Peter Hartz)를 위원장으로 하여 구성된 하르츠 위원회가 2002년 8월 제시한 4단계 노동시장 개혁 방안을 말한다. 독일 정부가 실업 문제 해결을 위해 추진한 노동시장 개혁 정책으로, 노동유연화가 핵심 내용을 이룬다. 시간제 일자리인 '미니잡(mini-job)'을 확대하기 위해 관련 법의 규제를 풀고 노동자 해고 보호 조치도 완화하였다.

으로 대응할 수 있는 체제를 갖추게 되었다.

반면 프랑스의 국가자본주의는 일찍이 중앙집권화된 국가체제에 자본주의 경제의 특징이 결합되어 형성되었다. 영국과 마찬가지로 프랑스도 부르주아 중심의 민족국가와 자본주의가 결합하며 발전을 이루었다. 프랑스는 지리적으로 유럽의 중심부에 위치하여 상대적으로 전쟁이 잦았고, 이는 권력집중화와 관료체계의 발달을 촉진하는 결과를 낳았다. 프랑스는 중앙집권의 틀을 제일 먼저 완성한 국가라 할 수 있다. 이러한 국가주의가 경제분야로 본격 확산된 것은 1930년대 중반부터 1940년대에 이르는 기간이었다. 1936년에는 1차 국영화(철도, 은행 등)를 단행했으며, 제2차 세계대전 이후에는 2차 국영화와 자본주의적 경제계획을 추진하여 혼합경제의 골격을 갖추었다. 프랑스의 국가자본주의는 정부의 주도적 역할을 강조한다. 국가 엘리트들은 정부예산을 동원해 전략산업을 육성하고 이들을 국책사업으로 발전시켰다.

구조개혁 지연으로 경제활력 저하

미국과 영국은 신자유주의를 바탕으로 1980년대 초부터 강력한 경제구조 개혁에 나서 유럽대륙 국가들보다 더 역동적이고 성장잠재력이 큰 경제를 이룩할 수 있었다.

미국은 레이건 행정부 당시부터 제조업과 서비스업 등 경제 전 분야에 걸쳐 규제 완화에 나섰다. 이 기간 중 미국 기업들은 리엔지니어링(re-engineering), 아웃소싱(outsourcing), 다운사이징(downsizing), M&A 등으로 구조조정을 단행하였다. 그 결과 미국 경제는 1990년대 들어 유연한 노동시장, 낮은 인건비, 높은 생산성 등을 기반으로 제조업의 경쟁력 회복, 대규모 고용 증가, 낮은 실업률 등 경제적 성과를 거두었다. 이는 2000년대 들어 IT 산업이 급성장하는 데 토대가 되었다.

영국도 1980년대 초 대처 총리의 개혁 정책에 힘입어 경제구조를 시장경제체제로 과감히 전환하였다. 각종 규제와 세금 부담을 완화함으로써 기업활동을 촉진하고, 노사 문제에서도 규제 완화를 통해 안정적이고 유연한 노동시장을 만드는 데 성공하였다. 이를 바탕으로 영국 기업들은 다운사이징, 핵심역량 강화, 의사결정 단계 축소, 분권화 등의 방법으로 경영합리화를 단행하였다. 이러한 구조조정 결과 영국 경제는 1990년대 들어 지속적으로 성장하며 실업 문제도 해결할 수 있었다.

한편, 유럽대륙 국가들도 1993년 단일시장 출범을 준비하는 과정에서 규제 완화와 경쟁체제 도입에 나섰다. 그러나 규제 완화는 미국보다 훨씬 느린 속도로 진행되었다. 국가주권과 무관한 상품 및 서비스 분야에서는 시장통합을 통한 경쟁원리 도입이 활발히 이루어졌으나 국가주권과 직결되고 경제체제의 근간이 되는 노동시장과 사회복지(연금제도 등) 분야에서는 구조개혁이 지지부진하였다.

그 결과 미국 경제와 EU 경제는 1980~1990년대에 성장과 고용 측면에서 상황이 역전되었다. 1980년대만 하더라도 저성장과 제조업의 경쟁력 약화로 고전하던 미국 경제가 1990년대에는 신경제(new economy)로 거듭났다. 그러나 EU 경제는 구조개혁이 지연되면서 1990년대 들어 활력을 잃고 저성장과 고실업으로 고전하게 되었다. 더욱이 2000년대에는 대부분의 EU 국가가 파괴적 기술혁신이 주도하는 디지털 경제 확산에 신속히 대응하지 못해 글로벌 경쟁에서 밀리게 되었다.

불완전한 경제통합체

EU는 세계에서 가장 진전된 경제통합체로 평가받는다. 1957년 유럽경제공동체(EEC; European Economic Community)로 출발한 EU는 관세동맹(1968년 7월)과 공동시장(1993년 1월)에 이어 1999년에는 경제통화동맹으로 발돋움하였으며, 2009년 12월에는 리스본조약(Lisbon Treaty) 발효를 계기로 정치통합체로서 면모도 어느정도 갖추게 되었다.

하지만 연방국가인 미국과 비교한다면 EU와 유로지역은 여전히 불완전한 경제통합체라는 한계를 지니고 있다. 글로벌 금융위기와 재정위기를 거치면서 유로지역의 취약점과 한계가 고스란히 드러났다. EU 28개국은 상품시장은 하나로 통합되었으나 통화·재정·정치 등에서는 통합 수준이 제각각이다.

통화 및 금융 정책은 ECB라는 단일기구로 통합되었으나 재정 정책은 회원국 주권 사항이어서 회원국 정부의 독자적인 영역으로 간주되고 있다. 리스본조약에 따르면, 독일과 같이 재정여력이 충분한 국가라 하더라도 재정이 취약해 국가부도 위기에 처한 국가(예: 그리스)를 직접 도와줄 수 없다.[36] 그런 측면에서 보면 어중간한 경제통합체인 유로지역은 경제위기에 쉽게 노출되고 위기에 제대로 대응할 수 없는 거버넌스상의 한계를 지니고 있다.

EU 차원에서 운영되고 있는 재정이전(fiscal transfer) 시스템도 경제적 어려움에 처한 국가를 지원하기에 턱없이 부족한 규모다. 2014년 EU 예산 규모는 전년 대비 6%가 줄어 EU GDP의 1.0%에 불과했다. 2014년 미국

---

36 리스본조약 제125조에 따르면, EU와 개별 회원국은 다른 회원국에 구제금융 지원을 할 수 없으며 유럽 중앙은행이 개별 회원국에 구제금융을 제공하는 것도 금지하고 있다.

의 연방예산이 미국 GDP의 20%를 상회한 것과 비교한다면 EU에 배정된 예산 규모가 경제위기에 대처하기에 턱없이 부족하다는 사실을 알 수 있다.

남유럽 재정위기가 유로지역 전체의 위기로 악화될지 모른다는 불안감이 고조될 당시 일각에서는 재정통합만이 유로지역을 살릴 유일한 방안이라는 주장이 제기된 바 있다. 그 구체적 방안으로 유로본드(Eurobond; 유로지역 공동 국채)[37] 도입안이 제시되었다. 19개 회원국이 공동으로 보증을 서는 유로본드를 발행할 경우 낮은 금리로 자금조달이 가능해 재정취약국들이 재정위기에서 벗어날 수 있다는 주장이었다.

하지만 유로본드 발행으로 다양한 경제적 효과가 예상됨에도 불구하고 독일과 프랑스 등 일부 회원국은 물가불안 심화, 재정취약국의 도덕적 해이 초래, 자국의 국채금리 상승 등을 우려해 유로본드 발행을 반대하였다. 특히 독일은 유로본드가 발행되면 현재 유로지역의 기준 국채로 사용되고 있는 10년 만기 독일 국채(Bunds)의 투자 매력이 줄고 재정취약국과의 신용 공유로 인해 독일 국채의 금리가 높아질 수 있다며 유로본드 도입에 난색을 표했다. 한 분석[38]에 따르면, 유로본드 발행 시 조달금리 상승으로 독일의 차입비용이 연간 330억~470억 유로 증가할 것으로 추정되었다.

현재 유로본드 발행 논의는 독일의 반대로 진전되지 못하고 있다. 따라서 유로본드 발행에 부정적인 독일을 설득하는 것이 앞으로 유로지역 차원의 공동 채권 발행을 통한 재정통합에 있어 최대 과제가 될 전망이다.

---

37 통화국 역외에서 발행하는 통화국 화폐 표시 채권을 일컫는 유로본드(euro-bond)와는 다른 개념이다.
38 Ifo (2011. 8. 17). What Will Eurobonds Cost?. Press Release.

최적통화지역(OCA) 요건 미충족

위기대응에 필요한 거버넌스체제가 제대로 갖춰져 있지 않은 상태에서 경제 펀더멘털이 취약한 국가들이 유럽경제통화동맹에 가입함으로써 역내 불균형이 확대되는 문제점이 드러났다. 다수의 경제학자들은 1999년 유로화 출범 이래 최적통화지역(OCA)[39] 요건을 충족하지 못해 유로지역이 태생적 한계를 지닌 것으로 평가하고 있다.

리스본조약의 전신인 마스트리히트조약은 단일통화 정책의 실효성을 높이고 각국 경제의 동질성을 확보하기 위해 참가국들로 하여금 다섯 가지 경제수렴요건(economic convergence criteria)[40]을 충족할 것을 명시하고 있다. 이는 참가국이 갖추어야 할 최소한의 명목수렴요건이다. 1999년 유럽경제통화동맹에 참가한 11개국은 정부부채를 제외한 4개 항목을 충족하였으며, 정부부채도 대부분의 국가에서 지속적인 감소세를 보였다.

문제는 참가국들의 경제수렴 작업이 지속성을 갖지 못했다는 것이다. 이탈리아와 프랑스는 재정수입을 늘리는 임시방편의 조치를 통해 재정적자 요건을 가까스로 충족했고, 그리스도 유사한 방법을 동원해 2년 후 유로지역에 합류할 수 있었다.

펀더멘털이 취약한 국가들이 단일통화권에 합류함으로써 역내 불균형[41] 문제가 초래되었다. 1999년 유로화 도입부터 2008년 글로벌 금융위

---

39 로버트 먼델(Robet Mundell) 교수가 1961년에 처음 주장한 이론으로, 최적통화지역(Optimum Currency Area)이 되려면 경제개방(무역통합), 노동시장 유연성, 재정이전, 경기 사이클 수렴, 산업구조 분산 등 여러 요건을 충족해야 한다는 것이다.

40 인플레이션, 재정적자(GDP의 3%), 정부부채(GDP의 60%), 환율안정성[ERM(European Exchange Rate Mechanism) 참가], 장기 금리 수준.

41 일부 학자는 협의의 개념으로 경상수지 불균형(current account imbalance)이라고 부르기도 한다.

기가 발생하기 전까지 10년간 물가, 임금, 재정적자 및 정부부채, 민간부채 등 거시경제 측면에서 유로지역 국가들 간에 격차가 확대되었다. 이러한 거시경제 격차로 인해 경상수지와 순대외투자포지션(net international investment position)[42]에서 유로지역 국가들 간에 불균형이 심화되었다. 이러한 역내 불균형 문제가 유로지역을 중심국(core countries)[43]과 주변국(peripheral countries)[44]으로 양분함으로써 진정한 경제통합체를 지향하는 유로지역의 지속가능성을 위협하는 불안요인이 되었다.

경상수지 적자는 무역수지 적자와 재정적자 확대, 부채 증가를 통한 건설붐, 민간부문의 과도한 차입 등에 기인한다. 유럽경제통화동맹도 유로지역 국가들의 경상수지 격차 확대에 일조한 것으로 볼 수 있다. 유로화 도입으로 환리스크가 제거됨으로써 역내교역이 확대되고 회원국 간에 자유로운 자본이동이 촉진되었기 때문이다. ECB에 의해 단일통화 정책(one-size-fits-all-policy)이 시행됨에 따라 회원국들이 더 이상 독자적인 환율 및 금리 정책을 펼 수 없게 되어 무한경쟁에 내몰리게 되었다. 무한경쟁이 가능해진 단일통화체제에서 국가 간의 경쟁력 차이가 고스란히 경상수지 불균형으로 나타났다.

경제위기 기간 중 유로지역 19개국 전체의 경상수지는 균형 내지 소폭 흑자를 기록하였다.[45] 그러나 회원국별로 보면 무역수지와 경상수지, 그리고

---

42 순대외자산(net foreign assets)과 동일한 개념이다.

43 주로 북유럽에 위치한 국가들로 독일, 프랑스, 베네룩스 3국(벨기에, 네덜란드, 룩셈부르크), 핀란드, 오스트리아 7개국을 지칭한다.

44 주로 남유럽 국가들로, 재정위기를 겪은 그리스, 아일랜드, 이탈리아, 포르투갈, 스페인 5개국(GIIPS)을 지칭한다.

45 유로지역의 경상수지는 2008년에 소폭의 적자(GDP 대비 −0.7%)를 기록한 후 2009년부터 흑자로 전환되어 2012년에는 흑자 규모가 GDP 대비 1.8%로 증가하였다.

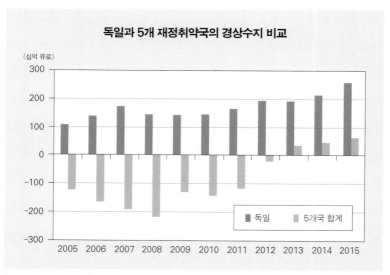

독일과 5개 재정취약국의 경상수지 비교

(십억 유로)

주: 5개 재정취약국은 그리스, 아일랜드, 이탈리아, 포르투갈, 스페인을 의미.
자료: Eurostat.

순대외투자포지션에서 격차가 확대되었다. 1999년 유로화 도입 당시에는 독일과 오스트리아, 남유럽 3개국을 제외한 대부분의 국가들이 경상수지 흑자를 기록했다. 하지만 유로화 도입 이후 지난 10년간 독일과 오스트리아를 비롯한 북유럽 중심국들의 경상수지 흑자는 GDP 대비 4%까지 증가하였다. 유로지역 전체의 경상수지 흑자에서 독일이 차지하는 비중은 2002년 40%에서 2008년 87%로 급상승했다. 2009~2010년 독일의 경상수지 흑자는 5개 재정취약국의 적자를 합한 규모와 비슷했다. 반면 5개 재정취약국의 경상수지 적자는 계속 늘어 2008년에는 GDP 대비 6.7% 수준까지 증가하였다.[46]

한편, 이러한 역내 불균형 확대에는 금융기관들의 대출경쟁도 한몫했다. EU 차원의 은행 감독 및 규제 제도가 미흡한 탓이었다. 금융시장 통합으로

　제1부 위기의 EU 경제

범유럽 차원에서 영업활동을 하는 거대 금융기관이 탄생했으나, 금융 부실을 사전에 감시하고 통제할 수 있는 범EU 차원의 감독 시스템은 갖추어지지 못했다. 위기를 사전에 감지해 대응할 수 있는 컨트롤 타워가 부재한 상황에서 '역내 불균형 확대'라는 위기의 씨앗이 잉태된 셈이다.

정책대응 측면: 거버넌스의 부재

전후 최악의 경제위기를 맞아 EU 집행위원회와 ECB는 물론 회원국 정부가 대응 과정에서 엇박자를 내 정책 타이밍을 놓치는 경우가 적지 않았다. 각국이 EU 전체의 이익보다 자국이기주의에 함몰되어 정책대응에 나서다 보니 불협화음이 자주 표출되었다. 그 결과 호미로 충분히 막을 수 있는 위기를 가래로도 막을 수 없는 지경에 이르도록 사태가 악화되었다.

금융위기 초기 EU 국가들은 부실은행 지원에 막대한 재정을 투입한 결과 정부부채가 급격히 증가하였다. 특히 주택건설 붐으로 부동산 경기가 과열되었던 아일랜드와 스페인은 은행의 모기지 대출 부실로 인해 정부재정이 급속도로 악화되었다. 은행 경영진과 투자자들에게 책임을 묻지 않고 정부재정을 무작정 투입한 결과 은행 스스로 자구 노력을 기울이지 않았고, 이로 인해 은행 부실이 더욱 확대되었다.

늦은 감이 없지 않으나 2013년부터 EU는 은행 지원 및 구조조정 관련 법

---

46 5개 재정취약국의 경상수지는 수입수요 둔화로 인해 2009년부터 감소하기 시작하였으며 2013년부터 흑자로 전환되었다.

안의 정비에 나섰다. 그 결과 2016년부터 은행 자본 확충 및 구조조정 과정에서 납세자의 부담(정부재정 투입)을 최소화하고자 민간투자자[47]에게 손실을 우선적으로 부과(bail-in)하는 규정이 시행되었다.[48]

한편, 재정위기 기간 중의 과도한 긴축 정책이 경기 침체를 심화해 사태를 더욱 악화시킨 측면도 무시할 수 없다. EU 차원의 과감한 재정 확대가 필요했으나, 안정성장협약(SGP; Stability and Growth Pact)[49]이라는 엄격한 룰에 묶여 EU 회원국들은 적극적인 재정 정책을 펼 수가 없었다. 오히려 재정취약국들은 '긴축→경기 침체→세수 감소→재정적자 확대→긴축목표 달성 실패→긴축 강화'라는 '긴축의 덫(austerity trap)'에 빠져 어려움을 겪어야 했다. 독일의 압박으로 EU 집행위원회가 재정건전성을 지나치게 강조하다 보니 재정취약국들의 경기 활성화 요구를 들어줄 분위기가 형성되지 못했고 북유럽과 남유럽 회원국들 간에 불신의 골이 깊어졌다.

미국처럼 재정통합이 이루어져 있다면 재정지출 여력이 있는 국가들이 재정지출을 늘릴 수 없는 재정취약국을 대신해 재정지출을 확대하거나 지원에 나섰을 것이다. 하지만 재정통합이 이루어지지 않은 EU는 그럴 수 없는 처지였다. 독일은 재정지출 여력이 충분했으나, 흑자재정 달성을 위해 다른 회원국들과 국제사회의 지출 확대 요청을 거부함으로써 유로지역의 경기 침체를 수수방관했다는 비난을 받았다. ECB도 경제위기에 소극적으

---

47 부실은행의 주주와 채권자가 전체 은행부채의 최소 8%까지는 손실을 우선적으로 부담하도록 규정하였다. 10만 유로 미만의 소액 예금자는 전액 보호되지만, 10만 유로 이상의 고액 예금(uninsured deposit)은 보호대상에서 제외된다. 다만, 자연인과 중소기업의 고액 예금은 특별대우 혜택을 받는다.

48 은행 회생 및 정리 지침(BRRD; Bank Recovery and Resolution Directive)은 2014년 5월 6일에 최종 승인되어 2015년 1월부터 발효되었으며, 민간투자자 손실 부담 원칙은 2016년 1월부터 시행되었다.

49 재정적자는 경상 GDP의 3% 이내, 정부부채는 경상 GDP의 60%를 넘지 않도록 규정하고 있다.

로 대응했다는 비난에서 자유롭지 못하다. 지금은 매우 적극적인 정책을 펼치고 있으나 수년 전만 하더라도 ECB는 유동성 공급 확대에 있어 줄곧 보수적인 입장을 견지했다.

ECB의 최우선 과제는 물가안정이다. ECB는 물가안정의 아이콘이라 할 수 있는 독일연방은행을 기본모델로 하여 설립되었다. 이 때문에 물가안정과 함께 고용을 중시하는 미 연준과 달리 ECB로서는 경기 침체에도 어쩔 수 없는 상황이었다. ECB가 과감한 조치를 단행하고 싶어도 최대 출자국인 독일이 사사건건 제동을 걸고 나섰기 때문이다. 이러다 보니 미 연준이나 영란은행과 달리 ECB가 취한 유동성 공급 확대 조치는 재정취약국들의 위기 악화를 겨우 막는 수준에 그쳤다. 유동성 확대로 인한 물가불안 우려를 차단하려고 채권을 매입한 만큼 시중에 풀린 유동성을 다시 회수하는 불태화 정책이 상당 기간 지속되었다. 인플레이션을 우려한 나머지 ECB가 취한 보수적인 금융정책이 오히려 디플레이션을 부추겼다는 지적이 나올 법한 대목이다.

또한 은행감독 권한이 회원국 정부에 있고 유럽 은행들이 부실자산 정리에 소극적이다 보니 은행 부실 정리 작업도 부진하였다. 위기가 한창이던 2014년이 되어서야 ECB가 은행동맹(Banking Union)을 통해 은행감독 기능 확보, 유동성 공급 확대, 은행자본 확충 및 구조조정을 일사불란하게 추진할 수 있는 체계를 갖출 수 있었다. 이를 계기로 유럽의 대형 은행들은 자본 확충을 위해 증자와 회사채 발행, 부실자산 매각, 비핵심 사업 정리 등에 나섰다.

역설적이게도 유럽의 경제위기는 그동안 통합이 어려울 것으로 여겨지던 회원국들의 재정 및 금융 정책을 EU 차원에서 통합하고 강화하는 계기가 되었다.

산업구조적 측면: 산업경쟁력의 약화

경직된 노동시장과 불리한 노동비용

독일과 프랑스 등 유럽대륙 국가들의 노동시장은 미국이나 영국에 비해 유연성이 떨어진다. 노동시간, 노동계약, 고용보호(해고 제한), 임금결정 메커니즘 등 거의 모든 측면에서 유럽대륙 국가들은 미국과 영국에 비해 엄격하다. 이러한 노동시장의 경직성은 유럽식 사회주의 시장경제체제에 기인한다. 노동시장이 경직되어 있다 보니 제조업의 고용 감소를 새로운 산업과 서비스 부문의 고용 증가가 충분히 상쇄하지 못하고 있는 실정이다. 이 때문에 그동안 노동시장의 개혁 필요성이 지속적으로 제기되었다.

저임금 개발도상국들의 약진은 물론 단일시장 완성 및 경제통화동맹 출범

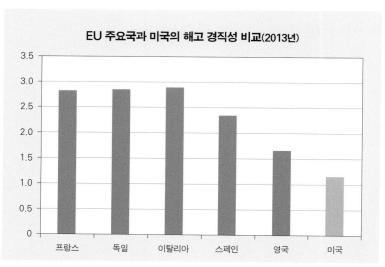

주: 수치가 높을수록 정규직 개인 및 집단 해고가 엄격히 제한됨을 의미(0 = 제한 없음, 6 = 제한 많음).
자료: OECD.

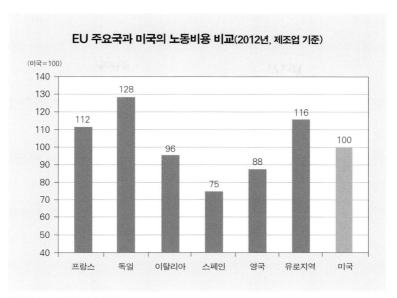

EU 주요국과 미국의 노동비용 비교(2012년, 제조업 기준)

(미국=100)

자료: Bureau of Labor Statistics.

등으로 EU 내부의 경쟁 압력도 심화되고 있다. 따라서 EU 국가들이 대내외적 경쟁에 효율적으로 대처하고 서비스 산업의 고용창출을 위해서는 노동시장 개혁이 필수적이다.

산업경쟁력을 결정하는 주요 요소 중 하나인 노동비용을 국가별로 비교해보면 EU 국가들의 경쟁력이 왜 약한지를 알 수 있다. 금융위기 이후 최근 수년간 유럽 국가들의 노동비용 상승률이 하락하기는 했으나 임금 수준은 미국에 비해 여전히 높다. 미국 노동통계청에 따르면, 2012년 유로지역 제조업의 시간당 임금은 미국보다 16% 높고, 독일(28%)과 프랑스(12%) 등 주요국들도 미국을 상회하는 것으로 나타났다.

EU는 오랜 전통의 사회계약(social contract)으로 인해 임금구조가 매우 경직되어 있다. 1997년 세금과 사회보험(사회복지비용)이 전체 노동비용에서 차지하는 비중은 미국이 21.4%인 반면 독일은 26%에 달했다. 1991~1997년에 독일의 인건비는 11% 상승했으나 세금과 사회복지비용 부담의 증가로 노동자들의 순소득(net income)은 거의 정체 상태를 보였다. 따라서 유럽 기업들의 경쟁력 제고를 위해서는 노동비용 부담을 줄일 수 있는 노동시장과 사회복지제도의 근본적인 개혁이 필요하다.

전통 제조업에 대한 높은 의존도

한 나라의 산업경쟁력은 환경 변화에 대한 적응력(adaptability)이 좌우한다고 볼 수 있다. 글로벌 경쟁력을 유지하려면 기존의 경쟁우위를 극대화하고 새로운 사업기회에 자원을 신속히 재배치하는 능력을 갖추어야 한다.

1990년대 들어 세계경제의 성장은 전통산업보다 새로운 고부가가치 산업이 주도하고 있다. 이런 맥락에서 볼 때 EU의 산업구조는 점차 경쟁력을 상실해가고 있다고 여겨진다. EU는 대체로 시장이 성숙해 있고 부가가치가 낮은 기계, 금속, 식품 등 중후장대 산업이나 전통산업에서 비교우위를 보이는 반면 정보통신기술(ICT)이나 첨단 사무기기 및 사무자동화기기 등 빠르게 성장하는 분야에서는 열세에 놓여 있다. 실제로 1990년대 이후 미국 제조업은 고속 성장한 반면 유럽의 제조업은 성장률이 둔화되었다. 유럽 제조업체들은 세계 시장에서 그런대로 무역흑자와 시장점유율을 유지해왔으나 생산과 고용에서는 모두 저조한 성과를 보였다.

유럽 제조업의 부진은 하강 곡선을 그리는 경기 사이클에 기인하기도 하지만 근본적으로는 산업구조의 취약성에서 비롯된다. 신경제를 구가 중인 미국은 기술집약 업종이 전체 제조업의 30% 이상을 차지하는 데 반해, EU는 부가가치가 낮은 전통 제조업에 대한 의존도가 여전히 높은 실정이다.

유럽의 제조업은 비효율적인 비용구조로 고전 중이며 서비스 분야도 과도한 규제로 활력을 잃고 있다. ICT 산업의 투자 부진, 효율적인 서비스 산업의 육성 실패, 인구 노령화에 따른 비용 증가, 노동시장의 경직성 등이 경쟁력 약화를 초래했다. 유럽 국가들은 경쟁력 약화라는 딜레마를 해결하고자 그동안 단일시장 완성과 통화통합을 추진했으나 ICT 투자 확대와 경제구조 개혁이 수반되지 않는 한 경쟁력 회복은 요원하다는 지적이 지배적이다.

비중과 투자, 활용 모두 미흡한 ICT 산업

ICT 산업은 오늘날 한 국가의 혁신과 경제성장, 고용창출의 동인(動因)이 되고 있다. ICT는 한때 전문가들의 전유물이었으나, 이제는 경제·사회 모든 분야에 영향을 주는 보편화된 기술이 되었다(ICT는 경제뿐만 아니라 일상생활까지 변화시키고 있으며, 이러한 현상은 앞으로 더욱 가속화될 전망이다). 우리는 이를 '디지털 경제(digital economy)'라고 부른다. 전통 오프라인 경제의 성장세가 둔화되는 가운데 인터넷을 기반으로 한 전자상거래가 지속 성장하고 ICT의 발달에 힘입어 디지털 경제가 부가가치 창출을 주도하고 있다. 유럽의 소매판매는 2007년을 정점으로 증가세가 계속 둔화되고 있으나 온라인 판매는 2000~2014년에 연평균 22% 성장하여 전체 소매판매의 7%를 차지하기에 이르렀다. 특히 서비스 분야의 온라인 판매가 현저히 증가했는데, 여행과 관광 산업에서 온라인 판매 비중은 40%에 육박하고 있다.

문제는 EU 경제에서 ICT 산업이 차지하는 비중이 여전히 작고, ICT 투자 및 기업들의 생산성 향상도 미국에 비해 미흡하다는 것이다. 2012년 ICT 산업이 창출한 부가가치(value added)를 보면 EU는 GDP의 3.6%에 그친 반면, 미국은 5.4%를 차지하였다. 또한 1995~2007년에 미국의 연평균 경제성장률(3.1%)에서 ICT가 차지하는 비중이 약 40%(성장기여도 1.3%)에 달한 반면, EU는 경제성장률(2.2%)에서 ICT가 차지하는 비중이 30%(성장기여도 0.7%)에 불과했다.[50] 1980~1999년에 미국은 ICT 투자 확대에 따른 지속적인 생산성 향상으로 성장잠재력이 향상되어 높은 경제성장을 지속할 수 있었다. 미국은 ICT 산업 자체의 투자는 물론 비(非) ICT 산업 전체의 ICT 투자 확대가 생산성 향상을 견인하고 있다. 반면 EU는 2000~2007년에 잠재성장률(2% 내외)을 웃도는 높은 경제성장률을 기록했으나, 경기과열 양상의 지속은 엄청난 후유증을 유발했다. 앞에서 언급한 대로 남유럽 국가의 경우 부동산 등 생산성 향상과 무관한 분야에 저리의 투자자금이 몰려 버블이 형성되기도 하였다.

EU 집행위원회는 글로벌 금융위기 이후 지속되고 있는 EU 경제의 부진이 성장잠재력 약화에서 기인하는 것으로 분석하고 있다.[51] 이는 ICT 기업들이 주도하는 디지털 경제가 성장잠재력을 제고하고 경제 회복을 견인하고 있는 미국과 큰 대조를 이룬다.

디지털화(digitalization)를 통한 생산성 향상은 EU 경제의 지속가능한 성장을 위한 선결요건이다. 비ICT 분야 기업들이 ICT기술을 채택하고 활용해야만 경제성장을 촉진할 수 있다. 보다 많은 기업이 ICT기술을 채용하고 경제 전반에 혁신을 확산시킬 경우 생산성 효과가 증대될 수 있기 때문이다. 또한 초고속 네트워크와 모바일기기의 급속한 보급으로 소비자와 기업

---

50 van Welsum, D., Overmeer, W. and van Ark, B. (2012). Unlocking the ICT Growth Potential in Europe: Enabling People and Businesses. The Conference Board.
51 European Commission (2015). European Economic Forecast.

❯ ICT 투자와 총요소생산성 및 잠재성장률 ❮

유로지역과 EU의 잠재성장률이 지속적으로 하락하고 있다. 전문가들은 성장잠재력 약화가 EU 경제 부진의 근본 원인이라고 분석하고 있다. 유럽통계청 자료에 따르면, 유로지역의 잠재성장률은 글로벌 위기 이전인 2002~2006년에 1.9%(5년 평균)를 기록했으나, 이후 잠재성장률이 지속적으로 둔화되어 2007~2011년에 1.0%(5년 평균)로 하락했으며, 2015년에는 잠재성장률이 0.9%를 기록하였다. 같은 기간 중 EU 경제도 잠재성장률이 각각 2.1%, 1.2%를 기록했으며, 2015년에는 1.2%를 유지하였다. 반면 미국은 2002~2006년에 2.4%를 기록했던 잠재성장률이 2007~2011년 1.2%까지 크게 하락했으나, 이후 점차 회복되어 2015년에는 2.1%를 기록하였다. 이렇듯 EU의 잠재성장률이 하락한 데는 지속적인 경제 침체로 기술과 ICT 투자와 같은 장기 성장자원이 고갈되었기 때문이다. 글로벌 금융위기 이전 ICT는 EU의 GDP 성장에서 30%의 비중을 차지하였다. 하지만 위기 이후 비ICT 분야의 ICT 투자와 활용이 감소하고 회복이 지연되면서 성장기여도가 10분의 1 수준으로 하락하였다.

이 새로운 방식으로 다양한 수요를 창출할 수 있다. 인터넷경제가 커질수록 브로드밴드의 보급 확대로 보다 많은 수익 창출과 소비자 후생 증대가 가능해진다.

이런 맥락에서 무형자산(지식 기반 자산)[52]의 중요성이 갈수록 커지고 있다. 많은 혁신비용이 투자집계에서 제외되다 보니 일반적으로 자본이 저평가되는 측면이 있다. 소프트웨어, 광물 채굴, 예술 창작물, R&D 등 일부 무형자산은 국민계정에 포함되어 있지만, 다른 많은 무형자산은 전체 생산에서 차지하는 비중이 큼에도 불구하고 가치 평가가 어려워 경제적 기여도가 낮은 것으로 인식되고 있다. 하지만 오늘날은 무형자산이 유형자산을 점차 추월하여 경제성장과 생산성의 관점을 근본적으로 변화시키고 있다. 1995~2010년에 GDP 대비 무형자산의 투자 비중(투자집중도)을 살펴보면, EU 14개국[53]은 7%를 넘지 못하는 반면 미국은 1990년대 후반에 두 자릿수를 기록한 이후 11~12%를 꾸준히 유지하고 있다.

따라서 생산성 향상과 잠재성장률 제고 측면에서 무형자산의 중요성을 새롭게 인식할 필요가 있다. R&D와 기타 무형자산은 ICT와 결합되어 혁신을 촉진하고 생산성에 영향을 준다. 또한 노동생산성 증가에 있어 무형자산의 기여도가 유형자산을 추월하기 시작했고, 비(非)ICT와 비(非)R&D 요소의 비중도 갈수록 커지고 있다. 비경쟁적 성격을 지닌 무형자산의 보급이 확산될수록 생산성 증가에 기여한다. 따라서 유럽은 기술혁신의 기반이 되는 무형자산의 유지 및 확보에 노력하고 비기술 분야의 무형자산을 조속히 육성할 필요가 있다.

---

52 무형자산은 물리적 형태를 갖지 않으나 다양한 유형으로 이루어진다. ① 기술 기반: R&D, 특허, 소프트웨어, 데이터베이스, ② 예술작품: 서적, 음악작품, 그림, 비디오, ③ 계약 기반: 라이선싱, 로열티 계약, 광고 계약, 리스 계약, ④ 고객 관련: 고객 리스트, 수주잔고(order backlogs), 고객 계약, ⑤ 마케팅 관련: 브랜드, 로고, 상표, 인터넷 도메인명, 이미지, 카피 및 광고캠페인.

53 2004년 이전의 EU 15개국 중 스웨덴과 덴마크를 제외하고 슬로베니아를 포함한 EU 14개국을 의미한다.

글로벌 대기업으로 성장하지 못하는 유럽 ICT 기업

유럽에서도 전자상거래 및 인터넷 서비스 산업이 빠르게 성장하고 있다. EU는 아시아와 미주에 이어 세계에서 세 번째로 인터넷 이용자가 많고[54] 온라인 거래량도 세계 3위 규모다.[55] 글로벌 온라인 거래량 10위권에 포함되는 EU 4개국의 시장 규모는 3,610억 달러로, 중국(5,380억 달러)과 미국(4,830억 달러)에 이어 세 번째로 크다. 2011년 이후 EU B2C 전자상거래는 매년 평균 15%씩 빠르게 증가하고 있으며, 이는 미국의 전자상거래 시장성장률을 2%p 상회하는 수준이다.[56]

하지만 역내시장의 분절과 국가 간 장벽 등으로 인해 이 분야에서 유럽 기업의 위상은 초라하다. EU 회원국별로 상이한 인터넷 서비스 관련 제도가 EU 내 타국으로의 시장 진출을 막아, 유럽 기업들이 글로벌 대기업으로 성장하지 못하고 있다. EU 회원국 상호 간의 인터넷 서비스 공급은 전체 시장의 4%에 불과한 실정이다.[57] 글로벌 인터넷 서비스 기업 10위권에 유럽 기업은 아예 들지 못했으며, 10대 전자상거래 기업에 포함된 유럽 3사 매출을 합쳐도 아마존 1개 기업 매출의 20% 수준에 불과하다.[58] 반면 글로벌 시장을 선점한 미국 기업들은 규모의 경제 효과로 비용을 절감하며 유럽 시

---

54 아시아(49%) 〉 미주(19.3%) 〉 유럽(15.1%) 〉 중동/아프리카(11.3%). ITU World Telecommunication/ ICT Indicators database (2015).

55 10위권에 드는 EU 4개국은 영국, 독일, 프랑스, 스페인이며, 국가별 시장 규모는 영국 단독으로도 세계 3위다. Ecommerce Foundation (2015). Global B2C E-commerce Report.

56 Ecommerce Europe (2016). European B2C E-commerce Report; Ecommerce Foundation (2016). United States B2C E-commerce Report.

57 European Commission (2015). Factsheets on Digital Single Market: Why We Need a Digital Single Market.

58 전자상거래 10위권에 든 유럽 3사는 독일의 오토, 프랑스의 시노바, 영국의 테스코이다. yStats.com (2014). The World's Leading E-commerce companies.

장을 장악하고 있다. 유럽 디지털 온라인 서비스 시장의 54%를 구글, 애플, 페이스북, 아마존 등 미국 기업이 차지하고 있다. 유럽 인터넷 검색 시장의 경우 구글의 점유율이 90%대에 이른다.

ICT 분야에서 글로벌 경쟁력을 지닌 대기업 수를 봐도 유럽은 매우 열세에 놓여 있음을 알 수 있다. 2015년 '포브스 글로벌 2000'을 분석한 결과, 통신장비 분야의 일부 기업(에릭슨, 알카텔-루슨트, 노키아)과 소프트웨어 분야의 2개 기업(SAP, 아마데우스)을 제외하면, 유럽은 ICT 분야 전체는 물론 인터넷 및 컴퓨터 서비스 분야에서 글로벌 기업이 전무한 실정이다. 글로벌 ICT 기업 수에서 압도적 1위는 미국이다.

3

위기 극복을 위한
EU의 정책대응

어떻게 저성장 고착화에서 벗어날 것인가?

유럽의 경제위기가 8년째 지속되고 있다. 경제위기의 후유증, 즉 위기의 잔재가 여전히 유럽의 경제성장을 제약하고 있다.

유로지역 GDP의 90%를 넘는 정부부채가 재정 정책의 대응옵션을 제약하고 있으며, GDP의 350%에 이르는 민간부채도 내수경기 회복에 걸림돌로 작용하고 있다. 가계부채는 민간소비를 위축시키고 과도한 기업부채는 디레버리징을 유발해 경제활동에 부정적 영향을 주고 있다. 또한 은행들도 자본구조가 취약해 민간대출을 꺼리고 있어 신용경색이 쉽게 해소되지 않고 있다. 유로지역의 일부 국가에서는 높은 실업률이 인적자본 형성에 악영향을 끼치고 있으며 저조한 투자로 자본 형성이 지연되고 있다.

유로지역의 정부부채

자료: Eurostat.

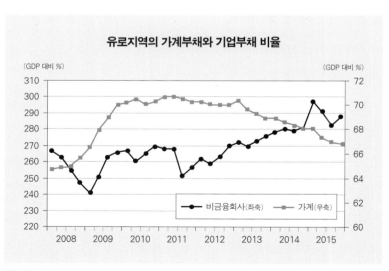

유로지역의 가계부채와 기업부채 비율

자료: Eurostat.

제1부 위기의 EU 경제

경제위기의 잔재로 인해 유로지역의 잠재성장률 둔화는 당분간 지속될 것으로 예상된다. 유로지역의 잠재성장률이 하락한 가운데 2016~2017년에도 브렉시트 문제를 해결하느라 위기의 잔재가 정리되지 못한 채 남아 있을 가능성이 높고, 총요소생산성(TFP) 증가율 둔화와 인구구조 악화 등으로 유로지역의 잠재성장률은 1% 내외에 머무를 것으로 예상된다.[59]

EU 경제의 저성장은 인구구조, 교육, 소득불균형, 정부부채와 관련한 구조적 현상이다. 비관론자들은 저금리와 마이너스 실질금리, 낮은 인플레이션, 잠재성장률 하락 등을 이유로 EU 경제의 '저성장 고착화(secular stagnation)'[60] 가능성을 제기한다.

미국의 실제 GDP와 잠재 GDP를 살펴보면, 미국의 실제 GDP는 2015년에 잠재 GDP에 도달한 것으로 추정된다.[61] 반면 유로지역의 실제 GDP는, EU 집행위원회의 추정에 따르면 잠재 GDP를 크게 밑돌고 있으며 그 격차가 계속 확대되고 있다. 유로지역의 실제 경제성장률이 EU 집행위원회가 추정하는 잠재성장률[62]에는 근접하지만 위기 이전의 잠재성장률(1.9%)에 크게 못 미치고 있기 때문이다. 유로지역 경제의 저성장에는 경기순환에 따른 부진 요인(cyclical deficit)보다 구조적 부진 요인(structural deficit)이 더 크게 작용하고 있다.

---

59 European Commission (2016). European Economic Forecast.

60 글로벌 저성장과 내수시장의 정체는 가격인하 경쟁을 가속화하고, 경쟁력 약화 우려가 교육과 인프라 투자의 인센티브를 약화시키고 디플레이션 압력이 부채 상환에 악영향을 주면서 저성장이 장기화되는 현상을 의미한다. 동시에 중산층 약화가 사회불안을 야기하고 국가 간 또는 국내 불평등을 심화시키는 현상도 예상된다.

61 Gordon, R. J. (2014). A New Method of Estimating Potential Real GDP Growth: Implications for the Labor Market and the Debt/GDP Ratio. NBER Working Paper No. 20423.

62 2009~2014년 0.6%, 2014년부터 1.4%로 예상하고 있다.

또한 EU와 미국 간에 생산성 격차(productivity gap)가 확대되고 있다. 유로지역의 인당 GDP는 미국의 70% 수준에 머물러 있으며, 1990년대 중반 한때 미국의 90%에 근접하던 유로지역의 노동시간당 GDP도 이후 계속 하락하여 2015년 현재 미국의 70%대 후반을 기록 중이다. 유로지역의 인구구조와 생산성이 미국에 비해 불리하기 때문이다. 특히 총요소생산성 하락이 가장 큰 문제다. 유로지역의 총요소생산성 증가율은 2007년 이후 마이너스를 기록하고 있다. 낮은 생산성의 원인 중 최근 비ICT 분야의 ICT 활용이 저조하다 보니 네트워크 효과가 미흡해 ICT가 총요소생산성 증가율 하락을 막는 데 그다지 큰 역할을 하지 못하고 있다는 점이 주목을 받고 있다.

EU의 저조한 생산성 문제는 국가마다 상황이 다른데, 산업구조에 따라 다음 네 그룹으로 나눠볼 수 있다.[63]

1. **통합된 가치사슬**: 독일과 중동부 유럽(오스트리아 포함) 국가들은 상호 간에 강한 가치사슬을 형성하고 있고 글로벌 가치사슬(global value chain)과 연계되어 강한 혁신잠재력을 보유하고 있다.

2. **글로벌 니치 플레이어**: 유럽의 강소국들이 이에 해당되며, 노르딕(노르웨이, 덴마크, 스웨덴, 핀란드, 아이슬란드), 발틱(에스토니아, 리투아니아, 라트비아), 베네룩스(벨기에, 네덜란드, 룩셈부르크), 아일랜드는 국가 규모는 작지만 수출 산업뿐만 아니라 서비스 산업에서도 강한 글로벌 경쟁력을 지니고 있다.

---

63 van Ark, B., O'Mahony, M. and Timmer, M. (2014). Growth and Stagnation in Europe's Economics. Third World KLEMS Conference, Tokyo.

3. 탈산업화 모델: 영국은 다양한 서비스 산업을 육성하여 제조업의 부진을 만회하고 있다.

4. 내부지향형: 프랑스, 이탈리아, 스페인, 포르투갈, 그리스 등 지중해 국가 그룹은 성장세가 부진한 내수경제에 주로 의존한다. 빠른 인구 증가와 내수 산업이 주된 성장동인이지만 저조한 생산성으로 인해 고질적인 저성장 환경이 형성되어 있다.

EU가 저성장 고착화 우려를 불식시키기 위해서는 총요소생산성을 끌어올리는 것이 당면 과제다. 저조한 총요소생산성 증가율은 유럽 경제 성장의 아킬레스건이기 때문이다. EU가 저성장 고착화 문제를 해결하려면 기능혁신과 제조업의 디지털화로 생산성을 향상시키는 것이 중요하다. 또한 ICT 투자로 네트워크 효과를 창출하고 무형자산 투자를 통해 파급 효과를 극대화할 필요가 있다. 이를 위해서는 노동·자본·상품 시장의 개혁과 함께 단일시장(특히 서비스 분야) 통합과 디지털 단일시장을 완성해야 할 것이다.[64]

위기 극복의 해법으로 떠오른 디지털 경제

디지털 경제는 제조업 등 전통산업의 패러다임을 변화시키며 생산성 향상과 기술 혁신으로 경제성장을 견인한다. EU 집행위원회[65]에 따르면, 유럽

---

64 van Ark, B. (2014). Productivity and Digitalization in Europe: Paving the Road to Faster Growth. The Lisbon Council & The Conference Board.

의 브로드밴드 인터넷에 기반한 디지털 경제는 여타 전통경제보다 7배 빠른 성장세를 보이고 있다.

디지털 경제의 기반이 되는 ICT는 생산성 향상에 따른 단기적 고용 감소를 가져오지만 기업의 수익성 개선 및 소득 향상을 통해 장기적으로 고용을 증가시킬 수 있다. ICT는 노동대체 효과보다 보상 효과가 커 고용창출에 긍정적으로 기여한다. ICT의 도입으로 노동수요가 감소하고 임금이 하락할 수 있지만, 신기술로 생산성을 향상시킨 기업들에 의해 새로운 노동수요가 창출된다. 혁신적 신제품의 등장은 새로운 수요를 창출하고 관련 자본재 및 중간재 산업에서 고용을 흡수한다. 미국의 경우, 지난 5년 동안 앱 경제(app economy)로부터 50만 개의 새로운 일자리가 생겨났으며, 경영컨설팅 회사 맥킨지[66]는 인터넷으로 인해 1개의 일자리가 사라질 때 새로운 일자리 2.6개가 생기는 것으로 분석하고 있다.

ICT의 발달로 다양한 혁신 서비스가 등장하고 산업 간 경계 및 국경의 의미가 약해져 영역 구분 없는 글로벌 경쟁이 심화되고 있다. 방송—통신, 온라인—오프라인은 물론 산업 간 경계가 무너지고, 기업들이 다양한 영역에서 상호 경쟁 및 협력을 하는 복잡한 양상이 전개되고 있다. 생태계 선점 기업에 의한 승자독식 현상이 확산되고, 시장 선두업체가 신생 혁신기업에 의해 시장을 잠식당하는 등 시장의 역동성이 증가하고 있다. 또한 클라우드 컴퓨팅, 클라우드소싱, 오픈소스 하드웨어, 3D 프린팅 등 디지털 기술의 발달로 시장 진입장벽이 낮아져 새로운 사업기회가 창출되고 있다.

---

65 〈https://europa.eu/european-union/topics/digital-economy-society-en〉.

66 McKinsey Global Institute (2011. 5). Internet Matters: The Net's Sweeping Impact on Growth, Jobs, and Prosperity.

❱ 디지털 경제와 앱 경제 ❰

디지털 경제는 통신네트워크, 컴퓨터, 소프트웨어를 포함한 다양한 ICT에 힘입어 나타난 경제 패러다임이다. 2012년 OECD는 브로드밴드를 기반으로 한 인터넷상의 전자상거래를 통해 재화와 서비스 거래가 촉진되는 경제로 디지털 경제를 규정한 바 있다. 최근에는 기술혁명으로 무선 네트워크와 모바일기기 등 새로운 디지털 인프라가 구축되어 인터넷 기반의 시장이 확대되고 비즈니스 분야도 다양해지고 있다.

앱 경제는 일반적으로 구글 안드로이드의 플레이스토어나 애플의 앱스토어와 같은 모바일 어플리케이션 플랫폼을 중심으로 구축된 경제 생태계를 지칭한다. 모바일 어플리케이션을 생산, 유통, 소비하는 과정에서 앱 생태계 내에서 경제적 네트워크가 생성된다. 최근 전 세계적으로 모바일 디바이스의 활용이 점차 보편화되어가고 있는 상황에서 앱 경제는 오프라인 또는 웹 기반의 온라인 비즈니스를 모바일 비즈니스로 유인하는 역할을 하고 있다.

최근에는 무형자산과 데이터를 기반으로 한 디지털 경제의 확산뿐만 아니라 사물인터넷에 의한 초(超)연결사회(connected society)도 가시화되고 있다. 전 세계적으로 인터넷 트래픽이 2~3년마다 2배씩 증가하고 있으며, 모바일 트래픽은 매년 2배씩 증가하고 있다. 모바일 데이터 트래픽은 2012~2018년에 12배 증가할 전망이며, 스마트폰을 이용한 데이터 트래픽도 같은 기간 동안 14배 증가할 것으로 예상된다.[67] 앞으로 모든 기기들이 인터넷으로 연결되는 사물인터넷(IoT; Internet of Thing)의 보급 확대로 초연결사회가 도래할 것이며,[68] 2013년 현재 전 세계에 70억~100억 개의 기기가 무선으로 연결되었는데 2020년에는 그 수가 260억~300억 개로 증가할 전망이다.

사물인터넷 시대의 도래로 방대한 분량의 다양한 데이터가 생성되고 있다. 이렇듯 데이터가 가치창출의 핵심자원으로 부상함에 따라 데이터 활용역량이 디지털 경제에서 경쟁력을 좌우하는 시대가 되었다. 민간과 공공 부문을 불문하고 빅데이터(big data) 활용으로 새로운 가치를 창출하는 것이 경쟁력의 핵심으로 부상하고 있는 것이다.

EU는 ICT를 기반으로 한 디지털 경제를 통해 경제위기를 극복할 수 있다. 실제 EU는 디지털 경제의 성장잠재력에 주목하고 있다. EU 집행위원회는 디지털 경제가 유럽의 경쟁력 제고, 경제성장과 고용창출에 가장 효과적인 수단이 될 것으로 예상하고 있다. 현재 EU의 ICT 투자 누계액(GDP 대비)은 미국의 3분의 2 수준에 불과하다. ICT 투자가 미국 수준으로 이루어진다면 생산성 향상 등에 따라 2020년까지 EU의 GDP 규모는 7,600억 유로(2015년 GDP의 5%에 해당) 증가할 것으로 예상된다.[69]

---

67 Cisco (2015. 5). Cisco Visual Networking Index: Forecast and Methodology, 2014—2019 White Paper.

68 Bauer, H., Patel, M. and Veira, J. (2014. 12). The Internet of Things: Sizing up the Opportunity. McKinsey & Company.

69 Oxford Economics (2012). Capturing the ICT Dividend: Using Technology to Drive Productivity and Growth in the EU.

디지털 유럽의 현주소와 성장 가능성

EU의 디지털 경제, 즉 '디지털 유럽(Digital Europe)'의 현주소는 어디에 있으며 어디로 향하고 있나?

앞서 이야기했듯이 유럽은 ICT 투자와 ICT 생산성의 경제성장기여도가 미국보다 낮아 ICT 투자, 생산자 및 소비자 생산성이 경제성장에 기여하는 정도가 전체 GDP 성장의 3분의 1가량에 불과하다. 대부분의 글로벌 ICT 및 ICT 관련 서비스 기업들은 비유럽 기업이다. 인프라 및 네트워크 투자도 저조해 유럽은 ICT의 혜택을 온전히 누리지 못하고 있다.

미국은 어떻게 해서 디지털 경제를 선도하고 있으며 ICT의 경제적 효과를 유럽보다 더 잘 창출하는 것일까? 그 해답은 첫째, 기업구조와 무형자산 투자에서 찾을 수 있다. 미국 기업들은 혁신을 중시하는 경영진을 앞세워 ICT를 보다 효율적으로 활용할 수 있는 조직을 갖추었다. 또한 미국은 무형자산 투자에서 절대적 우위를 보이고 있다.[70] 둘째, 강한 기업가적 태도와 혁신 기술을 보유하고 있다. 셋째, 유기적인 산학협력체계와 자본시장 등 양호한 혁신생태계를 갖추고 있다. 넷째, 제품 및 노동시장의 높은 유연성이 산업재편을 촉진하고 있다. 다섯째, 거대한 단일 내수시장과 빠른 수요 변화가 신제품을 위한 거대 시장을 제공하고 있다. 여섯째, 모바일 및 기타 네트워크와 디지털 기술의 중요성이 커지면서 네트워크와 규모의 혜택이 확대되고 있다.

---

70 2008년 기준으로 GDP에서 무형자산 투자가 차지하는 비중이 미국 12%, 영국 9.5%, 프랑스 8%, 독일 6.5%, 스페인 5%, 이탈리아 4.8% 등으로 나타나 미국과 다른 나라 간에 큰 격차를 보였다.

EU는 미국에 비해 불리한 상황에 놓여 있지만 포기하거나 실망하기에는 이르다. 장애요인과 불확실성을 빠른 시일 내에 제거할 수만 있다면 EU도 ICT의 성장잠재력에 힘입어 디지털 경제를 실현할 수 있는 유리한 점들이 많다. 우선, EU는 충분한 경제 규모를 갖추고 있고 인당 국민소득도 상대적으로 높다. 또한 신흥국의 위상이 높아지는 추세라고 해도 EU는 제조업과 서비스 분야의 글로벌 가치사슬에서 여전히 중요한 역할을 담당하고 있으며, 산·관·학으로 구성된 혁신 인프라를 잘 갖추고 있다. 따라서 EU가 ICT 투자 확대와 더불어 현 상황을 타개할 만한 정책을 적극 추진한다면 디지털 경제에서 충분한 성과를 거둘 수 있다.

미국의 비영리 경제조사기관 콘퍼런스 보드는 41명의 전문가 인터뷰와 자체 연구를 바탕으로 ICT가 경제성장에 미치는 영향을 분석하고, 2020년 유럽 디지털 경제(Digital Europe)의 시나리오를 경제성장과 ICT 산업의 발전에 따라 네 가지로 제시하였다.[71] EU가 지향해야 할 낙관적 시나리오인 'Digital Rainforest'부터 중간 시나리오인 'Digital Savannah'와 'Digital Glasshouse', 그리고 피해야 할 최악의 시나리오인 'Digital Desert'로 구성되어 있다. 콘퍼런스 보드는 EU가 경제위기를 극복하고 지속성장을 하려면 낙관적 시나리오에 맞추어 ICT 기술을 기반으로 한 디지털 경제를 적극 육성할 것을 주문하고 있다.[72]

그렇다면 EU는 디지털 경제의 육성을 위해 구체적으로 무엇을 해야 할까? 성장동력으로서 ICT의 역할이 갈수록 중요해지고 있다. 초고속 통신

---

71 van Welsum, D., Overmeer, W. and van Ark, B. (2012). Unlocking the ICT Growth Potential in Europe: Enabling People and Businesses. The Conference Board

72 보다 자세한 내용은 이 책 제3부의 3장 "디지털 어젠다의 성공 열쇠와 네 가지 시나리오"를 참조하라.

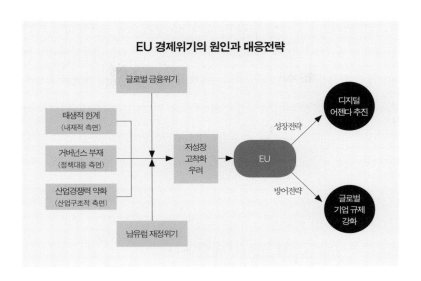

EU 경제위기의 원인과 대응전략

글로벌 금융위기

태생적 한계
(내재적 측면)

거버넌스 부재
(정책대응 측면)

산업경쟁력 약화
(산업구조적 측면)

남유럽 재정위기

저성장
고착화
우려

EU

성장전략

디지털
어젠다 추진

방어전략

글로벌
기업 규제
강화

네트워크와 모바일기기의 급속한 보급으로 소비자의 선택폭이 확대되어 경제성장기여도가 높아지고 있다. 하지만 주지하다시피, ICT 및 ICT 관련 서비스 분야에서 글로벌 기업들은 대부분 비유럽 기업이다. EU는 인프라 및 네트워크 투자가 저조하므로 초고속·고품질의, 유비쿼터스 접속이 가능한 하드웨어 인프라와 더불어 R&D 인력 등 소프트 인프라를 서둘러 갖춰야 한다. 또한 초고속 네트워크와 모바일기기의 보급 확대로 네트워크 효과와 규모의 경제 효과가 중요하므로 디지털 유럽을 위한 법제도 정비에 나서야 한다. 디지털 경제를 위해서는 제품 및 노동시장의 불필요한 규제, 상이한 규제 체계로 인한 시장 분절, 중소 혁신기업(스타트업, 벤처 등)의 자금조달 애로에 따른 혁신 및 기업가정신 약화 등의 문제도 해결해야 한다.

EU의 정책대응: 성장전략과 방어전략을 병행 추진

현재 EU는 글로벌 기업 규제를 통해 일자리와 시장을 지키는 방어전략을 구사하는 한편, ICT 산업 육성을 통해 디지털 경제를 확산시키는 디지털 어젠다(DAE; Digital Agenda for Europe)를 성장전략으로 추진하고 있다. 디지털 어젠다는 EU가 추진 중인 중장기 성장전략(유럽 2020)의 가장 핵심적인 프로젝트다.

성장전략: 디지털 경제를 위한 디지털 어젠다 추진

EU는 디지털 단일시장(Digital Single Market) 완성과 고속 브로드밴드 구축을 디지털 어젠다의 핵심과제로 선정하고 이를 적극 추진하고 있다. 디지털 단일시장이란 28개국의 디지털 시장을 하나의 시장으로 통합하는 법제도 정비 작업을 의미하며, 고속 브로드밴드 구축은 디지털 경제의 확산을 위한 통신네트워크 현대화 작업이다.

우선 EU는 역내 전자상거래 활성화와 시장 확대를 위해 회원국 간 온라인 장벽을 제거하는 디지털 단일시장 전략을 추진 중이다. 이를 위해 EU는 전자상거래 소비자 보호 및 계약 관련 법령을 조화시키고 소비자 관련 법제도를 단일화하기 위한 일환으로 역내 온라인 분쟁해결 플랫폼을 구축하고 있다.[73] 또한 배송비용 절감 및 배송품질 개선, 부가가치세 협약 간소화 등을 추진하며 불합리한 지역차단(geo-blocking) 해소를 위해 법안 마련을

---

[73] European Commission (2015), Communication from the Commission to the European Parliament, the Council, the European Economic and Social Committee and the Committee of the Regions: A Digital Single Market Strategy for Europe, COM(2015) 192 Final.

서두르고 있다. 소비자가 위치한 국가에 따라 일부 상품 및 서비스 공급이 금지되거나 동일한 상품 및 서비스가 국가별로 상이한 조건으로 판매되는 문제를 해결하는 데 초점을 맞추고 있다. 국경 간 온라인 시장 진입비용이 절감되면 중소기업들의 전자상거래 시장 진출이 활발해지고 규모의 경제가 달성될 수 있을 것으로 기대된다.

한편, 디지털 경제에 있어 고속 브로드밴드는 산업경쟁력 제고, 고용창출, 경제성장 및 사회발전을 위한 전제조건이다. 브로드밴드 속도가 향상될수록 파일 전송속도가 개선되고, 비디오 스트리밍 앱 구동, 고품질 실시간 통신, 다수 앱의 동시 사용 등 다양한 혁신 서비스 제공이 용이해진다.[74] 이는 인터넷기술의 진보로 전자상거래가 증가하고 디지털 콘텐츠 및 스마트 TV, e-헬스, 빅데이터, 클라우드 컴퓨팅, 자율주행차, 사물인터넷 등 국경을 초월한 다양한 혁신 서비스가 창출됨을 의미한다.

방어전략 : 일자리와 시장 보호를 위해 글로벌 기업에 대한 규제 강화

그동안 EU 국가들은 시장통합 과정에서 사회적 시장경제의 색채를 유지하고자 노력해왔다. 특히 환경·노동·복지 분야에서 엄격한 기준을 적용하고 있다. EU 회원국 간에 무리한 정책 하향 평준화와 제도 경쟁을 지양한 탓에 유럽의 기업규율문화는 다른 지역에 비해 엄격하다. 이로 인해 유럽의 전반적인 기업활동 여건은 미국 등 다른 경쟁국들보다 까다로운 것으로 인식되고 있다. 스위스 소재 국제경영대학원(IMD)의 기업 규제 관련 평가에서 스

---

74 Atkinson, R., Castro, D., Ezell, S. and Ou, G. (2009). The Need for Speed: The Importance of Next-generation Broadband Networks. The Information Technology and Innovation Foundation(ITIF). Washington, D.C.

웨덴 등 일부를 제외한 대부분의 유럽 국가들은 미국, 영국보다 낮은 점수를 받았다.

EU 국가들은 ICT를 기반으로 한 새로운 사업모델이 속속 등장하고 승자독식의 시장질서가 형성되면서 사회적 시장경제의 근간이 위협받을 것을 우려하고 있다. 실제로 디지털 경제의 확산으로 미미한 기술격차가 엄청난 시장점유율 차이를 초래하고 부의 편중 현상이 심화되는 현상이 나타나고 있다. 디지털 경제의 시장경쟁은 가격보다 혁신에 기반하고 있어 혁신기업에 의해 시장주도권이 하루아침에 바뀌는 예측 불가능한 환경이 조성되었다. 기기와 서비스가 복합 또는 융합된 패키지 상품을 창출하는 사업모델이 증가하고, 새로운 가치사슬 구축과 그에 따른 주도권 변화가 본격화되고 있다.

이에 따라 시장질서와 소비자권익을 보호해야 하는 EU 정책당국으로서는 디지털 기술의 혁신 속도를 따라잡기가 쉽지 않은 상황이다. EU 입장에서는 디지털 경제 발전에 지장을 초래하지 않으면서 사회적 시장경제체제를 유지할 수 있는 규제 체계를 만드는 것이 당면 과제다. 승자독식의 원리가 적용되는 디지털 경제 확산으로 사회형평성이 약화되는 것을 막기 위해 EU가 꺼낸 카드가 바로 글로벌 기업 규제 강화다.

EU의 글로벌 기업에 대한 규제 강화는 개인정보보호, 조세, 경쟁 정책 분야에 집중되고 있다. 현재 프라이버시 보호를 명분으로 이루어지는 EU의 개인정보보호 강화 정책은 디지털 무역의 활성화를 가로막는 디지털 보호주의라는 비판을 받고 있다. 또한 EU는 가격 정책을 통한 불공정 및 정보독점 행위, 수직계열화를 통한 유통시장 잠식 등 불공정 경쟁행위에 대해서도 규제 도입을 적극 검토 중이다. 구글, 아마존 등이 가격 정책으로 사용자 기반을 빠르게 확장하고 고객정보에 기반한 온라인 광고 등 추가 수익을 창출함에 따라 정보독점 및 불공정 경쟁 이슈가 대두되고 있다. 특히 최근에는 인터넷 플랫폼 기업에 대한 규율을 강화하려는 움직임이 가시화되고 있다. 여기에는 프랑스의 '유럽 문화주권 수호', 독일의 '위협받는 전통산업 보호' 등 거대 인터넷 플랫폼 기업에 대한 반대 정서가 작용하고 있다. 일각에서는 역외 기업에 대한 규제가 대유럽 투자를 위축시켜 EU 경제에 불이익을 초래할 수도 있다는 우려를 제기하고 있다.

글로벌 기업에 대한 이러한 규제 강화의 배경에는 미국 등 경쟁국에 비해 취약한 EU의 디지털 산업을 보호하려는 목적이 자리 잡고 있다. 유럽 국가들은 개인정보보호뿐만 아니라 조세 및 경쟁법 분야에서 글로벌 기업에 대한 규제를 강화하고 있는데, 사실상 미국의 IT 기업들이 주된 규제 대상이 되고 있다.

제2부

수성의 EU 경제

글로벌 기업에 대한 규제 강화

1. 뒤늦게 새판을 짜려는 유럽

2. 개인정보 규제: 인권 이슈로 확대

3. 조세 규제: '바닥으로의 경쟁'을 저지

4. 신사업활동 규제: 승자독식을 우려

1

뒤늦게 새판을
짜려는 유럽

유럽발 디지털 보호주의에 대한 우려 확산

2015년 2월 버락 오바마 미국 대통령은 유럽에서 활동 중인 미국 디지털 기업들의 사업환경이 악화되고 있는 것에 대해 공개적으로 비판하고 나섰다.[1] 오바마 대통령은 미국 기업들이 전 세계 인터넷 산업을 주도하고 시장 지배력을 키워가는 상황에서 유럽이 경쟁력이 낮은 자국 기업을 지원하기 위해 보호주의 정책을 도입하고 있다고 지적하였다. 이에 대해 EU 집행위원회는 현재 추진 중인 디지털 산업 규제는 국적을 불문하고 모든 기업에 동일하게 적용되고 있다고 주장하며 오바마 대통령의 발언을 반박하였다.

---

[1] Obama Attacks Europe Over Technology Protectionism (2015. 2. 16). *Financial Times*.

유럽 주요국별 방문 건수가 가장 많은 웹사이트(2016년 5월 18일 기준)

	독일	영국	프랑스	이탈리아	스페인
1	Google.de	Google.co.uk	Google.fr	Google.it	Google.es
2	Youtube.com	Youtube.com	Youtube.com	Facebook.com	Google.com
3	Facebook.com	Facebook.com	Facebook.com	Youtube.com	Youtube.com
4	Amazon.de	Google.com	Google.com	Google.com	Facebook.com
5	Google.com	Amazon.co.uk	Bing.com	Amazon.it	Live.com
6	Ebay.de	**Bbc.co.uk**	**Orange.fr**	Wikipedia.org	Amazon.es
7	Bing.com	Ebay.co.uk	**Leboncoin.fr**	Yahoo.com	Twitter.com
8	Wikipedia.org	Yahoo.com	Yahoo.com	Bing.com	Yahoo.com
9	**Web.de**	Live.com	Amazon.fr	**Libero.it**	Wikipedia.org
10	**T-online.de**	Wikipedia.org	Live.com	**Repubblica.it**	**Blogspot.com.es**

주: 비(非)미국 기업이 운영하는 웹사이트를 굵은 글씨로 표시.
자료: Alexa 웹사이트 〈http://www.alexa.com/topsites/countries〉.

2010년대 들어 유럽에서는 다국적 디지털 기업에 대한 규제가 빠르게 강화되었다. 글로벌 금융위기 이후 공공의 적으로 떠오른 은행들이 유럽 재정위기를 거치며 사세가 위축되고 유로지역이 재정위기를 극복하는 과정에서 은행들의 고삐를 더욱 바짝 죄자 이들에 대한 유럽인들의 분노도 빠르게 사그라졌다. 반면, 유럽 내수 회복이 지연되고 있음에도 불구하고 유럽 시장에서의 독보적 위치와 새로운 사업모델을 앞세워 승승장구하는 다국적기업, 특히 미국 디지털 기업에 대한 견제가 시작되었다. 현재 유럽 주요국에서 방문 건수가 가장 많은 10대 웹사이트의 대부분을 미국 기업이 운영

제2부 수성의 EU 경제

하고 있다. 이는 한국과 러시아에서 미국 기업의 웹사이트가 각각 5개로 상대적으로 적고, 중국의 경우 10대 웹사이트를 모두 자국 기업이 운영하고 있는 것과 큰 대조를 이룬다.[2]

디지털 산업 규범을 확립하기 위한 노력

EU는 본격적인 성장단계에 있는 디지털 산업의 규범을 확립하고자 고심 중이다. 현재 유럽에서 진행되고 있는 디지털 산업에 대한 규제 움직임은 정책당국이 시장 또는 산업을 쫓아가는 형국이다. 2010년대 들어 인터넷을 기반으로 한 신산업이 성장하며 기존에는 상상하기 어려웠던 문제점과 과제가 생겨났다. 예전에는 진출 대상국의 경제발전에 큰 도움을 주지 않고 현지의 생산요소를 활용한 후 얼마 지나지 않아 해당 국가를 떠나는 풋루스(footloose) 다국적(multinational) 기업들이 비판을 받았다면 이제는 큰 수익을 올리지만 해당 국가에서 실체가 확실하지 않은(stateless) 메타내셔널(metanational) 디지털 기업들이 비난의 대상이 되고 있다. EU는 디지털 기업들의 사업활동이 발생시키는 사회적·윤리적 문제점과 불공정한 경쟁환경을 바로잡겠다고 나서고 있다. 이러한 규제 움직임은 디지털 기업들이 유럽의 기준에 적합한 사회적 역할을 다하도록 만들려는 의도로 풀이된다.

2000년대 말까지만 하더라도 다국적 디지털 기업들의 사업활동에 대한

---

2 2016년 5월 18일 기준으로 한국에서는 Naver.com(1위), Daum.net(5위), Tistory.com(7위) 등, 중국에서는 Baidu.com(1위), Qq.com(2위), Taobao.com(3위) 등, 러시아에서는 Yandex.ru(2위), Vk.com(3위), Mail.ru(5위) 등 자국 기업이 운영하는 웹사이트가 10대 웹사이트에 포함되었다.

유럽의 견제 심리가 강하지 않았고 EU 내에서도 디지털 산업 규제 강화가 그다지 큰 지지를 받지 못했다. 당시 유럽에서 디지털 기업들에 대한 규제를 강화하려는 움직임은 '코끼리 다리에 개목걸이를 채우는 수준'으로 인식되었다. 하지만 불과 몇 년 사이 디지털 기업들의 사업 확장 과정에서 나타난 다양한 부작용이 유럽 사회 전반에 알려지고 정치 이슈화되었다. 유럽 기업들과 사회단체들로부터 시작된 다국적 디지털 기업들에 대한 비판은 현재 회원국 그리고 EU 차원의 규제 강화로 발 빠르게 확산되고 있으며, 이로 인해 디지털 기업들의 유럽 내 사업활동이 상당한 영향을 받고 있다.

현재 유럽이 추진 중인 규제의 대상은 주로 미국의 디지털 기업으로서, 의도적이든 아니든 간에 경쟁관계에 있는 유럽 기업에 시간을 벌어주는 효과를 낳고 있다. 물론 주요 타깃이 된 구글, 페이스북 등 미국 디지털 기업의 주요 사업 분야에서 경쟁구도를 뒤흔들 만한 유럽 기업이 단시간 내에 나타나는 것을 기대하기 힘들다. 하지만 아직 디지털 산업이 발전과정의 초기 단계에 있다는 점을 고려한다면 유럽의 규제 강화는 분명 미래의 경쟁구도에 영향을 미칠 것으로 예상된다.

유럽은 다국적 디지털 기업의 사업활동과 관련하여 크게 세 가지를 우려하고 있다. 첫째, 디지털 산업의 원재료라고 할 수 있는 데이터와 여기에 포함되어 있는 개인정보가 무차별적으로 활용되는 것을 걱정하고 있다. 둘째, 재정위기 이후 다국적 기업들의 절세전략에 대한 비판이 심화된 가운데 특수한 사업구조를 가진 디지털 기업들의 세금회피 감시가 어렵다는 점을 지적하고 있다. 같은 이유로 다국적 식음료 기업들도 도마 위에 올라 있다. 셋째, 새로운 사업 분야에서 일부 디지털 기업의 독식 가능성과 이로 인해 피해를 입을 기존 산업의 미래를 걱정하고 있다.

제2부에서는 이러한 세 측면에서 EU와 개별 회원국들이 추진하고 있는 다국적 기업, 특히 디지털 기업에 대한 규제의 배경과 내용 그리고 해당 기업들의 대응전략을 살펴보고자 한다.

개인정보 규제:
인권 이슈로 확대

개인정보보호 강화의 배경

2000년대 말부터 유럽에서 디지털 데이터 침해와 관련해 일련의 소송사건이 발생하면서 다국적 디지털 기업들이 인권 침해 논란의 중심에 섰다. 유럽 당국은 디지털 정보에 기반한 상품 및 서비스 산업이 빠르게 성장하고 있어 앞으로 소비자의 개인정보가 무분별하게 이용될 것을 우려하고 있다. 특히 디지털 산업의 강자들이 대부분 미국 기업들이기 때문에 개인정보가 대서양 너머로 이전되는 것에 대해 크게 걱정하고 있다. 물론 이러한 문제는 다국적 디지털 기업의 본국인 미국에서도 제기되고 있으나, 유럽인들은 프라이버시 침해를 훨씬 민감하게 받아들이고 있어 대응 속도와 강도 면에서 유럽이 미국에 한 발 앞서 있다.

제2부 수성의 EU 경제

이 문제를 두고는 크게 두 가지 해석이 가능하다. 첫째, 정보보호에 대한 유럽과 미국의 상이한 대응책이 문화의 차이에서 온다는 견해다. 위키피디아(Wikipedia) 창업자인 지미 웨일스(Jimmy Wales)는 미국 헌법이 보장하는 '표현의 자유'를 언급하며 유럽의 디지털 정보보호 규제에 대해 "미국에서는 이에 대해 논의조차 할 수 없다. 이를 위해서는 종교적 유물로 인식되는 수정헌법 제1조를 폐지해야 하기 때문에 불가능하다"라고 지적한 바 있다.[3] 반면 EU의 경우, 기본권헌장 제7조와 제8조에 나와 있듯이 사생활 및 개인정보보호를 인간의 근본적 권리로 간주하는 경향이 강하다. 둘째, 향후 성장동력으로 인식되고 있는 사물인터넷, 빅데이터, 클라우드 서비스 산업 등을 육성하기 위해 유럽에서 '데이터 보호주의'가 심화되고 있다는 분석이다.[4] 2013년 당시 유럽의 '디지털 어젠다'를 총괄한 닐리 크로스(Neelie Kroes) EU 집행위원은 "유럽은 국민과 기업에 안전한 클라우드 서비스를 자체적으로 제공할 수 있는 역량을 보유해야 한다"라고 강조한 바 있다.[5] 물론 크로스 집행위원은 유럽이 '데이터 보호'를 원하지 결코 '데이터 보호주의'를 추구하는 것은 아니라고 밝힌 바 있다.[6]

개인정보보호와 관련하여 디지털 기업들에 대한 유럽인들의 신뢰는 매우 낮은 상황이다.[7] 2015년 유럽인들을 대상으로 한 조사결과에 따르면, 응답자의 15%만이 본인이 제공하는 온라인 정보에 대해 완전한 권한을

---

3 US v Europe − A Cultural Gap on the Right to be Forgotten (2014. 5. 15). *BBC News*.

4 Digital Trade: Data Protectionism (2014. 8. 4). *Financial Times*.

5 Data Protectionism: In the Global Computing "Cloud", Geography Will Matter More (2013. 11. 18). *The Economist*.

6 World Economic Forum (2013). Europe Needs Data Protection, Not Data Protectionism.

7 European Commission (2015). Special Eurobarometer 431: Data Protection.

〉 EU의 기본권헌장 〈

제7조 사생활 및 가족생활의 존중:

모든 사람은 사생활 및 가족생활, 주거와 통신을 존중받을 권리가 있다.

제8조 개인정보의 보호:

1. 모든 사람은 자신과 관련한 개인정보를 보호받을 권리가 있다.

2. 이러한 정보는 한정된 목적으로 관련 당사자의 동의를 얻거나 법률에 규
   정된 다른 정당한 근거에 의해 공정하게 취급되어야 한다. 모든 사람은
   자신과 관련하여 수집된 정보에 접근하고 수정을 요구할 권리가 있다.

3. 이 규칙에 대한 존중은 독립기관에 의한 감독을 받는다.

자료: Charter of Fundamental Rights of the European Union. Official Journal of European Communities (2000. 12. 18). C364/10.

보유하고 있다고 밝혔다. 반면 부분적 권한을 갖고 있다고 생각하는 응답은 50%, 권한이 전혀 없다고 생각하는 응답은 31%에 달했다. 회원국별로는 권한이 전혀 없다고 생각하는 응답률이 독일(45%), 스페인(36%), 프랑스(34%)에서 가장 높게 나왔다.

또한 정보를 수집하고 저장하는 주체가 개인정보를 보호해줄 것이라고 어느 정도 신뢰하는가 하는 질문에서는 검색엔진, 소셜네트워크 서비스(SNS), 이메일 서비스 등 온라인 사업자를 신뢰한다는 응답이 24%로 가장 낮았다. 같은 질문에서 유럽인들이 보건의료기관, 국가기관, 금융기관

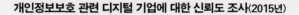

개인정보보호 관련 디지털 기업에 대한 신뢰도 조사(2015년)

"온라인으로 제공하는 정보의 통제권을 본인이 어느 정도 보유하고 있다고 생각하는가?"라는 질문에 "통제권이 전혀 없음"이라고 응답한 비율

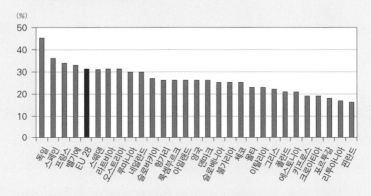

"온라인 사업자들이 개인정보를 보호해줄 것이라고 어느 정도 신뢰하는가?"라는 질문에 "완전 신뢰" 또는 "신뢰하는 편"이라고 응답한 비율

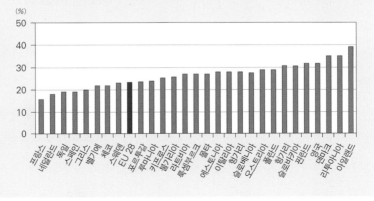

자료: European Commission (2015). Special Eurobarometer 431: Data Protection.

을 신뢰한다는 응답은 74%, 66%, 56%를 기록했다. 국가별로 살펴보면 온라인 사업자에 대해 신뢰하는 편이라고 긍정적으로 응답한 비율이 프랑스(16%), 네덜란드(18%), 스페인(19%), 독일(19%) 등에서 특히 낮게 나타났다.

디지털 기업에 대한 유럽인의 불신은 2010년대에 정보보호와 관련하여 발생한 일련의 사태에서 비롯된 것으로 보인다.

'잊힐 권리' 인정과 일반정보보호규정 채택

스페인의 변호사 마리오 코스테하 곤잘레스(Mario Costeja González)는 1998년 과도한 채무로 어려움을 겪었고 이를 해결하고자 신문에 자신이 보유한 부동산을 경매에 부친다는 광고를 냈다. 곤잘레스는 이후 부채 문제를 해결하였으나 10여 년 후 이로 인해 다시 충격에 빠졌다. 구글에 본인 이름을 검색할 때마다 예전의 경매 기사가 검색되는 것이었다. 이에 2010년 곤잘레스는 스페인 정보보호 감독기구에 해당 신문사가 자신의 기사를 삭제하고 구글이 관련 검색결과를 삭제하도록 조치를 취해줄 것을 요청하였다. 정보당국은 신문 기사가 적법하고 정확한 내용을 담고 있다며 신문사에 대한 삭제 조치 명령 요구를 거부한 반면 구글에는 검색결과를 삭제할 것을 명령했다. 이후 구글은 스페인 고등법원에 이의를 신청하였고 스페인 고등법원이 유럽사법재판소에 지침을 요청하면서 유럽 전역의 이목이 이 사건에 집중되었다.[8]

2014년 5월 유럽사법재판소는 1995년에 제정된 EU의 정보보호지침(DPD; Data Protection Directive)[9]을 해당 사례에 적용하여 '잊힐 권리(right

---

8 Costeja González and a Memorable Fight for the 'Right to be Forgotten' (2014. 5. 14). *The Guardian*.

to be forgotten)'를 처음으로 인정하였다. 판결 내용은 다음과 같다.[10]

　우선 검색엔진 운영자가 EU 역외에서 개인 데이터를 가공하더라도 EU 회원국에 지점이나 지사를 보유하고 있고 이를 통해 사업활동을 하거나 할 의도가 있으면 EU 지침이 해당 기업에 적용된다고 판단했다. 또한 검색엔진 운영자는 개인정보의 처리자이기 때문에 EU 법령의 책임에서 자유로울 수 없다고 하였다. 이어 검색엔진 운영자는 개인의 웹페이지 링크 삭제 요청이 있을 경우 일정한 조건하에서 개인 이름으로 검색이 가능하고 개인정보가 포함된 웹페이지의 링크를 삭제해야 한다고 판단하였다. 이는 정보가 부정확하거나 부적절할 때와 관계가 없거나 과도한 때에 적용된다고 명시하였으며 해당 이름 및 정보가 과거에 삭제되지 않았고 발간물이 합법적이었더라도 이 해석이 적용될 수 있다고 하였다. 유럽사법재판소는 검색엔진에 나타나는 정보가 사생활에 큰 영향을 미칠 수 있다는 점을 인지하고 검색엔진이 없었더라면 해당 정보를 타인들이 접하는 것이 불가능하거나 매우 어려웠을 것이라고 지적하였다. 한편, 해당인의 기본 권리, 즉 사생활 보호와 개인정보보호가 최우선이 되어야 하나 동시에 정보 접근을 통한 공공의 이익과 표현의 자유도 고려해야 한다고 판단하였다. 이 판결로 인해 데이터를 기반으로 사업활동을 전개하는 디지털 기업들이 큰 충격에 빠졌다.

---

9 Directive 95/46/EC of the European Parliament and of the Council on 24 October 1995 on the Protection of Individuals with Regard to the Processing of Personal Data and on the Free Movement of Such Data. Official Journal of European Communities.

10 제2조(용어 정의), 제4조(국가법 적용 대상), 제12조(열람할 권리), 제14조(이의를 제기할 권리) 해석을 중심으로 판결되었다 [Court of Justice of the European Union (2014). An Internet Search Engine Operator is Responsible for the Processing that it Carries Out of Personal Data Which Appear on Web Pages Published by Third Parties. Press Release No. 70/14; European Commission (2014). Factsheet on the "Right to be Forgotten" Ruling (c−131/12)].

유럽사법재판소의 판결에 앞서 2012년 1월 EU 집행위원회는 EU 정보
보호 개혁안을 발의하였다. 이 개혁안이 앞에서 언급한 유럽사법재판소의
판결에 일정 부분 영향을 미쳤다는 분석도 있다.[11] 개혁안의 핵심인 일반
정보보호규정(GDPR; General Data Protection Regulation)의 주요 목적은
1995년에 제정된 정보보호지침의 원칙을 새로운 디지털 환경에 적합하게
개정하는 것이었다.[12] EU 집행위원회는 정보처리의 공정성 및 투명성 강
화, 개인정보의 범위 확대 등을 위한 다양한 방안을 제안하였으며 '잊힐 권
리'도 규정안에 포함시켰다. 규정안의 제17조는 (a) 수집 또는 처리 목적과
관련하여 그 정보가 더 이상 필요하지 아니한 경우, (b) 정보주체가 처리에
대한 동의를 철회하거나 동의한 보관 기간이 경과한 경우, (c) 정보주체가
개인정보의 처리를 거부한 경우, (d) 개인정보의 처리가 다른 이유로 본 규
칙안과 부합하지 않는 경우에 정보주체는 자신의 개인정보를 삭제하고 추
가 배포를 중단할 것을 요청할 권리를 보유한다고 명시하고 있다.

이후 4년간의 논의 끝에 2015년 12월 EU 집행위원회, 유럽의회, 각료
이사회가 일반정보보호규정에 대한 합의에 이르렀다.[13] 가장 논쟁이 많았
던 분야는 규칙 위반 시 적용할 제재에 대한 것이었다. EU 집행위원회와 각
료이사회는 벌금을 해당 기업 전 세계 매출의 최대 2%로 주장한 반면 유럽
의회는 최대 5%로 주장하였는데, 최종적으로는 최대 4%로 결정되었다.[14]

11 Allen & Overy (2016). The EU General Data Protection Regulation is Finally Agreed.
12 European Commission (2012). Proposal for a Regulation of the European Parliament and of the
Council on the Protection of Individuals with Regard to the Processing of Personal Data and on
the Free Movement of Such Data (General Data Protection Regulation). COM(2012) 11 Final.
13 European Commission (2015). Press Release: Agreement on Commission's EU Data Protection
Reform Will Boost Digital Single Market.
14 EU Strikes Deal on Strict New Data Protection Reform (2015. 12. 16). *Euractiv*.

❯ 일반정보보호규정(GDPR)의 주요 내용 ❮

GDPR은 2020년 완성을 목표로 현재 EU가 추진 중인 '유럽 디지털 단일 시장'의 핵심요소다. GDPR은 규제의 강도나 회원국에 대한 구속력 측면에서 기존의 '정보보호지침'보다 훨씬 강력한 내용을 담고 있다. GDPR의 주요 내용을 살펴보면 다음과 같다.

첫째, '1대륙 1법 원칙'을 명시하고 있다. GDPR은 28개 EU 전 회원국에 공통으로 적용될 예정이다. GDPR이 1995년에 제정된 EU의 '정보보호지침'과 28개 회원국의 국내법을 모두 대체하게 된다.

둘째, 기업의 행정 업무 측면에서 원스톱숍(one-stop-shop) 원칙이 적용된다. 기업은 사업장이 있는 모든 국가의 정보보호당국(DPA; Data Protection Authority)이 아닌, 주된 사업장이 있는 국가의 정보보호당국(Lead DPA)만을 상대하면 되므로 행정비용을 절감할 수 있다. EU 집행위원회에 따르면, 원스톱숍 원칙의 시행으로 연간 23억 유로의 비용 절감이 가능할 것으로 예상된다.

셋째, 국적 불문의 원칙이다. EU 내에서 활동하는 모든 기업은 국적을 불문하고 GDPR의 적용을 받는다. EU 역외에 소재하는 기업이라 하더라도 제품 및 서비스의 제공과 관련하여 유럽 시민의 개인정보를 활용하는 경우 법적용 대상이 된다.

넷째, 보호 대상 개인정보가 명료화되고 확대되었다. 연령, 성별, 거주지 등 소비자 관련 일반 식별정보는 물론 인종, 종교, 건강, 유전정보, 생체정보 등 민감 정보도 보호 대상에 포함된다.

다섯째, 잊힐 권리와 정보이전 요구 권리가 강화되었다. 소비자가 개인정보 삭제나 서비스 사업자 간 개인정보 이전을 요구할 경우 기업은 개인정보를 반드시 삭제 내지 이전해야 한다.

여섯째, 개인정보 활용 및 유출 시 고지가 의무화된다. 개인정보 활용 시에는 소비자의 분명한 사전동의를 얻어야 하고, 개인정보 침해 시에는 인지 시점부터 72시간 이내에 소비자와 정보보호당국에 이를 알려야 한다. 여기서 유의할 점은 16세 미만 청소년의 개인정보 활용은 부모의 명시적 동의가 있을 때에만 허용되고, 개인정보의 EU 역외이전도 엄격한 요건을 충족해야만 가능하다는 점이다.

일곱째, 규정 위반 기업에 대해서는 전년도 글로벌 매출의 4% 또는 2,000만 유로 중 높은 금액을 과징금으로 부과한다.

GDPR의 시행은 기업들의 행정 부담 완화라는 긍정적인 측면이 없지 않지만 불리한 측면이 훨씬 많을 것으로 보인다. 우선, 28개국 각각의 정보보호법이 GDPR로 대체되어 법적 불확실성이 제거되는 효과가 예상된다. 하지만 GDPR은 엄격한 의무 이행과 위반 시 거액의 벌금 부과를 명시하고 있어 기업 부담이 가중될 전망이다. 대기업들은 사내 정보책임자(DPO; Data Protection Officer)를 임명해야 하는 등 규정 준수 비용이 증가할 뿐만 아니라 규정 위반 시 집단소송이나 천문학적 액수의 과징금이 부과될 수 있어 유의해야 한다. 일정 금액을 부과하던 것[15]과 달리 GDPR은 매출액과 연동해 과징금을 부과하기 때문에 자칫 해당 글로벌 기업의 존립마저 위태로워질 수 있다.

GDPR은 EU 내 모든 기업에 공통으로 적용되지만, 개인정보의 상업적 활용도가 높은 미국 등 비유럽 기업들이 실질적 적용대상이 될 것으로 예

---

[15] 현재 규정 위반 기업에 대해 영국은 25만 파운드, 독일은 30만 유로의 과징금을 부과하고 있다.

상된다. 미국이 유럽의 개인정보보호 강화를 '디지털 보호주의(Digital Protectionism)'라며 비판하는 이유가 여기 있다.

2016년 4월 일반정보보호규정이 유럽 의회에서 최종 통과되었으며 5월 EU 관보로 발간된 후 발효되었다. 법안은 2년간의 유예기간을 거쳐 2018년 5월부터 시행될 예정이다.[16]

세이프 하버 협정의 무효화와 프라이버시 실드의 탄생

2013년 유럽에서 '스노든 사건'이 벌어지며 미국 정부 및 디지털 기업들의 데이터 남용과 사생활 침해에 대한 우려가 확산되었다. 전직 미국 중앙정보국(CIA ; Central Intelligence Agency) 요원이었던 에드워드 스노든(Edward Snowden)은 미국 정부가 국내는 물론 전 세계를 대상으로 대대적인 정보통신 감시망을 운용하고 있다고 밝혔으며 이 과정에서 다수의 다국적 디지털 기업들이 정보를 제공해온 것이 알려졌다. 미국의 국가안보국(NSA ; National Security Agency)이 온라인 정보 수집 프로그램인 '프리즘(PRISM)'을 통해 페이스북, 구글, 마이크로소프트, 야후 등 9개 디지털 기업의 서버를 직접 감청했다는 사실이 밝혀졌다.

---

16 Data Protection Reform—Parliament Approves New Rules Fit for the Digital Era (2016. 4. 14). *European Parliament News*.

이어 미국 정부가 앙겔라 메르켈(Angela Merkel) 독일 총리를 포함한 EU 정상들을 감시했다는 소식이 전해지자 유럽은 큰 충격에 휩싸였다. 특히 과거 동독의 국가안전부인 슈타지(Stasi)가 국민을 상대로 방첩 및 도청을 한 기억이 남아 있는 독일에서는 분노의 감정이 들끓었다. 독일 정부는 주독 미국 대사를 불러 강력 항의하였고, 오바마 대통령으로부터 향후 이러한 일이 절대 되풀이되지 않을 것임을 약속받았다.[17] 하지만 미국 디지털 기업이 또다시 유럽 내 정보를 미국으로 이전시키고 남용할 것이라는 우려를 완전히 잠재우지는 못했다.

이후 '세이프 하버 협정(Safe Harbor Agreement)'의 적정성에 대한 논란이 불거졌다. 세이프 하버는 2000년 EU가 미국과 체결한 개인정보 역외이전에 대한 협정이다. 1995년 EU의 정보보호지침은 EU 내에서 사업행위를 하는 기업들이 적정한 수준의 정보보호를 보장할 경우에만 EU 외 제3국으로 개인정보를 이전하는 것을 허가하였다. 당시 미국의 경우 정보보호와 관련하여 EU와 같은 광범위한 단일 법규가 없었고 개별 법규를 통한 패치워크(patchwork) 식의 규제를 하고 있었다. EU의 정보보호지침 도입 이후 EU와 미국 당국은 상이한 규제가 양자 간 개인정보 이동을 저해할 것을 우려하였고 이를 해결하고자 협상에 나섰다. 2000년 미국 상무부는 세이프 하버 사생활 원칙을 공표하였고 EU 집행위원회는 이를 승인하였다. 세이프 하버 협정 체계는 미국 기업이 7개 기본원칙[18]을 바탕으로 EU의 정보보호 기준을 충족한다는 자율인증서를 매년 미국 상무부에 제출하고 인증을 받

---

17 Edward Snowden: Leaks that Exposed US Spy Programme (2014. 1. 17), *BBC News*.
18 정보 수집 및 이용 목적의 고지, 정보주체의 선택권, 제3자로의 정보 제공, 안전성, 사용 목적과의 적합성, 정보주체의 접근성, 이행.

는 제도였다. 2015년 기준 약 4,500개의 기업이 세이프 하버 리스트에 등록되어 있다.[19]

스노든 사건이 터지자 유럽에서는 세이프 하버 리스트에 포함된 기업들이 실제로 적정한 수준의 개인정보보호를 제공하는지를 놓고 의구심이 확산되었다. 이에 2013년 7월 EU 집행위원회는 EU-미국 정보보호 조사위원회를 설립하여 문제점을 검토하였다. 같은 해 11월 EU 집행위원회는 세이프 하버 운영 과정에서 투명성과 집행력이 부족했다는 점을 지적하며 세이프 하버의 안전성을 높이는 작업과 이를 위한 미국 당국과의 협상을 시작한다고 밝혔다.[20]

하지만 개정 작업은 지지부진했다. 2014년 3월 양국 수장들이 만나 같은 해 여름까지 세이프 하버 제도 개선 작업을 완료하기로 했으나 큰 진전을 보지 못했다. 2013년 11월 EU 집행위원회가 제안한 13개 개선방안의 강도가 미국 측이 보기에는 너무 강력하다고 판단했기 때문인 것으로 분석된다. EU는 만족할 만한 답을 얻지 못하면 세이프 하버 제도를 임시 중단할 수도 있다며 미국에 압박을 가했으나 2014년 말까지 미국 당국은 여전히 EU의 개선방안에 대한 전문가들의 의견을 수렴 중이라고만 밝혔다.[21]

이러한 상황에서 '잊힐 권리' 판결 이후 유럽사법재판소가 다시 유럽인들의 주목을 받았다. 2013년 오스트리아 출신의 정보보호 활동가인 맥스 슈

---

19 Weiss, M. A. and Archick, K. (2016). U.S.-EU Data Privacy: From Safe Harbor to Privacy Shield. Congressional Research Service.

20 European Commission (2013). European Commission Calls on the U.S. to Restore Trust in EU-U.S. Data Flows. Press Release.

21 Progress Slow on Talks Over Revision of U.S.-EU Safe Harbor, Officials Say (2014. 11. 24). *Bloomberg BNA*.

세이프 하버 제도 개선과 관련해
2013년 11월 EU 집행위원회가 제안한 13개 개선방안

1. 자율인증을 받은 기업은 프라이버시 관련 정책을 공개해야 한다.

2. 자율인증을 받은 기업의 웹사이트에 게재되는 프라이버시 관련 정책에는 세이프 하버 제도의 현재 등록 회원이 명시되어 있는 미국 상무부의 웹사이트 링크가 포함되어야 한다.

3. 자율인증을 받은 기업은 클라우드 컴퓨팅 서비스 등의 분야에서 외주를 포함한 모든 계약서의 프라이버시 관련 사항을 공개해야 한다.

4. 미국 상무부의 웹사이트는 세이프 하버 제도에 가입되어 있지 않은 기업들을 알기 쉽게 표시해야 한다.

5. 기업 웹사이트에 게재된 프라이버시 관련 정책에는 대체적 분쟁해결 제도(ADR; Alternative Dispute Resolution)[22] 서비스 제공 업체의 링크가 포함되어야 한다.

6. 대체적 분쟁해결 제도는 접근이 쉬워야 하고 비용이 적정해야 한다.

7. 미국 상무부는 대체적 분쟁해결 제도 서비스 제공 업체가 도입한 절차에 대한 투명성과 정보 접근 가능 수준 그리고 제기된 항의에 대한 후속조치를 더욱 체계적으로 감시해야 한다.

8. 세이프 하버 체계에서 기업들이 인증 또는 재인증을 받은 이후 프라이버시 관련 정책들을 효과적으로 이행하고 있는지에 대한 직권조사를 일정 비율의 기업이 받아야 한다.

---

22 법원의 소송 이외의 방식으로 이루어지는 분쟁해결 방식으로, 법원의 판결 형태가 아니라 화해, 조정, 중재와 같이 제3자의 관여나 당사자 간 교섭과 타협을 통한 분쟁해결 방식을 뜻한다.

제2부 수성의 EU 경제

9. 항의 제기 및 조사 이후 불이행 사례가 발견되었을 경우 해당 기업은 1년 후에 후속 조사의 대상이 되어야 한다.

10. 기업의 이행 여부 및 항의 해결 여부가 불확실한 경우 미국 상무부는 권한을 보유한 EU 정보보호 감독기구에 이를 알려야 한다.

11. 세이프 하버에 참여하고 있다는 거짓 주장에 대해서는 지속적으로 조사를 해야 한다.

12. 자율인증을 받은 기업의 프라이버시 관련 정책에는 미국 법령이 미국 공공기관에 세이프 하버 체계를 통해 이전된 정보를 수집하고 처리하는 권한을 어느 정도 부여하는지에 대한 정보가 포함되어야 한다. 특히 미국 당국은 기업이 어떤 경우에 국가안보, 공익, 법 집행 필요를 위해 예외 조항을 도입하는지 명시할 것을 권장해야 한다.

13. 세이프 하버 결정에서 예견한 국가안보를 위한 예외 적용은 절대적으로 필요하거나 온당한 경우에만 사용되어야 한다.

자료: European Commission (2013). Memo: Restoring Trust in EU-U.S. Data Flows-Frequently Asked Questions.

렘스(Max Schrems)가 이끄는 단체 'Europe v Facebook(EvF)'은 아일랜드 정보보호 감독기구에 민원을 제기하였다. 페이스북이 유럽 본사가 위치한 아일랜드에서 미국 본사로 데이터를 이전하는 과정에서 유럽의 정보보호 관련 법안에 위배되는 활동을 했다는 것이었다. EvF는 페이스북이 미국 국가안보국에 EU 사용자의 정보를 제공했다고 주장하고, 미국의 법률이 EU에서 이전된 정보를 미국 공공기관이 감시하는 것으로부터 충분한 보호를 제공하지 않는다고 지적했다. 하지만 아일랜드 당국은 정보이전 과정에서

페이스북이 세이프 하버 결정을 이행했기 때문에 문제가 없다고 판단하며 민원을 기각하였다. 이에 슈렘스는 아일랜드 정보보호 감독기구의 판정에 대해 아일랜드 고등법원에 소송을 제기하였고, 2014년 6월 아일랜드 고등법원은 유럽사법재판소에 세이프 하버 결정에 대한 지침을 요청하였다.[23]

1년여 넘게 공방이 오간 후 드디어 2015년 10월 유럽사법재판소가 판결을 내렸고 디지털 기업들은 다시 한 번 충격에 빠졌다. 우선 유럽사법재판소는 제3국이 EU에서 이전된 개인정보에 적정한 보호 수준을 보장하게 하는 EU 집행위원회의 지침이 있으나 이는 EU 회원국 감독기구의 조사 권한을 약화시키거나 박탈하지 않는다고 하였고, 감독기구 및 민원을 제기한 사람이 EU 집행위원회의 지침이 적법하지 않다고 여길 경우 이를 회원국 법원에 소송을 제기할 수 있으며, 회원국 법원은 유럽사법재판소에 지침 해석을 요청할 수 있다고 하였다. 따라서 유럽사법재판소가 EU 집행위원회의 지침이 법적으로 유효한지 결정하는 업무를 최종적으로 담당한다고 하였다.

이어 유럽사법재판소는 세이프 하버 제도가 등록된 미국 기업에만 적용이 되고 미국 공공기관에는 적용이 되지 않는다고 지적하였다. 미국에서는 국가안보, 공익, 법 집행의 필요가 세이프 하버 제도보다 우위에 있기 때문에 미국 기업은 필요 시 세이프 하버 제도의 보호 관련 규정을 무시할 수 있으며 따라서 세이프 하버 제도에서는 미국 공공기관이 개인의 인권을 침해할 수 있으리라고 판단하였다. 미국 공공기관이 절대적으로 필요하거나 온당하지 않은 상황에서도 EU 회원국에서 미국으로 이전된 개인정보를 확보

23 High Court Refers Facebook Privacy Case to Europe (2014. 6. 18). *The Irish Times*; Max Schrems: the Law Student Who Took on Facebook (2015. 10. 7). *Reuters*.

하거나 이전된 목적에 부합하지 않는 방법으로 처리할 수 있었음을 분석한 EU 집행위원회의 2013년 보고서도 언급하였다. 결과적으로 유럽사법재판소는 세이프 하버 제도가 EU가 보장하는 수준의 사생활 보호 기본권을 침해할 수 있기 때문에 세이프 하버 결정에 대해 무효 판결을 내렸다.[24]

유럽사법재판소의 판결 이후 EU 회원국의 정보보호 관련기관들이 EU 집행위원회에 2016년 1월 말까지 세이프 하버를 대체할 수 있는 제도를 마련할 것을 요구하였고, 이후 EU와 미국 간 협상이 본격화되었다. 결국 2016년 2월 초 EU 당국과 미국 상무부는 '프라이버시 실드(Privacy Shield)'라는 새로운 제도의 원칙에 합의하였다. EU 집행위원회는 프라이버시 실드가 세이프 하버를 대폭 강화한 것이라면서, 도입 시 개인정보가 부적절하게 처리되었다고 의심될 경우 유럽인들이 항의할 수 있는 창구가 생기고, 대체적 분쟁을 해결해주는 제도를 무료로 이용하도록 함으로써 유럽인들이 인증받은 미국 기업들과 협상할 수 있게 될 것이라고 전했다. 또한 EU 당국이 미국 기업과 미국 정부가 합의 사항을 이행하는지 적극적으로 감시할 것임을 강조했다.[25]

하지만 합의문이 공개된 이후 프라이버시 실드는 세이프 하버에 비해 크게 개선된 것이 아니라는 비판이 쏟아져나왔다. 슈렘스는 "돼지 입술에 립스틱을 열 겹 칠한 것"이라고 지적하였고, 독일 녹색당의 필리프 알브레히트 유럽의회 의원도 "기존에 있던 세이프 하버 내용을 재탕한 것"이라고 비

---

24 Court of Justice of the European Union (2015). The Court of Justice Declares that the Commission's US Safe Harbour Decision is Invalid. Press Release No. 117/15.

25 European Commission (2016). Communication from the Commission to the European Parliament and the Council: Transatlantic Data Flows: Restoring Trust through Strong Safeguards. COM(2016) 117 Final.

판했다.[26] 가장 큰 논쟁거리는 미국 정부가 특정 분야에서 대규모 정보 수집을 여전히 허가하고 있으며 프라이버시 실드를 통해 미국으로 이전되는 EU의 정보도 그 대상이 될 수 있다는 점이다. 2014년 미국 정부는 스파이 행위, 테러리즘, 사이버안보, 대량파괴무기, 군에 대한 위협, 초국가적 범죄 등 6개 분야의 활동을 감시하거나 이에 대응하기 위한 목적으로 정보 대량 수집이 가능하다고 결정했으며 수집 대상에 비(非)미국인도 포함시켰다.[27] 스노든 사건 이후 미국 정부에 대한 불신이 팽배한 가운데 프라이버시 실드를 비판적으로 바라보는 전문가들은 미국 정부가 해당 권한을 남용할 가능성을 우려하고 있다.

이러한 우려에도 불구하고 EU와 미국은 2016년 내에 프라이버시 실드 합의안을 마무리하기로 하고, 추가 협상을 거쳐 마침내 7월 기존의 세이프 하버 협정을 폐기하는 대신 프라이버시 실드 제도를 최종 채택하였다.

한편, EU는 미국 이외의 국가들에 적용되는 개인정보의 역외이전에 대해서도 보다 강력한 규제안을 시행하고 있다. 현재 EU는 EU 집행위원회가 제정한 표준계약서(model contract)를 기업이 작성하거나, 적합성 평가를 통해 EU로부터 개인정보보호 체계가 적합하다고 인정받은 11개국(white list)[28]에 한해, 그리고 개인정보의 역외이전을 특별히 허가받은 87개 글로벌 기업들(BCR; Binding Corporate Rules)[29]에 한해 EU 시민의 개인정보의

---

26 Commission Wants EU−US 'Privacy Shield' by End of June (2016. 2. 29). *EurActiv.com*.

27 The White House (2014). Presidential Policy Directive−Signals Intelligence Activities: Presidential Policy Directive/PPD−28.

28 안도라, 아르헨티나, 캐나다, 페로 제도(Faeroe Islands), 건지(Guernsey), 이스라엘, 맨 섬(Isle of Man), 저지(Jersey), 뉴질랜드, 스위스, 우루과이.

29 BMW, BP, 도이체텔레콤, 지멘스, 필립스, 노바티스, 소시에테 제네랄 등 유럽 기업들은 물론 아멕스카드, 카길, 시티그룹, e−Bay, GE, 휴렛패커드, 인텔, 하얏트, 모토롤라 등 많은 미국 기업들이 등록되어 있다.

EU 역외이전을 허용하고 있다.

데이터센터 설립을 위한 대대적 투자를 단행

유럽의 개인정보보호 정책이 유럽의 디지털 산업은 물론 경제발전에 부정적 영향을 미칠 것이라는 목소리가 높다.[30] 미국기업연구소의 로슬린 레이튼(Roslyn Layton) 연구원은 《월 스트리트 저널》 기고문에서 전 세계적으로 규제 수준이 낮은 산업에서 오히려 기업들이 개인 프라이버시를 더욱 강하게 보호한다는 연구결과를 인용하면서 "프라이버시는 규제가 아닌 혁신을 통해 보장할 수 있다"라고 주장하였다. 또한 세이프 하버 제도하에서 지난 15년간 4건의 항의만이 접수되었다면서, EU의 정보보호 규제 강화 움직임이 정부의 규모를 키우고 기업비용을 늘릴 것이라고 비판하였다.[31]

하지만 이러한 주장은 설득력이 약해 보인다. 우선, 항의 접수 건수가 낮은 것이 세이프 하버 제도가 잘 운영되었기 때문이라는 주장은 현재 유럽에서 벌어지는 논쟁의 초점에서 벗어난 것이다. 개인정보보호 정책 강화를 지지하는 세력이 비판하고 있는 것 중 하나가 바로 세이프 하버 제도의 투명성이 낮아 이전된 정보가 합법적으로 사용되는지 확인하기가 어렵다는 점이고, 설사 불법적으로 사용된 것이 확인되더라도 항의할 방법이 제한적이

---

30 Bauer, M., Lee-Makiyama, H., van der Marel, E. and Verschelde, B. (2014). The Costs of Data Localisation: Friendly Fire on Economic Recovery. European Centre for International Political Economy.

31 Europe's Protectionist Privacy Advocates (2016. 3. 9). *The Wall Street Journal*.

라는 점이다. 더욱 중요한 것은 이러한 주장이 유럽의 정서를 간과하고 있다는 점이다. 유럽인들도 물론 정보보호 규제 강화로 인해 산업발전 속도가 둔화될 것을 우려한다. 하지만 동전의 다른 한 면에는 사생활 보호라는 매우 중요한 문제가 있다. 환경 정책, 노동 정책 분야와 마찬가지로 정보보호 정책에서도 유럽인들은 경제적 가치와 사회적 가치를 저울질하며 유럽에 적합한 균형을 맞춰나가려고 한다. 따라서 인권 침해를 막기 위해 정부가 강력히 개입하는 것에 대해 유럽인들은 상대적으로 민감하게 반응하지 않는 것으로 판단된다.

구글은 '잊힐 권리'에 대한 유럽사법재판소의 판결 이후 개인정보 링크 삭제 및 관련 인프라 구축 작업에 나섰다. 구글은 삭제 신청이 들어온 인터넷 주소(URL)를 검토하여 삭제 여부를 결정하는데 이 과정에서 유럽인들의 의견을 수렴하기 위해 소통 채널을 발 빠르게 구축하였다. 2014년 7월에 설립된 '잊힐 권리' 이슈 자문위원회는 같은 해 9월 마드리드를 시작으로 7개의 주요 도시에서 공청회를 열었고 이를 바탕으로 2015년 1월에 보고서를 발표하였다. 자문위원회는 구글이 공적 생활에서 정보주체의 지위, 정보 유형, 정보 출처, 정보 및 정보주체에 대한 시간적 잣대 등 네 가지 기준으로 사생활 보호와 공익 보호의 균형을 맞추어 삭제 여부를 결정할 것을 조언하였다.[32]

구글은 삭제 신청이 접수된 건수를 실시간으로 웹사이트에 공개하고 있다. 2014년 5월 29일 이후 2016년 4월 24일까지 총 42만 1,995건의 신청이 접수되었으며 구글은 146만 6,397개의 URL을 검토하여 그중 42.6%를

---

32 Google Advisory Council (2015). The Advisory Council to Google on the Right to be Forgotten.

구글이 접수한 검색결과 링크 삭제 신청 관련 통계
(2014년 5월 29일~2016년 4월 24일)

EU 회원국	삭제 신청 건수	구글이 검토한 URL 건수	검토한 URL 중 삭제 비율
프랑스	89,974	292,374	48.4%
독일	72,288	258,295	48.4%
영국	51,650	193,996	38.7%
스페인	40,473	122,633	38.1%
이탈리아	31,566	102,246	31.7%

자료: Google Transparency Report 웹사이트 〈https://www.google.com/transparencyreport/removals/europeprivacy/?hl=en-GB〉.

삭제하였다(전 유럽 기준). 국가별로는 프랑스, 독일, 영국, 스페인, 이탈리아에서 가장 많은 삭제 신청을 받았다. 검색결과에서 가장 많은 URL이 삭제된 웹사이트는 소셜네트워크 서비스인 페이스북으로 1만 2,428건에 달했으며, 소셜네트워크 검색엔진인 프로파일엔진이 9,235건, 온라인 토론방인 구글그룹스가 7,302건, 동영상 공유 서비스인 유튜브가 6,236건으로 뒤를 이었다.

미국 디지털 기업들은 자신들도 미국 정부의 정보 요청에 따른 피해자라고 강조하는 동시에 유럽에서의 대응책 마련에 나서고 있다. 규제가 강화되더라도 유럽은 결코 놓칠 수 없는 시장이며 장기적으로 봤을 때 당장 쓴 약을 삼키는 것이 이득이라고 생각한 듯하다. 디지털 기업들은 정보의 해외이전 제약에 대비해 유럽 내에 데이터센터를 신설하거나 기존에 설립한 데이터센터의 규모를 대폭 확대하고 있다. EU의 정보보호 규제가 강화되면서

미국 디지털 기업의 유럽 내 데이터센터 보유 및 투자 현황

기업명	데이터센터 위치 및 투자 규모
구글	☑ 벨기에: 1차 프로젝트(2007~2010년)에 2.5억 유로, 2차 프로젝트(2013~2015년)에 3억 유로 투자 ☑ 핀란드: 1차 프로젝트(2009~2011년)에 2억 유로, 2차 프로젝트(2012~2014년)에 1.5억 유로 투자 ☑ 아일랜드: 2011~2012년 7,500만 유로 투자 ☑ 네덜란드: 2014년 6억 유로 투자 계획 발표, 2017년 완공 예정
애플	☑ 아일랜드, 덴마크: 2015년 17억 유로 투자 계획 발표, 2017년 완공 예정
아마존	☑ 아일랜드: 2007년 설립 시작, 현재 가동 중이며 추가 투자 계획 중 ☑ 독일: 2014년 설립 시작 ☑ 영국: 2015년 설립 시작
페이스북	☑ 스웨덴: 2013년 가동 시작 ☑ 아일랜드: 2016년 설립 시작, 2018년 완공 예정
마이크로소프트	☑ 아일랜드, 네덜란드: 가동 중 ☑ 독일(2곳): 2015년 설립 시작, 2016년 가동 예정 ☑ 영국(2곳): 2016년 설립 시작 예정

자료: Google data center locations 웹사이트 〈https://www.google.com/about/datacenters/inside/locations/index.html〉; Apple (2015). Apple to Invest €1.7 Billion in New European Data Centres; Amazon Web Services global infrastructure 웹사이트 〈https://aws.amazon.com/about-aws/global-infrastructure/〉; Amazon to Take Ireland Spend Past €1bn with New Data Centre (2015. 10. 27). *Irish Independent*; Facebook's New European Data Center Will be in Ireland (2016. 1. 25). *Fortune*; Luleå Data Center 페이스북 페이지 〈https://www.facebook.com/notes/lule%C3%A5-data-center/lule%C3%A5-goes-live/474321655969861/〉; Facebook (2016). County Meath to Host First Facebook Data Center in Ireland; Microsoft Azure: Azure regions 웹사이트 〈https://azure.microsoft.com/en-gb/regions/#overview〉.

유럽의 주요 고객들이 EU 역내의 데이터센터에 정보를 저장하기를 선호하고 있기 때문이다.

가장 눈에 띄는 대응책은 마이크로소프트와 독일 T-시스템스의 합작으로 진행되고 있는 프로젝트이다.[33] 독일 T-시스템스는 독일 정부가 핵심 주

제2부 수성의 EU 경제

주로 있는 도이체텔레콤의 자회사이다.[34] 마이크로소프트는 유럽에 더욱 많은 데이터 센터를 설립하더라도 미국 정부의 정보 요청으로부터 자유로워지는 데 한계가 있다는 점을 잘 알고 있다. 마이크로소프트는 아일랜드에 위치한 서버에 저장된 이메일을 공유하라는 미국 정부의 요구를 거부하였는데 이에 대한 법정 싸움이 2013년에 시작되었고 2016년 4월 현재까지 진행 중이다.[35] 그로 인해 마이크로소프트는 신설하는 독일 데이터 센터의 열쇠를 독일 기업, 그것도 독일 정부의 입김이 강하게 작용하는 기업에 넘기는 결단을 내렸다. T-시스템스는 마이크로소프트가 설립할 독일 데이터 센터의 '관리자(trustee)' 역할을 담당하게 되고 마이크로소프트의 인력은 T-시스템스의 허가 없이는 데이터센터에 저장된 유럽 고객의 정보에 접근할 수 없게 된다. 미국 정부가 데이터를 필요로 할 경우 마이크로소프트는 접근 권한이 없으므로 미국 정부는 T-시스템스에 요청해야 한다. 독일 정보보호 감독기구는 유럽에서도 가장 엄격한 기관 중 한 곳으로 알려져 있어 미국 정부의 요청이 쉽게 받아들여지지 않을 것으로 보인다. 전문가들은 마이크로소프트의 계획을 주요한 분기점으로 평가하고 있다. 미국의 주요 디지털 기업이 기존의 기업전략으로는 해외에 저장된 정보를 미국 정부로부터 보호하지 못한다고 공개적으로 인정한 첫 사례이기 때문이다. 따라서 마이크로소프트의 프로젝트가 여타 디지털 기업의 전략 수립에 영향을 미칠

---

33 Deutsche Telekom (2015). Article: Deutsche Telekom to Act as Data Trustee for Microsoft Cloud in Germany.
34 2015년 3월 31일 기준으로 독일 정부가 지분 14.3%, 정부 보유의 독일재건은행(KfW)이 지분 17.4%를 보유 중이다(Deutsche Telekom shareholder structure 웹사이트 〈https://www.telekom.com/shareholder-structure〉).
35 Microsoft is Fighting the DOJ too (2016. 2. 23). *CNN*.

) 브렉시트와 데이터의 자유로운 이동 (

영국의 EU 탈퇴 여부를 결정하는 국민투표를 한 주 앞둔 상황에서 빌 게이츠가 입을 열었다. 2016년 6월 《더 타임스》에 보낸 서한에서 빌 게이츠는 그동안 마이크로소프트가 영국에 10억 달러 이상을 투자하는 과정에서 영국의 EU 회원국 자격이 중요한 역할을 했다고 강조하며 '브리메인 (Bremain, 영국의 유럽연합 잔류)'을 공개 지지하였다. 하지만 영국 국민들은 EU 탈퇴에 더욱 많은 표를 던졌고 이로 인해 마이크로소프트 등 테크 기업의 향후 영국 내 데이터센터 설립 계획에 차질이 빚어질 것으로 보인다. 재화, 서비스, 노동, 자본 등 4대 요소와 함께 '데이터의 자유로운 이동'은 EU의 통합과 성장을 이끌어온 주역으로 주목을 받아왔다. 한편, 앞으로 관련 분야에서 영국과 EU가 어떤 재협상을 하게 될지 불확실하다. 2018년에 EU 회원국에서 시행될 예정인 일반정보보호규정이 영국에서도 시행될 것인지, 영국과 EU, 영국과 미국 간 프라이버시 실드 또는 개인정보 역외이전에 대한 협정이 필요할 것인지와 같은 핵심적인 질문에 어느 누구도 자신 있게 대답을 하지 못하고 있다. 따라서 영국에서는 당분간 데이터센터 설립 등 IT 관련 투자가 위축될 것으로 예상된다. 또한 영국의 IT 기업들은 유럽 대륙에 많은 고객을 보유하고 있어 일반정보보호규정을 기반으로 향후 개인정보 전략을 수립할 것으로 예상되는데, 이는 브렉시트 지지세력이 주장한 'EU 탈퇴 시 EU의 사업 규제에서 벗어날 수 있다'는 주장과는 배치된다. 데이터 이동과 관련된 불확실성은 IT 산업에 그치지 않는다. 데이터 이동이 사업의 핵심인 많은 서비스업 그리고 특히 런던의 심장이라고 할 수 있는 금융업도 큰 불안에 빠지고 금융회사들이 다양한 기능을 유럽대륙으로 이동

할 가능성이 있다. 이미 카드회사인 비자는 영국의 데이터센터를 유럽으로
옮기는 계획을 검토 중인 것으로 알려졌다.

자료: Europe was Key to my $1bn Funding, Gates Warns (2016. 6. 17). *The Times*; Techxit
Brexit – People, Investment, Regulation, Data Sovereignty, Location, Privacy, Cybersecurity-
How the UK Tech Sector must Adjust to Living at the Edge of the Network (2016. 6.
29). *Computer Business Review*; Brexit: Datacentre Investments Set to Slow as Economic
Stability Concerns Hit CIOs (2016. 6. 29). *Computer Weekly*; UK Firms Mull Moves in Wake
of Brexit (2016. 6. 29). *The Telegraph*.

것으로 예상된다.[36]

스노든 사건 이후 유럽에서 벌어진 개인정보보호 이슈에 대한 논쟁의 중
심에는 미국 디지털 기업이 있었으나 본질적인 문제는 미국 정부의 개인
정보 활용이었다. 한편, 저명한 인터넷 산업 분석가인 래리 다운스(Larry
Downes)는 앞으로 민간기업의 개인정보 남용에 대한 소비자들의 우려도
확산될 것이라고 전망하였다. 이에 대비해 정보 관련 제품 개발 과정에 사
용자를 참여시키고, 제품을 출시하기 전에 시장에 제품 정보를 알리고, 투
명성을 엄격하게 유지하며 기본적인 사생활 보호 관련 원칙을 자체적으로
이행할 것을 기업에 당부했다.[37] 사물인터넷, 빅데이터, 생체정보를 미래의
성장동력으로 인식하는 기업이라면 주목해야 할 대목이다.

---

36 Microsoft Unveils German Data Plan to Tackle US Internet Spying (2015. 11. 11). *Financial Times*.
37 2016년 2월 발표된 프라이버시 실드 합의안을 두고는 미국 정부로부터 유럽인들의 개인정보보호 수준
을 아주 조금도 강화시키지 못할 것이라며 비판적 입장을 보였다 [The Business Implications of the
EU-U.S. "Privacy Shield" (2016. 2. 10). *Harvard Business Review*].

조세 규제:
'바닥으로의 경쟁'을 저지

조세 규제 강화의 배경

2010년대 들어 EU는 다국적 기업에 대한 조세 규제를 강화하고 있다. 유럽에서 소득 불평등이 주요한 경제 이슈로 떠오른 상황이기에 일부에서는 조세 규제 강화를 정부의 정치적 전략으로 분석하고 있다. 글로벌 금융위기와 이어진 재정위기를 거치며 대형 은행, 다국적 기업, 부유층이 분노의 대상이 된 가운데, 각국 정부가 유권자를 의식해 예전부터 존재하던 문제를 급작스레 정치 이슈화하고 있다는 것이다. 하지만 이러한 분석에는 한계가 있다. 물론 기업의 세금회피 전략은 예전부터 존재했으나 조세피난처를 활용하는 전략과 기법은 더욱더 다양해졌다. 또한 온라인 광고, 지적재산권, 상표권 등 '눈에 보이지 않는' 방법을 동원해 막대한 수입을 올리는 다국적 디지털 기업이 늘어난 것도 새로운 현상이다.

유럽 정부가 어려운 재정 상황을 극복하기 위해 조세 규제를 강화하고 있다는 분석이 좀 더 힘을 얻고 있다. EU의 GDP 대비 정부부채 비율이 위기를 거치며 2007년 59%에서 2015년 85%로 26%p 증가하였다. 같은 기간 중 유로지역의 정부부채 비율은 67%에서 91%로 24%p 증가하였다. 따라서 경기회복 지연으로 재정수입원이 제한적인 가운데 유럽 정부가 전 세계를 무대로 최대 수익을 올리고 있는 다국적 기업들로부터 재정을 확보하려는 의도가 있다는 것이다. 유럽의회 조사기관은 EU가 기업의 세금회피로 인해 거두지 못하는 세금을 연 500억~700억 유로 규모로 추정하고 있다.

오바마 대통령이 EU의 디지털 보호주의를 비판한 데 이어 미국 당국은 EU의 세제 강화에 대해서도 불편한 심기를 보이고 있다. 2016년 1월 미국 재무부 국제조세정책 책임자인 로버트 스택 부차관보는 미국 기업들이 불공정하게 EU 집행위원회의 세제 관련 조사 대상이 되고 있다고 지적했다. 한 발 더 나아가 스택 부차관보는 미국 정부가 추징해야 하는 세금을 EU가 미국 기업으로부터 추징하고 있다고 강력 비판했다.[38] 2016년 3월 미국 재무부는 EU의 조세 규제 강화에 대응해 지난 82년 동안 단 한 번도 사용한 적이 없는 보복이중과세 제도를 적극 검토하고 있다고 전했다. 미국의 내국세입법 제891조에 따르면, 미국 대통령은 미국 기업이나 개인에 대해 차별적이고 법 영역 이외의 세금을 부과하는 국가의 기업이나 개인에게 세금을 2배로 늘릴 수 있는 권한을 갖고 있다.[39]

---

38 US Blasts Brussels Over Tax Probe Bias (2016. 1. 29). *Financial Times*.

39 Treasury Department Reviewing Retaliatory Tax Law against EU (2016. 3. 4). *The Wall Street Journal*.

이에 아랑곳하지 않고 EU 회원국들은 개별적으로 조세 규제를 강화하는 동시에 기존의 국제조세조약과 각국 법규로는 다국적 기업의 복잡하고 치밀한 절세전략을 규제하기가 쉽지 않자 유럽 차원, 더 나아가서는 OECD 차원의 방안 마련에 적극 참여하고 있다. EU 집행위원회는 세제 분야에서 지난 수십 년 동안 발생한 회원국들의 '바닥으로의 경쟁(race to the bottom)', 즉 다국적 기업의 투자를 유치하기 위해 과도한 세제 특혜를 제공하거나 법인세를 낮추는 행위를 저지하기 위한 다양한 방안을 모색하고 있다.

다국적 기업의 절세전략과 '구글세' 도입

글로벌 금융위기 이후 영국에서는 다국적 기업의 세금회피에 대한 비판이 높아졌다. 영국 정부의 강력한 긴축 정책으로 국민의 생활이 어려워진 가운데 다국적 기업들은 별 영향을 받지 않은 것으로 보였기 때문이다. 일부에서는 다국적 기업들의 세금회피가 재정 악화에 주된 역할을 했다는 지적도 제기되었다. 2013년 한 여론조사에 따르면, 영국이 유럽에서 다국적 기업의 세금회피에 대해 가장 부정적인 국가 중 한 곳인 것으로 나타났다.

2012년 영국 의회 공공회계위원회의 조사결과에서 놀라운 사실이 밝혀지기도 했다. 스타벅스가 영국에서 매출 기준으로 31%의 시장점유율을 보유하고 있고 주주들에게 영국에서의 사업이 성공적이라고 전한 반면, 회계상으로는 지난 15년 중 14년 동안 손실을 보았다고 신고한 것으로 나타났다. 이 위원회는 스타벅스가 네덜란드와 스위스의 세제를 활용해 영국에서

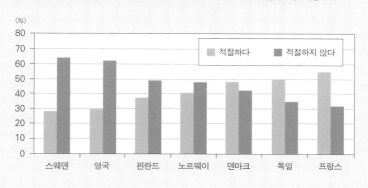

세금회피에 관한 여론조사(2013년)

합법적으로 세금을 회피하는 행동이 적절하다고 생각하십니까? 혹은 적절하지 않다고 생각하십니까?

자료: YouGov (2013). EuroTrack poll surveys.

발생하는 수익을 타국으로 옮겨 적자가 발생한 것으로 의도적으로 조작했다고 추측하였다.

아마존의 영국 지사는 2011년 2억 700만 파운드 매출을 기록했으나 납부한 세금이 180만 파운드에 불과했으며, 구글은 영국에서 3억 9,600만 파운드 매출을 올렸으나 납부한 세금이 600만 파운드에 불과한 것으로 밝혀졌다.[40] 물론 법인세가 기업의 매출에 따라 결정되는 것이 아니고 다국적 기업들이 주요 시장인 영국에서 이렇게 낮은 세금을 낸 것이 법적으로 아무 문제가 없다고 하더라도 윤리적으로는 문제가 있다는 시각이 확산되었다.

---

40 Public Accounts Committee (2012). HM Revenue and Customs: Annual Report and Accounts—1 Tax Avoidance by Multinational Companies.

구글 등 다국적 기업들은 '더블 아이리시 위드 어 더치 샌드위치(Double Irish With A Dutch Sandwich)'라고 불리는 절세전략으로 유럽 내에서 세금을 줄일 수 있었다. IMF는 이 전략을 다음과 같이 설명한다.[41]

미국에 본사를 둔 다국적 기업 X가 상대적으로 법인세율이 높은 영국에서 사업활동을 하며 세금을 줄이려면 우선 법인세율이 낮은 아일랜드에 계열사 B를 설립한다. 아일랜드는 2003년부터 법인세율을 12.5%로 유지해왔다. 계열사 B는 영국 내 고객에게 직접 제품을 판매하고 영국에 위치한

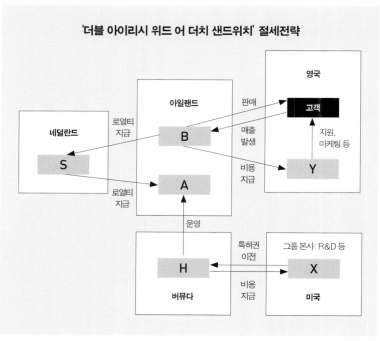

자료: IMF (2013). Fiscal Monitor: Taxing Times. 재구성.

---

41 IMF (2013). Fiscal Monitor: Taxing Times.

제2부 수성의 EU 경제

계열사 Y는 사업지원, 마케팅 등의 서비스를 제공한다. 아일랜드 계열사 B는 영국 계열사 Y에 원가법을 기준으로 서비스 비용을 지불해 영국에서 과세되는 수익(그림에서는 '로열티'를 의미)을 줄인다.

다음 과제는 수익을 아일랜드에서 법인세가 더 낮은 국가로 이전하는 것이다. 이를 위해 다국적 기업 X는 버뮤다 등 법인세가 0%인 조세회피처에 기업 H를 설립하고 지적재산의 가치가 낮게 평가받는 개발 초기 단계에 특허권을 미국 본사에서 H로 옮긴다. 이 단계에서 미국 정부는 피지배외국법인법을 적용하여 계열사 H에 과세할 수 있다. 이를 피하기 위해 다국적 기업 X는 아일랜드에 계열사 A를 설립하고 이를 계열사 H의 경영권 아래에 둔다. 다국적 기업 X가 아일랜드에 위치한 계열사 A와 B를 미국에서 단일 기업체로 인정받도록 구조를 설계하면 이 아일랜드 기업은 피지배외국법인법 적용에서 벗어날 수 있다. 동시에 아일랜드에서는 계열사 A가 버뮤다 소재인 것으로 취급되어 법인세를 낼 필요가 없다.

이제 원천징수세를 회피하면서 수익을 B에서 H로 이전하고자 다국적 기업 X는 네덜란드에 도급회사 S를 설립한다. EU 기업 간 자금을 이동할 때는 비(非)포트폴리오 지급에 대한 원천징수세가 없기 때문에 수익은 B에서 S로, S에서 A로 세금 납부 없이 이동할 수 있다.[42] 또한 네덜란드 국내법에 따라 원천과세가 면제되어 수익은 A에서 H로 세금을 내지 않고 이동할 수 있다.

---

42 EU의 모기업-계열사 지침(Parent-Subsidiary Directive)은 특정한 상황에서 발생하는 이중과세를 막기 위해 모기업으로 이전되는 수익에 대해 계열사가 위치한 회원국이 해당 계열사에 과세를 하지 못하도록 규정하고 있다 [HJI Panayi, Christiana(2013), *European Union Corporate Tax Law*, Cambridge University Press].

2015년 4월 영국은 이러한 행위를 막기 위해 '구글세'로 불리는 수익우회세(DPT; Diverted Profits Tax)를 도입했다. 수익우회세는 영국 내 연간 매출액이 1,000만 파운드 이상인 기업에 적용되며 부적절하게 이전된 수익에 대해 25% 세금을 부과하는 제도이다.[43] 이어 2016년 1월 영국 정부는 구글이 2005년과 2015년 사이 발생한 수익에 대해 1억 3,000만 파운드의 세금을 추가로 내는 데 동의했으며, 구글이 앞으로 영국에서 더욱 많은 세금을 내겠다는 약속을 했다고 발표했다. 신설된 수익우회세가 적용된 사례는 아니지만 대표적인 다국적 디지털 기업의 세무전략을 변경하게 했다는 측면에서 영국 정부는 이를 '중요한 첫 승리'로 평가하고 있다.[44]

영국에 이어 다른 유럽 국가들도 구글에 대한 추징을 적극적으로 검토하고 있다. 이탈리아와 프랑스는 구글에 대해 영국에서 합의된 규모보다 훨씬 큰 각각 2억 2,700만 유로와 16억 유로의 세금을 부과할 것이라고 밝혔다. 2016년 5월 현재 아직 두 정부가 최종적으로 결정한 추징 액수가 발표되지 않은 상황이어서 구글의 입장에서는 불확실성이 지속되고 있다.[45] 2016년 5월 프랑스 검찰은 세금 회피와 관련한 자료를 확보하기 위해 100여 명을 동원해 구글의 파리 지사를 압수수색하였다.[46] 또한 2016년 6월 스페인 당국도 구글의 세금회피 혐의를 포착하고 마드리드 사무실을 압수수색하였다.[47]

43 Budget 2015: 'Google Tax' Introduction Confirmed (2015. 3. 18). *BBC News*.

44 Google Strikes £130m Back Tax Deal (2016. 1. 23). *Financial Times*.

45 Italian Tax Police Believe Google Evaded 227 Million Euros in Taxes: Sources (2016. 1. 28). *Reuters*; Google Unpaid Taxes: France Seeks €1.6bn from Search Giant (2016. 2. 24). *BBC News*.

46 Google Offices Raided in Paris as Prosecutors Announce Fraud Probe (2016. 5. 24). *The Guardian*.

47 Spanish Tax Authorities Investigate Google (2016. 6. 30). *The New York Times*.

❯ 구글에 대한 소극적인 세금 추징으로 비판받는 영국 정부 ❮

영국이 구글에 대한 세금 추징을 추가로 발표한 후 정부는 여론의 역풍을 맞았다. 첫째, 세금 추징 규모가 너무 작다는 비판이다. 구글에 적용된 법인세율이 약 3%에 불과하다는 분석이 나왔다. 2014년 구글의 영국 내 판매액인 45.6억 파운드(영국 지사에서 발생한 매출과는 상이)에 구글의 전 세계 세전수익률인 26%를 적용하면 10억 파운드 이상의 수익을 기록한 것으로 추정되는데 이번 합의안에 따르면 2014년 초와 2015년 6월 사이 구글 영국 지사에 4,620만 파운드의 법인세를 징수했으니 추정 수익의 약 3%라는 것이다. 하지만 이러한 계산 방법이 논리적이지 않다는 분석도 있다. 법인세는 해당 국가 내 '경제활동'에서 발생하는 수익에 따라 결정되는 것이기 때문에 수익을 국별 '매출' 비중과 비례해 계산하는 것은 틀렸다는 것이다. 둘째, 구글을 타깃으로 만들어낸 수익우회세를 구글에 적용하지 않았다는 비판이다. 세금을 회피하는 기업들에게 본보기로 삼을 기회를 놓쳤다는 것이다. 셋째, 영국 정부가 복잡한 세금회피 전략을 중단시키는 궁극적 목표를 달성하지 못했다는 비판이다. 구글의 영국 내 고정사업장에 과세를 한 것이 아니라 이전가격 조정(transfer pricing),[48] 즉 국가별 수익을 재분배하는 계산 과정을 통해 세금을 추징한 것으로 추측되기 때문이다.

자료: Google Tax Deal Labelled 'Derisory', as Criticism Grows (2016. 1. 23). *BBC News*; Experts Probe Google UK Tax Payment (2016. 1. 26). *Financial Times*; HM Revenue & Customs (2016). Factsheet on HMRC and Multinational Corporations.

---

48 이전가격(transfer price)이란 관련 기업 간 원재료·제품 및 용역을 공급하는 경우에 적용되는 가격을 말한다.

회원국의 세금회피를 부추기는 정책을 제한

영국 등 주요 EU 회원국들이 다국적 기업과 개별적으로 싸움을 벌이는 동안 EU는 근본적인 문제, 즉 특정 회원국의 세제특혜를 찾아내고 이를 해결하는 데 집중하고 있다. EU 집행위원회는 EU 회원국들이 다국적 기업에 제공하고 있는 세제특혜가 정부보조금 지원 규정을 위배하는지 본격적으로 조사를 시작하였다.

리스본조약 제107조(1)에 따르면 "회원국이 제공하거나 회원국 자원을 통해 제공하는 것으로서 특정 기업 또는 특정 상품의 생산에 특혜를 줌으로써 경쟁을 왜곡시키거나 왜곡시킬 가능성이 있는 모든 지원 형태는 조약에서 달리 규정하는 경우를 제외하고는 회원국 상호 간 무역에 영향을 미치는 한도 내에서 역내시장에 위배되어서는 아니 된다"라고 명시하고 있다. EU 집행위원회의 조사 강화는 세금회피 문제를 유럽의 근간인 단일시장과 연계시킨다는 측면에서 중요한 의미를 지닌다. EU 집행위원회는 회원국들의 '이전가격 사전합의 제도', '초과이윤 비과세 제도', '고정사업자에 대한 상이한 기준 적용 허용'을 집중적으로 파헤치고 있다.

이전가격 사전합의 제도

2014년 6월 EU 집행위원회는 애플, 스타벅스, 피아트의 이전가격 조정 구조에 대한 공식조사를 시작하였다.[49] 그리고 2014년 10월에는 아마존에 대

---

49 European Commission (2014). State Aid: Commission Investigates Transfer Pricing Arrangements on Corporate Taxation of Apple (Ireland) Starbucks (Netherlands) and Fiat Finance and Trade (Luxembourg).

한 공식조사에 착수하였다. EU 집행위원회는 특정 EU 회원국이 비현실적인 이전가격을 허용하는 것이 불법적인 정부 지원 행위인지를 검토할 것이라고 전했다. 조사 대상 국가는 네덜란드(스타벅스), 룩셈부르크(피아트, 아마존), 아일랜드(애플)였다.

이어 2015년 10월 EU 집행위원회는 스타벅스와 피아트에 대한 조사결과를 발표하였다. 각각 네덜란드와 룩셈부르크가 두 기업에 제공한 세제혜택이 특정 기업에 대한 특혜이며 경쟁을 왜곡하기 때문에 불법행위라고 규정하였다. 두 기업이 계열사 간 상품 및 서비스를 사고팔 때 시장 상황과 동떨어진 이전가격을 적용하는 등 경제 현실이 반영되지 않은 인위적이고 복잡한 방법으로 세금을 회피했다고 분석하였다. 이를 통해 두 기업이 각각 약 2,000만~3,000만 유로의 세금을 회피한 것으로 결론지었다. EU 집행위원회는 두 국가에 과거 징수하지 않은 세금을 추징하고 문제가 된 세제혜택을 중단하라고 지시하였다.[50]

EU 회원국들이 다국적 기업들과 체결한 이전가격 사전합의 제도는 네덜란드에 위치한 스타벅스 매뉴팩처링 EMEA(SBME; Starbucks Manufacturing EMEA)의 사례를 통해 어느 정도 파악할 수 있다. SBME는 스타벅스 그룹의 유일한 유럽 내 커피 로스팅 회사로 로스팅 과정을 거친 커피와 컵, 음식 등 기타 제품을 유럽, 중동, 아프리카에 위치한 스타벅스 매점에 판매하여 매출을 올리고 있다. SBME는 영국에 위치한 자매회사 알키(Alki LP)에 커피 로스팅 노하우에 대한 로열티를 지불하고, 스위스에

---

50 European Commission (2015). Commission Decides Selective Tax Advantages for Fiat in Luxembourg and Starbucks in the Netherlands are Illegal under EU State Aid Rules.

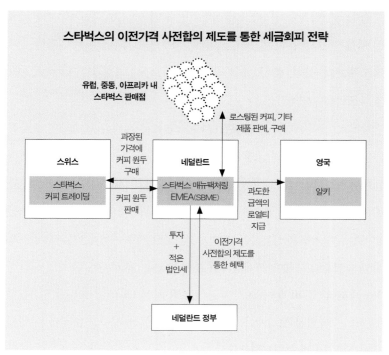

스타벅스의 이전가격 사전합의 제도를 통한 세금회피 전략

유럽, 중동, 아프리카 내
스타벅스 판매점

로스팅된 커피, 기타
제품 판매, 구매

| 스위스 | | 네덜란드 | | 영국 |

과장된
가격에
커피 원두
구매

스타벅스
커피 트레이딩

스타벅스 매뉴팩처링
EMEA(SBME)

과도한
금액의
로열티
지급

알키

커피 원두
판매

투자
+
적은
법인세

이전가격
사전합의 제도를
통한 혜택

네덜란드 정부

자료: European Commission (2015). Commission Decides Selective Tax Advantages for Fiat in Luxembourg and Starbucks in the Netherlands are illegal under EU State Aid Rules. 재구성.

위치한 자매회사 스타벅스 커피 트레이딩으로부터 커피 원두를 구입해 왔다.

EU 집행위원회는 첫째, SBME가 매우 큰 액수의 로열티를 알키에 지불하며 네덜란드에서 과세되는 수익을 줄일 수 있었다고 지적했다. 알키는 기업 구조상 네덜란드와 영국에서 법인세 징수 대상이 아니다. 둘째, SBME가 스타벅스 커피 트레이딩으로부터 커피 원두를 매우 높은 가격에 사들였고 이를 통해 네덜란드에서 과세되는 수익을 줄일 수 있었다고 분석했다. 셋째, 스타벅스 커피 트레이딩과의 거래로 인해 회계상으로 SBME가 커피 로스팅 사업활동의 수익만으로는 알키에 로열티를 지급하지 못하는 구조가 형성되었다. 따라서 알키에 지급된 커피 로스팅 노하우에 대한 로열티가 실제로는 차, 음식, 컵 등 기타 제품을 판매해서 발생한 수익인 것으로 분석했다. 2008년 이전가격 사전합의 제도에 따라 이 모든 과정을 허용하며 스타벅스에 특혜를 제공했다는 것이다.

여기까지 EU 집행위원회의 세금 회피 관련 조사는 맛보기에 불과했다. 2016년 8월 EU 집행위원회는 메가톤급 조사 결과를 발표하였다. 아일랜드 정부가 애플에 제공한 이전가격 사전합의 제도에 대한 내용이었는데, EU 집행위원회는 애플이 아일랜드 정부에 130억 유로의 체납 세금과 이에 대한 이자를 납부해야 한다고 결정하였다.[51] 이 금액은 사상 최대일 뿐만 아니라 프랑스 EDF에 부과된 기존 최대 규모 14억 유로의 9배 이상에 달했다. EU 집행위원회는 아일랜드 정부가 애플에 제공한 세제 특혜를 다른 기업은 누릴 수 없었으므로 이를 정부보조금 지원 규정 위배라고 판단하였다. 이 사건에 대해 2013년 정보를 처음 요청한 EU 집행위원회는 이 시점으로부터 과거 10년 동안의 불법 정부보조금을 회원국이 해당 기업으로부터 확보하라고 지시할 수 있는 권한을 보유하고 있었다.

EU 집행위원회에 따르면 애플의 유럽 내 이익에 대한 실효법인세율이 2003년 1%에서 2014년 0.005%로 낮아졌다고 한다. 조사 대상 기간 동안 애플은 유럽에서 발생한 전체 매출이 아일랜드 법인 두 곳 애플 세일즈 인터내셔널(ASI)과 애플 오퍼레이션스 유럽(AOE)에서 발생한 것으로 처리할

---

51 European Commission (2016), State Aid: Ireland Gave Illegal Tax Benefits to Apple Worth up to €13 Billion.

수 있도록 기업 구조를 구축하고 있었다.[52] 또한 ASI와 AOE는 미주 외 글로벌 시장에서의 애플 제품 판매 및 생산에 대한 지식재산권 사용 권한을 보유하고 관련 비용을 미국 본사에 지급해왔다. 이 사용료는 미국 본사가 지식재산을 개발하는 데 투입하는 R&D 비용의 절반 이상을 충당해왔다. 이러한 구조에 대해 EU 집행위원회는 불편한 심기를 드러냈으나 조사 권한이 없는 분야이므로 그다음 과정을 문제 삼았다.[53]

ASI와 AOE는 확보한 수익 대부분을 '본부'라고 지칭되는 계열사 내 조직으로 옮겨왔는데, EU 집행위원회는 아일랜드의 세제 특혜로 이 '본부' 조직들이 면세혜택을 받아왔다고 주장하였다. 조사 결과 이 '본부' 조직은 직원과 사업장이 없고 어느 나라에도 기반을 두지 않은, 실체가 없고 서류상에만 존재하는 것으로 밝혀졌다. 따라서 EU 집행위원회는 이 조직들이 주요한 사업활동을 할 역량을 보유하고 있지 않다고 판단하였다. 다수가 애플 본사 고위 간부로 구성된 이사진이 이사회를 열기는 했는데 배당금, 현금관리, 관리조직 등 제한적인 분야의 안건만 다루었다고 한다. 한편, 실제로 사업 활동을 할 수 있는 역량을 보유하고 세금을 납부해온 두 계열사의 '아일랜드 지사'에서 발생한 것으로 처리된 수익은 전체 수익의 일부에 불과했다.

EU 집행위원회의 조사 결과 발표 직후 애플은 강도 높은 비판을 하며 소

---

52 중동, 아프리카, 인도에서 발생한 매출도 ASI에서 발생한 것으로 처리되었다.
53 EU 집행위원회는 아일랜드 정부가 애플에 추징해야 하는 체납 세금의 일부를 실제로 매출이 발생하고 사업활동이 이뤄진 여타 회원국의 정부가 추징하는 가능성도 제시하였다. 만약 이것이 현실화될 경우 애플이 아일랜드 정부에 납부해야 하는 규모는 줄어들지만 주요 회원국의 법인세율이 아일랜드의 법인세율보다 높기 때문에 애플이 EU에서 납부해야 하는 총 세금은 늘어날 수 있다. 예를 들어 2016년 기준 프랑스와 독일의 법인세율은 각각 33.3%와 29.72%로 아일랜드의 12.5%의 2배 이상이다. EU의 평균 법인세율은 22.09%이다(KPMG Corporate tax rates table). 또한 EU 집행위원회는 애플의 아일랜드 법인이 미국 본사에 해당 기간 동안 더욱 많은 지식재산권 사용료를 지급하도록 미국 당국이 조치를 한다면 애플이 아일랜드 정부에 납부해야 하는 액수가 줄어들 수 있다고 하였다.

송 준비에 박차를 가했다.[54] 애플은 EU 집행위원회가 부가가치 발생 국가가 아닌 매출 발생 국가에서 법인세를 납부하게 하며 국제세제를 뒤흔들고 있다고 지적하였다.[55] 아일랜드 정부도 특혜 제공을 부인하면서 소송을 준비한 것으로 알려졌다.[56] 체납 규모와 사건의 복잡성을 고려해보면 법정 싸움이 수년간 이어질 것으로 예상된다. 지금까지 낮은 법인세와 세제혜택을 누려온 아일랜드에 본사를 갖고 있는 글로벌 테크 기업들도 이 사건을 숨죽이며 바라보고 있다.

2016년 8월 현재 EU 집행위원회는 룩셈부르크 정부가 아마존에 제공한 것으로 의심되는 세제혜택 여부를 조사 중에 있다.

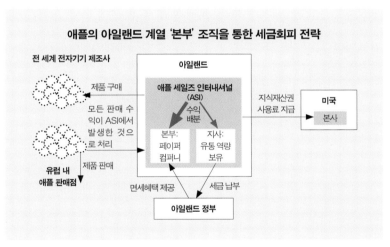

자료: European Commission (2016). State Aid: Ireland Gave Illegal Tax Benefits to Apple Worth up to €13 Billion. 재구성.

---

54 2015년 애플이 ASI와 AOE의 기업구조를 조정하며 논란의 중심에 있는 세제는 더 이상 적용되지 않고 있다.
55 Apple Tax Deal: How it Worked and What the EU Ruling Means (2016. 8. 30). *Financial Times*.
56 Ireland Scrambles to Defend Low-tax Model from Apple Fallout (2016. 8. 30). *Financial Times*.

초과이윤 비과세 제도

2015년 2월 EU 집행위원회는 벨기에 당국이 초과이윤 비과세 제도를 이용해 다국적 기업의 계열사에 제공하는 특혜에 대한 조사를 시작하였다. 여기서 초과이윤은 벨기에에 위치한 계열사가 다국적 기업의 일원이라서 얻는 추가적 이윤을 뜻한다. 이 혜택을 받기 위해 다국적 기업은 벨기에 당국으로부터 사전허가를 받아야 하는데 EU 집행위원회는 벨기에 정부가 자국 기업에는 이 같은 혜택을 제공하지 않고 있다고 지적하였다.[57]

2016년 1월에 조사결과가 발표되었다. EU 집행위원회는 2005년부터 도입된 벨기에 정부의 초과이윤 비과세 제도가 정부보조금 지원 규정을 어기는 불법행위라고 판단하였다. 벨기에 정부가 다국적 '그룹' 기업 계열사의 수익을 유사한 상황에 있는 독립기업의 가상의 평균 수익과 비교하고 여기서 나타나는 격차, 즉 초과이윤을 과세소득 산정에서 제외해준 것으로 나타났다. 다국적 '그룹'에 포함된 덕분에 계열사가 시너지, 규모의 경제, 명성, 고객 및 공급 네트워크, 신시장 접근성 등의 혜택을 받아 초과이윤이 발생한다는 논리였다. EU 집행위원회는 이 제도의 혜택을 받은 최소 35개의 다국적 기업이 납세 부담을 50~90% 줄일 수 있었다고 밝히며 벨기에 당국에 이들로부터 약 7억 유로의 세금을 추징하고 초과이윤 비과세 제도를 중단하라고 지시하였다.[58] 이에 대해 2016년 3월 벨기에 정부는 유럽사법재판소에 이의를 제기하였다.

---

57 European Commission (2015), State Aid: Commission Opens In-depth Investigation into the Belgian Excess Profit Ruling System.

58 European Commission (2016), State Aid: Commission Concludes Belgian "Excess Profit" Tax Scheme Illegal; around €700 Million to be Recovered from 35 Multinational Companies.

제2부 수성의 EU 경제

고정사업자에 대한 상이한 기준 적용 허용

2015년 12월 EU 집행위원회는 룩셈부르크 정부가 맥도날드에 제공한 세제혜택에 대한 공식 조사를 시작했다. 이 조사도 정부 지원에 대한 것이지만 핵심 쟁점은 이중비과세 문제를 발생시키는 고정사업자의 관할권에 대한 것으로 기존의 조사들과는 성격이 달랐다. 맥도날드 유럽 프랜차이징 (MEF; McDonald's Europe Franchising)은 유럽과 러시아에서 사업활동을 하는 프랜차이즈 가맹점으로부터 맥도날드 브랜드 및 관련 서비스 사용에 대한 로열티를 지급받는다. MEF는 본사가 룩셈부르크에 위치해 있으며 스위스와 미국에 지사를 갖고 있다. MEF가 지급받는 로열티는 내부적으로 미국 지사로 이전된다.

EU 집행위원회는 이 과정에서 MEF가 2009년 이후 EU나 미국에서 세금을 전혀 납부하지 않은 것을 발견했다.[59] 2009년 3월 룩셈부르크 당국은 룩셈부르크–미국 이중과세 협정에 따라 MEF가 미국에서 세금을 납부할 경우 룩셈부르크에서는 세금을 납부할 의무가 없다고 결정하였다. 이 결정이 적용되려면 맥도날드가 매년 스위스를 통해 미국으로 이전되는 로열티를 미국과 스위스에 신고하고 두 국가의 세법을 준수했다는 증거를 제시해야 했다. 하지만 MEF는 미국 세법이 적용되는 대상이 아니기 때문에 증거를 제시하지 못하는 상황이 발생했다. 미국 법은 MEF의 미국 지사가 미국 내에 고정사업장을 두고 있지 않은 것으로 간주하기 때문이다. 한편, 맥도날드는 룩셈부르크 법에 따르면 미국 지사가 미국에 고정사업장을 둔 것으

---

59 European Commission (2015). State Aid: Commission Opens Formal Investigation into Luxembourg's Tax Treatment of McDonald's.

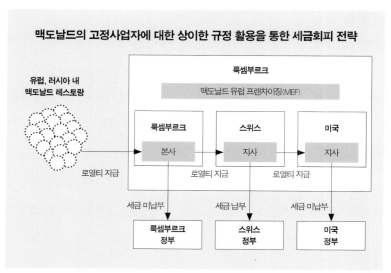

자료: European Commission (2015). State Aid: Commission Opens Formal Investigation into Luxembourg's Tax Treatment of McDonald's. 재구성.

로 간주되기 때문에 룩셈부르크에서도 징수를 면제받아야 한다고 주장했다. 2009년 9월 룩셈부르크 당국은 이 주장을 받아들이고 맥도날드가 더는 미국 세법의 적용을 받는다는 증거를 제시하지 않아도 된다고 결정하였다. EU 집행위원회는 룩셈부르크 정부의 이 같은 결정이 여타 기업은 누릴 수 없는 특혜인 것으로 판단하였다. 이에 따라 룩셈부르크 정부가 국내 세법과 룩셈부르크-미국 이중과세 협정을 무시하며 결과적으로 정부 지원에 관한 EU의 규정을 어겼는지 조사를 시작하였다.

제2부 수성의 EU 경제

조세체계 정비 작업을 시작

EU 집행위원회는 다국적 기업의 세금회피 행위를 차단하고 회원국 간 과도한 세제 경쟁을 막고자 회원국의 세제특혜 조사를 강화하는 동시에 EU 차원의 세제 개혁을 추진하고 있다. 2013년부터 OECD와 G20은 세원 잠식 및 소득이전(BEPS; Base Erosion and Profit Shifting)을 막는 프로젝트를 시작하였다. 2013년 OECD는 15개 추진과제를 제시하였고 2015년에는 그 대응책을 담은 최종 보고서를 제출하였다.[60] EU는 이 보고서를 작성하는 데 주도적 역할을 했을 뿐 아니라 보고서 발표 이후 조세체계를 실제로 정비하는 과정에서도 선제적인 모습을 보여왔다.

　　2015년 3월 EU 집행위원회는 '세제 투명성 강화를 위한 정책방안(Tax Transparency Package)'을 발표하며 첫발을 내디뎠다. 이 정책방안의 핵심은 국경 간 조세 정책 수립 과정에서 회원국 간의 협력을 강화하는 것이었다. 현재 회원국들이 국경 간 조세 정책 결정에 관한 정보를 소극적으로만 공유하고 있는데 EU 집행위원회는 다국적 기업들이 바로 이 점을 남용한다고 분석하고 있다. EU 집행위원회는 회원국의 조세당국이 모든 국경 간 조세 정책 결정에 대한 동향 보고서를 3개월마다 공유하는 방안을 제안했다.[61] 이 방안은 2015년 12월 각료이사회에서 채택되었으며 2017년 1월에 발효될 예정이다.[62]

---

60 OECD (2015). OECD/G20 Base Erosion and Profit Shifting Project: 2015 Final Reports.
61 European Commission (2015). Communication from the Commission to the European Parliament and the Council on Tax Transparency to Fight Tax Evasion and Avoidance; European Commission (2015). Proposal for a Council Directive Amending Directive 2011/16/EU as Regards Mandatory Automatic Exchange of Information in the Field of Taxation.

2015년 6월에는 EU 집행위원회가 '공정하고 효율적인 법인세제 구축을 위한 실행방안(Action Plan for Fair and Efficient Corporate Taxation)'을 발표했다.[63] 주요 내용은 다음과 같다.

첫째, 공통법인세과세표준(CCCTB; Common Consolidated Corporate Tax Base)의 구축이다. 다국적 기업들은 현재 개별 EU 회원국의 과세표준을 사용해 EU 내 과세소득을 산정하고 있는데 EU가 CCCTB를 도입할 경우 다국적 기업은 EU 내에서 단일한 산정 방법을 사용하게 된다. EU 집행위원회는 2011년 CCCTB의 필요성을 제안한 바 있는데 일부 회원국들의 반대로 협상이 중단되었다. EU 집행위원회는 상황이 바뀐 만큼 여기에 다시 불을 지펴 앞으로 다국적 기업들이 CCCTB에 적용을 받게 하는 방안을 제시할 계획이다. CCCTB를 도입할 경우 다국적 기업들의 세금회피를 막는 동시에 기업에도 연 7억 유로의 비용절감 효과가 있을 것으로 예상된다.

둘째, 수익이 발생한 곳에서 기업이 세금을 납부하도록 하는 프레임워크를 마련할 계획이다. 특히 EU 집행위원회는 이전가격 사전합의 제도를 개선하고, 세제특혜 제공을 적발할 경우 적용할 수 있는 강력한 규정을 마련할 계획이다.

셋째, EU 집행위원회는 10개 이상의 EU 회원국이 비협조적인 조세관할지역으로 선정한 30개국 리스트를 발표하였다. 선정 과정이 임의적이고 주관적이라는 점과 아일랜드, 네덜란드, 룩셈부르크 등 EU 회원국이 제외되

---

62 Council of the European Union (2015). Council Directive Amending Directive 2011/16/EU as Regards Mandatory Automatic Exchange of Information in the Field of Taxation.

63 European Commission (2015). Communication from the Commission to the European Parliament and the Council—A Fair and Efficient Corporate Tax System in the European Union: 5 Key Areas for Action.

제2부 수성의 EU 경제

었다는 점이 비판을 받았으나,[64] EU 집행위원회는 조세회피처에 압력을 가하고자 리스트를 지속적으로 업데이트할 계획이다.[65]

이어 2016년 1월 EU 집행위원회는 '반(反)세금회피 정책방안(ATAP; Anti-Tax Avoidance Package)'을 발표했다. 지금까지 발표한 것 중 가장 광범위하고 구체적이며 강력한 대응책이 담겨 있다.[66] 이 정책방안은 OECD/G20의 15개 추진과제 중 7개 과제의 대응책을 제시하고 있는데 내용은 크게 4개 분야로 구분할 수 있다. 첫째, 대표적인 6개의 주요 조세회피 전략을 저지하는 것을 목적으로 법적 구속력을 가진 대응책이 포함된 '반(反)세금회피지침(Anti-tax avoidance directive)'을 제안하였다. 둘째, 회원국의 조세당국이 다국적 기업의 국가별 보고서를 공유하게 하는 개정지침을 제시하였다. 국가별 보고서는 전 세계 국가별 세금 관련 정보를 담은 자료로 총매출이 7억 5,000만 유로 이상인 다국적 기업 그룹의 최종 모(母)법인이 거주지 국의 조세당국에 신고하게 되어 있다. 셋째, 다국적 기업의 조세조약 남용을 방지하기 위한 권고안을 제시하였다. '주된 목적 테스트 규정(Principal purpose test)'을 도입할 것과 고정사업장에 대한 정의 및 배제요건 수정을 골자로 하고 있다. 마지막으로, 다국적 기업의 세금회피 문제가 글로벌 차원에서 협력이 필요한 문제점이라는 것을 인지하며 역외국가들과의 협력

---

64 Tax Blacklist Provokes Offshore Fury (2015. 6. 22). *Financial Times*; Tax Blacklists: EU Hypocrites! (2015. 8. 22). *The Economist*.

65 Tax Good Governance in the World as Seen by EU Countries 웹사이트 〈http://ec.europa.eu/taxation_customs/taxation/gen_info/good_governance_matters/lists_of_countries/index_en.htm〉.

66 European Commission (2016). Communication from the Commission to the European Parliament and the Council-Anti-Tax Avoidance Package: Next Steps towards Delivering Effective Taxation and Greater Transparency in the EU.

2016년 1월 발표된 반(反)세금회피지침의 주요 내용

내용	목적
피지배 외국법인 규정	법인세가 없거나 낮은 국가로 수익을 이전하는 행동을 규제
스위치오버 규정	특정 수익에 대한 이중비과세를 규제
출국세	세금을 회피하기 위해 자산을 다른 국가로 이전하는 것을 금지
이자비용 공제제한 제도	세금을 최소화하기 위해 인위적인 채무구조를 형성하는 것을 금지
혼성불일치 과세제도	세금회피를 위해 국가 간의 상이한 조세규정을 남용하는 것을 금지
일반적 조세회피 방지 규정	여타 규정을 적용해 공격적인 절세전략을 규제할 수 없을 경우 조세당국이 다국적 기업의 인위적인 조세약정을 무시

자료: European Commission (2016). Tackling Tax Avoidance: Restoring the Balance.

방안과 비협조국에 대한 대응방안도 제시하였다.

모니터링 강화 및 조직체계 개편을 통해 대응

EU 집행위원회의 세제특혜 제공 관련 조사와 조세체계 정비작업이 본격화되고 있다. 이 같은 움직임은 초반에는 특정 다국적 기업을 대상으로 하는 마녀사냥으로 인식되었다. 하지만 최근 EU 집행위원회가 세제 문제를 EU에서 가장 민감한 분야 중 하나인 정부보조금 지원 규정과 연결시키고 있어 EU의 세제 강화가 일시적 추세가 아닌 것으로 분석된다. 2016년 4월 불거진 파나마 페이퍼스 스캔들 이후 세금회피 및 탈세에 대한 비판이 심화되면서 EU의 조세 규제 강화가 더욱 탄력을 받을 것으로 예상된다.

다국적 기업들은 이미 EU를 비롯해 전 세계적 조세 규제 강화 조치로 인해 수익이 크게 감소할 것을 우려하고 있다. 《파이낸셜 타임스》의 자체 조사에 따르면, 2016년 투자자들에게 세금 추징에 따른 리스크를 경고한 미국의 다국적 기업이 2015년의 2배에 달했다.[67] 더불어 기업들은 과도한 자료 제출 의무화로 인해 발생할 기밀 유출에 대한 우려도 제기하고 있다.

기업들은 대대적 변화를 겪을 것으로 예상되는 조세 규제를 발 빠르게 모니터링하고 대응할 수 있도록 조직체계를 개편하고 있다. 2014년 말 구글은 유럽 본사의 대표로 '기술통'이 아니라 '경영통'인 메트 브리튼(Matt Brittin) 부사장을 임명했으며 브리튼 대표는 유럽 본사가 위치한 아일랜드 더블린이 아닌 영국 런던에서 업무를 수행할 것이라고 했다. 이는 유럽 주요국 중 세금회피에 대한 비난이 가장 거센 영국에서 업무를 보며 소통과 투명성을 강화하겠다는 의지가 반영된 것으로 보인다.[68]

조직개편 이외에 앞으로는 조세 규제 강화에 대해 더욱 적극적인 대응책이 필요할 것으로 보인다. 구체적으로 기업들은 자사의 이전가격 등의 세금회피 수단을 검토하여 수정해야 한다. EU 집행위원회의 조사가 시작된 이후 대응에 나서게 되면 비용이 더욱 커질 뿐만 아니라 기업 이미지도 큰 타격을 입을 수 있다. 늦은 감이 없지 않으나 2016년 3월 페이스북은 4월부터 영국 지사에서 발생한 광고 매출을 아일랜드가 아닌 영국에서 발생한 것으로 처리할 것이라고 밝혔다. 2014년 페이스북은 영국에서 평균 연봉을

---

67 US Companies Warn Tax Avoidance Crackdown Will Hit Earnings (2016. 3. 29). *Financial Times*.

68 Google Shakes Up European Units in Face of Tougher Rules (2015. 2. 25). *Financial Times*.

OECD/G20 BEPS 프로젝트 추진과제와 EU의 대응방안(2016년 1월 기준)

	OECD/G20 BEPS 프로젝트 추진과제	EU의 대응방안
1	디지털 경제에서의 조세 문제 해결	여타 분야에서의 대응방안을 통해 대응
2	혼성불일치 효과 중화	2016년 1월 반(反)세금회피 정책방안 (ATAP)을 통해 대응
3	특정 외국 법인 유보소득 과세제도 강화	2016년 1월 ATAP를 통해 대응
4	금융비용 공제 제한	2016년 1월 ATAP를 통해 대응
5	유해 조세제도에 대한 대응	2015년 3월 세제 투명성 강화를 위한 정책방안을 통해 대응
6	조세조약 남용 방지	2016년 1월 ATAP를 통해 대응
7	인위적인 고정사업장 회피 방지	2016년 1월 ATAP를 통해 대응
8	이전가격－무형자산	공동이전가격포럼(JTPF; Joint Transfer Pricing Forum)이 이전가격에 대한 이슈를 검토하고 업데이트 중
9	이전가격－위험 및 자본의 이전	
10	이전가격－기타 고위험 거래	
11	BEPS 관련 자료 수집 및 분석방안 개발	EU는 공격적인 절세전략이 회원국의 실효법인세율에 미치는 영향을 연구 중
12	조세회피 거래 등에 대한 강제적 보고 제도 개발	검토 중
13	국가별 보고서	2016년 1월 ATAP를 통해 대응
14	조세조약 분쟁해결을 위한 중재 및 상호합의 절차 개선	2016년 EU 집행위원회는 분쟁해결 중재 절차에 대한 개선안을 제안할 계획
15	추진 과제의 신속한 이행을 위한 다자 간 협약 개발	2016년 1월 ATAP를 통해 대응

자료: European Commission (2016). The Anti Tax Avoidance Package-Questions and Answers.

받는 근로자 한 명이 내는 세금보다도 더욱 적은 4,327파운드를 법인세로 납부한 것이 밝혀지면서 비판받은 바 있다. 페이스북의 결정은 영국 정부의 수익우회세를 의식했기 때문으로 분석된다.[69]

기업들은 또한 EU가 OECD/G20의 BEPS 프로젝트 과제를 선제적으로 추진하고 있다는 점에도 주목하고 있다. EU가 새롭게 도입하는 조세 규제가 글로벌 스탠더드가 될 가능성이 높기 때문이다.

---

69 Facebook Faces Profits Hit after Tax Shake-up (2016. 3. 4). *Financial Times*.

4

신사업활동 규제:
승자독식을 우려

신사업활동 규제 강화의 배경

현재 유럽의 디지털 플랫폼 시장은 미국 디지털 기업들이 장악하고 있다.
2016년 2월 기준 구글의 유럽 내 검색엔진 시장점유율은 92.6%로 구글
의 미국 내 점유율인 84.9%를 상회한다. 유럽 브라우저 시장의 경우, 구글
의 크롬이 절대 강자는 아니지만 최근 점유율이 눈에 띄게 상승하고 있다.
2009년 1월 1.5%에서 2013년 1월 32.6%, 2016년 2월 48.7%로 늘어났다.
휴대전화 오퍼레이팅 시스템(OS)의 경우 증가세가 더욱 가파르다. 구글 안
드로이드의 유럽 시장점유율은 2009년 1월 0.6%에서 2013년 1월 44.9%,
2016년 2월 66.8%로 상승하였다. 이는 2000년대 말부터 핀란드 노키아의
몰락과 함께 나타난 현상이다. 같은 기간 노키아 심비안의 점유율은 40.9%

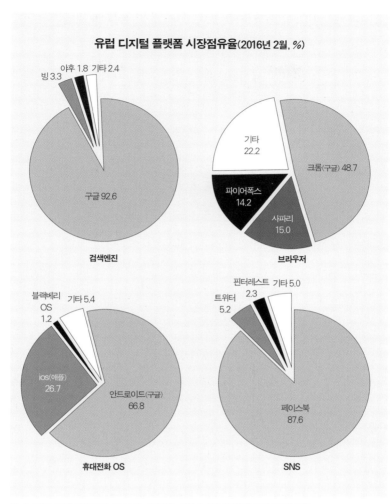

유럽 디지털 플랫폼 시장점유율(2016년 2월, %)

빙 3.3
야후 1.8 기타 2.4

구글 92.6

검색엔진

기타
22.2

크롬(구글) 48.7

파이어폭스
14.2

사파리
15.0

브라우저

블랙베리
OS
1.2
기타 5.4

ios(애플)
26.7

안드로이드(구글)
66.8

휴대전화 OS

핀터레스트 기타 5.0
트위터 2.3
5.2

페이스북
87.6

SNS

주: 휴대전화 OS를 제외하고는 데스크톱, 휴대전화, 태블릿, 콘솔 플랫폼을 모두 포함한 기준.
자료: StatCounter 웹사이트 〈http://gs.statcounter.com/〉.

에서 2.4%, 0.2%로 하락하였다. 더불어 유럽 브라우저 시장과 휴대전화 OS 시장에서 구글과 경쟁하고 있는 주요 기업들은 모두 미국 기업이다. 유럽의 소셜네트워크 서비스(SNS) 시장에서 미국 기업의 장악력도 대단하다.

2016년 2월 기준 페이스북이 87.6%, 트위터가 5.2%의 시장점유율을 기록하고 있다.

동시에 미국의 디지털 기업들은 유럽 기업을 인수해 새로운 기술을 확보하고 기존 산업과의 시너지를 창출해 신산업에 진출하고자 한다. 유럽 디지털 기업 인수 사례 중 2014년에는 3건 중 1건, 2015년에는 4건 중 1건이 미국 기업에 의해 이루어졌다.[70] 예를 들어 구글은 인공지능 산업에 진출하기 위해 2014년 영국 신생 기업인 딥마인드(DeepMind)를 6억 5,000만 달러에 인수하였다. 이어 구글은 영국의 다크 블루 랩(Dark Blue Labs)과 비전 팩토리(Vision Factory)라는 인공지능 업체도 인수하였다.[71]

또한 다국적 디지털 기업들이 개발한 신사업모델이 EU에도 전해지면서 기존 산업구조를 흔들고 있다. 개인이 보유한 자원을 공유하여 이윤을 창출하고 개인 간의 상호신뢰로 거래가 이루어지는 공유경제가 우버, 에어비앤비 등을 필두로 확산되고 있다. 낮은 배송비용을 앞세운 온라인 판매도 점차 늘어나고 있다. 앞으로는 소프트웨어를 기반으로 한 새로운 산업이 더욱 많이 태어날 것으로 예상된다. 영국 시장경쟁조사국의 최고관리자 알렉스 치스홈(Alex Chisholm)은 "디지털 거인들이 슘페터리안(혁신과 창조적 파괴) 바람을 일으키고 있다. 아직 큰 영향을 받지 않은 금융, 에너지, 헬스케어, 물류 산업도 곧 변화에 직면할 것"이라고 전망하였다.[72]

2010년대 초부터 EU는 새로운 산업을 구축해나가며 높은 시장점유율을 확보하고 있는 다국적 디지털 기업들의 독점적 사업활동을 견제하기 시작

---

70 European Tech Exits Report 2015 (2016. 2. 2). *Tech.eu*.

71 Google Buys Two More UK Artificial Intelligence Startups (2014. 10. 23). *The Guardian*.

72 UK Competition and Markets Authority (2014). Alex Chisholm Speaks about Digital Technology.

했다. 반독점법 위반 행위가 입증될 경우 다국적 디지털 기업들은 천문학적 액수의 벌금을 부담해야 한다. EU의 일부 회원국들은 자국의 신생 기업을 다국적 기업이 인수하는 것에 대해 불편한 심기를 드러내며 이를 막기 위해 직접 관여하는 사례가 발생하고 있다. 또한 산업 패러다임 변화로 인해 기존 산업이 받는 타격을 줄이기 위한 정책도 추진하고 있다.

시장지배적 지위남용을 규제

2010년 11월 EU 집행위원회(경쟁당국)는 구글의 검색엔진 시장 내 반독점법 위반 혐의를 조사하기 시작하였고, 2013년 4월 구글 검색엔진의 네 가지 시장지배적 지위남용 혐의를 발견했다고 통보하였다. 구글이 첫째, 검색결과에 자사의 전문검색 서비스를 경쟁업체 서비스에 비해 유리하게 취급한 점, 둘째, 경쟁 관계에 있는 전문검색 서비스가 제공하는 콘텐츠를 구글이 동의 없이 사용한 점, 셋째, 제3자 웹사이트 운영자가 전체 및 대부분의 온라인 검색광고를 구글과 맺도록 한 점, 넷째, 온라인 검색광고 계약을 구글과 경쟁 관계에 있는 검색광고 플랫폼 업체로 이동하고 관리하는 것을 제한하는 계약을 체결한 점을 지적했다.

이후 구글은 2013년과 2014년 세 차례에 걸쳐 개선안을 제출했지만 EU 집행위원회와 제소자들을 모두 만족시키는 데는 실패하였다. 구글이 보낸 3차 개선안의 경우 2014년 2월 EU 집행위원회가 적절하다고 판단했으나 이후 제소자들의 의견을 수렴한 결과 2014년 9월 3차 개선안이 불충분하다고 의견을 바꿨다.[73] 구글은 3차 개정안에서 각 지적 항목에 대한 대안을 제시했다. 구글은 첫째, 자사의 전문검색 서비스 결과를 소비자들이 구분할 수 있게 라벨링을 하고, 경쟁업체의 서비스와 시각적으로 명확하게 구분될 수 있도록 조치하며, 3개의 경쟁업체 검색 서비스 결과를 차별 없이 동일한 포맷으로 공개할 것이라고 밝혔다. 둘째, 구글의 전문검색 서비스에서 제3자가 자신의 자료가 사용되는 것을 거부할 수 있도록 하며, 이로 인해 제3자가 구글 검색결과 랭킹 및 온라인 광고 서비스인 애드워즈 프로그램 랭킹에서 불이익을 당하지 않도록 조치할 것이라고 밝혔다. 셋째, 온라인 검색광고 계약 체결 시 어떠한 수단으로도 배타적 행위와 관련된 조항을 포함시키지 않고, 넷째, 경쟁사 플랫폼으로 온라인 검색광고의 이동 및 관리를 제한하는 조항 역시 포함시키지 않을 것이라고 전했다.

EU 집행위원회와 제소자들은 첫 번째 조치를 가장 우선적으로 문제 삼았다. 경쟁업체들은 구글이 라벨링과 시각적 구분을 하더라도 여전히 자사의 전문검색 서비스를 다양한 방법으로 유리하게 취급할 수 있고, 경쟁 업체들이 구글의 검색 서비스 결과의 상위권에 포함되기 위해 추가로 비용을 지불해야 한다면 불공정하다는 것이었다. 경쟁업체들은 검색 랭킹에 따라 검색결과가 나타나고 구글이 자사의 검색 서비스 결과를 유리하게 취급하지만 않는다면 비용 없이 해결할 수 있는 문제임을 지적하였다.[74]

이어 2015년 4월 EU 집행위원회는 해당 문제에 대한 이의 성명을 발표하였다. 이의 성명은 반독점법 여부 조사 결과의 마지막 경고장이라고 할 수 있다. 이번에는 구글의 가격비교 웹사이트인 구글 쇼핑을 구체적으로 지

73 EU Rejects Google's Antitrust Deal Again (2014. 9. 8). *Financial Times*.
74 European Commission Reopens Google Antitrust Investigation (2014. 9. 8). *The Guardian*.

구글의 3차 개선안 중 라벨링 및 시각적 구분에 대한 예시

자료: European Commission (2014). Antitrust: Commission Obtains from Google Comparable Display of Specialised Search Rivals-Frequently Answered Questions.

EU의 잊고 싶은 기억:
구글의 대항마 콰에로(Quaero) 개발 프로젝트

2010년대 들어 유럽에서 미국 디지털 기업에 대한 규제가 대폭 강화되고 있으나 사실 이들에 대한 견제는 이미 2000년대 중반부터 시작되었다. 당시 프랑스에서는 디지털화의 확산과 미국 디지털 기업들의 부상이 '정보의 영미화'로 이어질 것이라는 우려가 확산되던 때였다. 자크 시라크 당시 프랑스 대통령은 2006년 신년사에서 "구글, 야후 등 미국 거대기업들의 도전에 대응해야 한다"라고 말하며 4월 콰에로 등 거대 혁신산업 개발 프로젝트에 총 20억 유로의 투자자금을 지원할 것이라고 밝혔다. 콰에로는 라틴어로 '나는 찾는다'라는 뜻이며 프로젝트의 최종 목표는 검색엔진, 즉 유럽판 구글을 개발하는 것이었다. 프랑스의 톰슨이 민·관·학 컨소시엄을 이끌고 프랑스와 독일 정부의 파트너십을 통해 추진할 계획이었다. 4억 유로 규모의 콰에로 개발 프로젝트는 '미래의 에어버스'라고 불릴 만큼 기대가 컸다. 하지만 2006년 12월 독일 정부는 프로젝트에 더는 관심이 없다며 파트너십을 파기하였다. 추진과정 초반에 기업들 간의 마찰, 사업모델에 대한 이견 등으로 참여자들 간의 관계가 악화되었기 때문이다. '구글과의 한판'보다 '새로운 기술 개발'에 관심이 더 많았던 독일은 파트너십 파기 이후 단독으로 의미적 검색(sementic search) 기술을 개발하는 테세우스(Theseus) 프로젝트에 집중하였다. 산 넘어 산으로 정부 자금이 투입되는 콰에로 프로젝트는 EU의 허가를 받아야만 진행될 수 있었다. 결국 2008년 3월 EU 집행위원회(경쟁당국)는 프랑스 정부가 9,900만 유로의 자금을 지원하는 것을 허가하였고 2년여 동안의 우여곡절 끝에 프로젝트가 시작되었다. 15개의 민간기업, 13개의 공공연구소, 4개의 공공기관으로 구성된 컨소시엄이 프로젝트를 진행했으며 1,000명 이상의 박사급 연구원들이 참여하였다. 한편, 프로젝트는 최초 목표였던 구글의 대항마 개발이 힘들어지자 전반적인 IT 기술 개발에 집중하였다. 프로젝트는 기대에 미치지 못하는 성과를 내고 2013년 말 종료되었다. 콰에로 프로젝트의 저조한 성과에 대해 많은 이유가 제기된 바 있는데 미국 디지털 기업들과 비교하여 투자자금과 기업가 정신이 부족했다는 분석이 주를 이룬다.

자료: Chirac Unveils his Grand Plan to Restore French Pride (2006. 4. 26). *The Guardian*; Quaero? Qu'est-ce que c'est? Franco-German Rival to Google Flops (2006. 12. 22). *Spiegel*; EU Paves Way for Rival to Google (2008. 3. 14). *The Telegraph*; In Search of a European Google (2015. 12. 6). *The Observer*; Quaero 웹사이트 〈http://www.quaero.org/〉.

목하였다. EU 집행위원회는 구글이 구글 쇼핑에 유리한 대우를 제공했고 이는 여타 가격비교 사이트가 시장에서 경쟁할 수 있는 기회를 저해해 혁신에 장벽이 되었다고 지적했다. 구글 쇼핑의 전신이며 운영 당시 혜택을 받지 않은 푸르글의 경영 성과가 저조했다는 근거도 내세웠다. 동시에 구글 쇼핑에 대한 특혜로 인해 온라인 사용자들이 가장 관련 있는 검색결과를 접하지 못할 수도 있는 상황을 발생시키는 등 피해를 초래했다고 분석했다.[75]

이어 구글은 EU 집행위원회의 이의 성명에 100쪽이 넘는 보고서를 통해 반박했다. 구글은 구글이 있음으로써 온라인 쇼핑 서비스 시장에서 더욱 다양한 기업들이 태어나고 신규 투자가 늘어날 수 있었으며 소비자들이 더 많

---

[75] European Commission (2015). Antitrust: Commission Sends Statement of Objections to Google on Comparison Shopping Service.

은 선택권을 누릴 수 있었다고 주장했다. 또한 구글은 EU 집행위원회가 구글 쇼핑의 경쟁사를 가격비교 웹사이트에 국한한 것은 옳지 않다면서 이베이나 아마존 등 빠르게 성장하고 있는 대형 온라인 소매업체도 포함시켜야 한다고 주장했다.[76]

EU 집행위원회는 나머지 세 가지 문제점에 대한 조사도 계속 진행하고 있는데 특히 두 번째 문제점인 여타 전문검색 서비스가 제공하는 콘텐츠를 구글이 동의 없이 사용한 점이 뜨거운 감자가 될 것으로 보인다. 2016년 4월 최대 미디어 그룹 중 한 곳인 뉴스 코프(News Corp.)가 EU 집행위원회에 해당 문제에 대해 공식 항의를 제기했다. 뉴스 코프는 구글이 언론사의 동의 없이 언론사 기사의 일부를 검색결과에 보여주며 시장지배적 지위를 유지하고 있다면서 언론사가 이에 대해 중단을 요청할 경우 구글의 검색결과에서 해당 언론사의 기사가 전부 사라진다고 주장했다.[77] 이어 2016년 4월 보도사진 업체인 게티이미지(Getty Images)도 비슷한 이유로 공식 항의하였다. 게티이미지는 구글이 예전에는 검색결과에서 게티이미지의 사진을 저해상도의 소형 그래픽 파일로 제공했는데 2013년 1월부터는 고해상도의 대형 그래픽 파일로 제공했다고 주장했다. 그 결과 소비자들이 게티이미지에서 사진을 유료로 구매하는 대신 구글 검색엔진에서 게티이미지의 사진을 무료로 다운로드받을 수 있게 되었다고 비판했다. 과거 게티이미지는 이에 대해 구글에 항의했는데 당시 구글은 새로운 검색결과 포맷이 마음에 들지 않으면 게티이미지가 스스로 검색결과에서 제외되는 것을 선택할 수

---

76 Google Attacks Brussels Antiturst Case in 100-Page Response (2015. 8. 27). *The Guardian.*

77 News Corp Files Formal Complaint to European Commision over Google (2016. 4. 18). *The Wall Street Journal.*

있다고 응답했다고 한다.[78]

2015년 4월 구글은 또 다른 악재에 직면했다. EU 집행위원회가 휴대전화 OS 시장에서의 구글의 시장지배적 지위남용 행위에 대한 조사에 착수한 것이다. 스마트폰 및 태블릿 제조업체들은 구글의 안드로이드 OS를 무료로 사용할 수 있는데 제조업체 대부분이 안드로이드 OS와 함께 구글 소유의 애플리케이션과 서비스를 같이 탑재하는 점에 주목했다. EU 집행위원회는 제조업체들이 구글의 애플리케이션과 서비스에 대한 사용 권한을 확보하기 위해서는 구글과 계약을 맺어야 하는데 이 과정에서 구글이 반독점법을 어겼는지 확인할 것이라고 전했다. EU 집행위원회는 첫째, 구글이 자사의 애플리케이션 및 서비스를 스마트폰 및 태블릿 제조업체에 선탑재하도록 강요했거나 장려했는지, 둘째, 구글이 자사의 애플리케이션 및 서비스를 설치하기 원하는 제조업체들이 향후 경쟁 제품이 될 수 있는 개조된 안드로이드 OS를 개발하고 탑재하는 것을 막았는지, 셋째, 안드로이드 기기에서 사용되는 특정 구글 애플리케이션 및 서비스를 묶어서 제공했는지에 대한 조사를 진행할 것이라고 전했다.[79]

2016년 4월 EU 집행위원회는 구글 안드로이드 OS의 반독점법 위반에 대한 이의 성명을 발표하였다. 검색엔진 건의 경우 조사 시작 이후 4년 반에 걸쳐 조율을 시도한 후 이의 성명을 내놓았으나 안드로이드 OS에 대한 조사는 속전속결로 진행되어 이의 성명이 나오기까지 불과 1년밖에 걸리지 않았다. EU 집행위원회가 구글과의 협상과정에서 느낀 실망감으로부터 나

78 Getty Accuses Google of 'Promoting Piracy' (2016. 4. 27). *Financial Times*.
79 European Commission (2015). Antitrust: Commission Opens Formal Investigation against Google in Relation to Android Mobile Operating System.

온 결과인 것으로 보인다. EU 집행위원회는 이의 성명에서 구글이 세 가지 불법적인 방법을 통해 혁신과 경쟁을 위축시켜 소비자에게 피해를 입혔다고 주장했다.[80]

첫째, 구글이 구글 소유의 플레이스토어에 대한 사용 권한을 모바일기기 제조업체들에 제공하면서 구글 서치와 구글의 크롬 브라우저를 선탑재하고 구글 서치를 디폴트 검색 서비스로 설치하도록 요구했다고 지적했다. 플레이스토어는 애플리케이션을 다운받을 때 사용하는 애플리케이션으로 모바일기기 사용에 있어 핵심적이다. 둘째, 안드로이드는 오픈소스 소프트웨어로 누구나 무상으로 사용, 개량, 재배포를 할 수 있다. 따라서 여타 소프트웨어 업체는 소비자의 입맛에 맞는 여러 버전(안드로이드 포크)을 개발할 수 있다. 하지만 EU 집행위원회는 구글이 플레이스토어와 같은 구글 소유의 애플리케이션에 대한 사용 권한을 제공하는 협약에서 모바일기기 제조업체들이 안드로이드를 기반으로 한 경쟁 OS를 탑재한 모바일기기를 판매하는 것을 막는 조항을 포함시켰다고 전했다. 셋째, 구글이 모바일기기 제조업체 및 모바일 네트워크 운영자들에게 구글 서치를 선탑재하는 조건으로 금전적 혜택을 제공했다고 주장했다.

반독점법 위반이 의심되는 기업이 EU 집행위원회와 합의 종결에 실패할 경우 전 세계 매출의 최대 10%에 달하는 벌금을 부과받을 수 있다. 두 차례의 이의 성명 발송으로 인해 구글의 벌금 추징이 현실화될 가능성은 더욱 높아졌다. 2016년 8월 현재 EU 집행위원회는 검색엔진 건에 대한 구글의

---

80 European Commission (2016). Antitrust: Commission Sends Statement of Objections to Google on Android Operating System and Applications.

) EU 사상 최고액의 벌금을 부과받은 인텔 (

2009년 인텔은 경쟁법 위반으로 EU 역사상 최고액의 벌금을 부과받았다. 수차례에 걸쳐 벌금을 부과받은 마이크로소프트의 22억 유로(2004~2013년)가 누적 기준으로는 가장 높지만 단일 과징금으로는 인텔에 부과된 10억 6,000만 유로가 가장 많은 액수다. 당시 EU 집행위원회는 2002년과 2007년 사이 인텔이 AMD 반도체 대신 자사의 반도체를 구입하는 제조업체와 판매업체에 '숨겨진 리베이트'를 제공했다고 지적하였다. 2014년 일반법원은 인텔의 항소에 대해 경쟁법 위반이 명백하며 벌금 규모가 적정하다는 판결을 내렸다. EU 집행위원회가 인텔에 부과한 벌금은 경쟁법을 위반한 기업에 부과할 수 있는 최대 규모의 절반에도 못 미치는 4.15%(2008년 매출 기준)라고 전했다. 이후 인텔은 유럽사법재판소에 항소하였고 2016년 8월 현재 판결을 기다리고 있는 상황이다.

자료: EU Slaps a Record Fine on Intel (2009. 5. 13). *BBC News*; EU Fines Microsoft $731 Million for Broken Promise, Warns Others (2013. 3. 6). *Reuters*; Intel Loses Court Challenges against $1.4 Billion EU Fine (2014. 6. 12). *Reuters*.

의견을 검토하고 있으며 하반기 중 안드로이드 OS건에 대한 구글의 의견을 받아 검토를 시작할 계획이다. 마지막 변호에 실패할 경우 구글은 천문학적 액수의 벌금을 부과받을 수 있다. 2015년 구글의 매출은 745억 달러에 달했다. 과거 인텔의 경우 매출의 4.15%에 달하는 벌금을 부과받았는데 이 비율을 구글의 2015년 매출에 적용하면 벌금은 30억 9,000만 달러로 계산된다.

자국 디지털 기업 인수에 개입

유럽 정부는 디지털 산업의 주요 투자자 역할을 담당하고 있는데 생태계 및 인프라 구축에 대한 투자와 더불어 디지털 기업 지분 인수도 단행하고 있다. 유럽 벤처펀드 투자에서 정부기관이 차지하는 비중은 2007년 7.9%에 불과 했으나 2009년부터 큰 폭으로 증가하여 최근에는 30%대를 기록하고 있다.

유럽 금융시장의 회복이 지연되며 중소기업들이 자금 확보에 어려움을 겪고 있는 가운데 여러 EU 회원국 정부가 이를 극복하기 위해 국가부흥은 행 또는 국가개발은행의 기능을 확대한 결과다.[81] 이에 따라 정부기관의 신

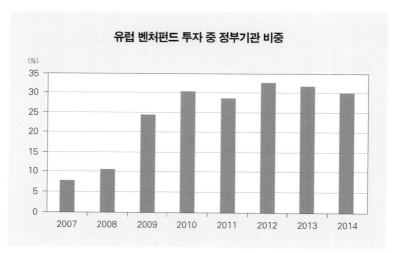

자료: Invest Europe. European Private Equity Activity Data 2007-2014-Venture Funds.

---

81 European Commission (2015). Working Together for Jobs and Growth: The Role of National Promotional Banks (NPBs) in Supporting the Investment Plan for Europe; Wruuck, P. (2015). Promoting Investment and Growth: The Role of Development Banks in Europe. Deutsche Bank Research.

생 기업 지분 인수가 늘어날 가능성이 높아졌다. 한 발 더 나아가 일부 EU 회원국에서는 디지털 산업에서 다국적 기업이 자국의 신생 기업을 인수하는 것에 반감을 나타내고 이를 저지하려는 움직임도 보이고 있다. 다국적 디지털 기업들의 시장점유율이 더욱 높아지리라는 우려와 함께 국가주의 이념이 자리 잡고 있는 것이다.

2013년 프랑스 정부는 프랑스 디지털 산업의 대표적인 성공 사례인 온라인 동영상 플랫폼 데일리모션(Dailymotion)이 해외 기업에 매각되는 것을 막았다. 데일리모션은 사업 확장에 필요한 자금을 확보하려고 2011년과 2013년에 프랑스의 대표 통신 업체인 오랑주(Orange, 옛 프랑스텔레콤)에 지분 49%와 51%를 차례로 매각하였다. 이후 오랑주는 데일리모션의 브랜드 가치를 높이기 위해 다국적 디지털 기업과의 협력방안을 모색하였고, 2013년 미국의 야후는 데일리모션의 지분 75%를 매입할 의향을 밝혔다. 하지만 당시 프랑스 정부는 오랑주에 데일리모션 지분을 최대 50%까지만 매각하라고 압력을 넣었고 결국 협상은 무산되었다. 당시 아르노 몽트부르(Arnaud Montebourg) 프랑스 산업재건부 장관은 "야후가 데일리모션을 집어삼키려 한다"라며 강한 어조로 비판하는 동시에 데일리모션이 프랑스 소유로 보존되어야 하는 '금덩어리'라고 언급했다.[82] 오랑주 경영진은 정부의 개입에 반발했으나 당시 오랑주의 지분 27%(공공투자은행: 13.5%, 국가참여관리청: 13.5%)[83]를 보유한 정부의 말을 들을 수밖에 없었다.[84] 결국 2015년 프랑스 미디어 회사인 비방디가 데일리모션의 지분 80%를 매입했다.[85]

---

82 French Minister Says Yahoo Wanted to "Devour" Website (2013. 5. 1). *Reuters.*

83 Orange (2014). Registration Document 2013.

84 French Minister Blocks Yahoo!−Dailymotion Deal (2013. 5. 2). *France24.*

) EU 국가자본주의의 선봉장: (
프랑스의 국가참여관리청

프랑스는 정부가 산업발전에 적극적으로 개입하는 국가자본주의를 표방하는 대표적인 유럽 국가이다. 프랑스 정부는 재무부 산하의 국가참여관리청(APE; Agence de participations de l'Etat)을 통해 프랑스 대표 기업들의 지분을 대거 보유하고 있다. 2015년 4월 말 기준 국가참여관리청은 77개 기업의 지분을 보유하고 있으며 지분 가치가 1,100억 유로에 달했다. 이 중 상장기업 13개의 정부 보유 지분 가치는 831억 유로를 기록하였다. 2014년 77개 기업의 총매출은 1,430억 유로를 기록했고, 산업별로는 에너지 55%, 운송 27%, 금융 및 서비스 16%, 제조업 2%를 차지했다.

대표적인 기업으로는 에너지 산업의 EDF(2015년 4월 말 기준 정부 소유 지분율: 84.5%), GDF 수에즈(33.2%), 아레바(28.8%), 운송 산업의 에어버스 그룹(10.9%), 제조업의 탈레스(26.4%), 르노(19.7%), PSA 푸조 시트로엥(14.1%), 서비스 산업의 오랑주(13.5%) 등이 있다.

프랑스 정부는 2010년대 들어 국가참여관리청을 더욱 적극적으로 활용하고 있다. 특히 자동차 산업과 같이 어려움을 겪는 산업에 대한 개입을 강화하고 있는데, 이를테면 국가참여관리청은 2014년 PSA 푸조 시트로엥의 지분 14%를 매입했고 르노의 지분율을 2014년 15%에서 2015년 19%로 늘렸다. 2014년 제정된 플로랑주법(Florange Act)으로 인해 국가참여관리청의 영향력은 앞으로 더욱 커질 것으로 예상된다. 플로랑주법은 2016년부터

---

85 Orange CEO Urges Government to Stop Meddling in Telecoms Sector (2015. 6. 23). *Financial Times*.

전체 주주 3분의 2 이상의 반대가 없을 경우 2년 이상 주식을 보유한 투자자의 1주당 1표인 의결권이 1주당 2표로 자동으로 늘어나는 법이다. 국가 참여관리청은 장기적 안목을 갖고 투자하기 때문에 해당 법안의 최대 수혜자가 될 것으로 전망된다.

자료: L'Agence des participations de l'État (2015). l'État Actionnaire; French Companies Fight Back against Florange Double-vote Law (2015. 4. 16). *Financial Times*.

2013년 프랑스 정부는 신성장동력 육성을 위해 공공투자은행(BPIfrance; Banque publique d'investissement)을 설립했는데 이를 통해 향후 자국 디지털 기업이 다국적 기업에 매각되는 사례가 발생할 경우 더욱 적극적으로 개입할 것으로 예상된다. 또한 유럽에서는 정부가 주요 통신사 지분을 보유하고 있는데 이들을 중심으로 디지털 기업 인수에 개입할 가능성도 있다.

기존 산업 보호를 중시

유럽에서는 모바일 플랫폼을 기반으로 한 공유경제 사업모델 확산이 기존 경제주체들에게 부정적 영향을 초래한다는 시각이 확산되고 있다. 유럽 주요국 정부는 기존 산업의 몰락을 막고 신산업의 안정성을 강화하기 위해 다양한 정책을 도입하고 있다. 가장 주목받는 기업은 우버와 에어비앤비이다.

2010년대 초 모바일 애플리케이션으로 승객과 운전사를 연결해주는 우버가 유럽 주요 도시에 진출하면서 이에 반대하는 택시기사들의 과격한 시위가 발생했다. 유럽의 여러 지역에서 규제당국은 우버의 합법성과 안정성에 문제를 제기하며 사업활동을 제지했다. 2014년 이후 우버는 네덜란드, 벨기에, 독일, 스페인, 프랑스, 이탈리아에서 특정 서비스를 제공하는 것이 금지되었다.[86] 특히 택시 운전 자격증이 없는 운전사와 승객을 연결해주는 우버팝이 대부분의 국가에서 문제아로 지목되었다. 우버 견제에서도 프랑스가 가장 강력한 태도를 취하고 있다. 2014년 프랑스 정부는 법적 모호성을 제거하고 우버를 제지하기 위한 새로운 법안을 통과시켰다. 테브누법(Thévenoud Law)[87]으로 불리는 이 법안은 일반택시가 아닌 '기사가 운전하는 자동차'는 승객을 목적지까지 이동시킨 후 다음 승객을 태우지 말고 본부로 돌아와야 한다고 규정하였고, '전자 로밍' 즉 근처에 위치한 '기사가 운전하는 자동차'의 위치를 실시간으로 보여주는 스마트폰 애플리케이션 사용을 금지하였다.[88]

유럽의 여러 도시에서 숙박 공유 서비스를 제공하는 에어비앤비도 사업활동에 제약을 받고 있다. 경쟁 산업인 호텔업과 함께 여행객이 많아지면서 불편함을 느끼기 시작한 숙박시설 인근 주민들이 불만을 표출하고 있다. 주요 도시에서는 이미 집이 부족한 상황에서 에어비앤비로 인해 집값이 더 높아진다는 비판도 나오고 있다. 2013년 베를린 시는 관광객들을 대상으로 하는 미등록 부동산 임대를 금지하는 법을 통과시켰고 이 법은 2014년부터 적용되고 있다. 에어비앤비 등을 통해 높은 임대료의 단기임대가 쉬워지자

---

86 *The Wall Street Journal*: Uber-The State of Play 웹사이트 〈http://graphics.wsj.com/maps/uber-problems〉.

87 토마 테브누(Thomas Thévenoud) 전(前) 무역장관이 주도하여 법안을 마련하였다.

88 Regifrance (2014). LOI n° 2014-1104 du 1er octobre 2014 relative aux taxis et aux voitures de transport avec chauffeur (1).

152   제2부 수성의 EU 경제

많은 부동산이 장기임대 시장에서 단기임대 시장으로 옮겨 갔는데 이를 막기 위한 대응책이었다. 2015년에 실시된 한 기관의 조사에 따르면 베를린에 관광객을 대상으로 한 단기임대 부동산이 1만 8,000개 있는 것으로 추정되었다. 이후 베를린 시는 등록 건수를 조정하며 단기임대 시장을 통제하고 있다.[89] 2014년 스페인 카탈루냐 주정부는 에어비앤비가 관광 관련 주법을 위반했다며 3만 유로의 벌금을 부과하였다. 주법은 관광객들에게 임대되는 모든 숙박시설이 카탈루냐 관광업 등록소에 등록되어 있어야 한다고 명시하고 있다.[90] 2015년부터 파리 규제당국은 에어비앤비를 사용해 아파트를 빌려주는 임대주의 위법행위를 막고자 노력하고 있다. 파리에서는 임대주가 숙박업으로 분류되지 않은 숙박시설을 연 최대 120일 동안만 임대할 수 있게 규정하고 있다. 하지만 최근 조사에 따르면 에어비앤비에 등록되어 있는 프랑스 내 숙박시설 중 44%가 항상 임대가 가능한 것으로 나타났다.[91]

낮은 배송비용에 힘입어 온라인 판매가 활성화되면서 기존 오프라인 매장들이 타격을 받는 것도 유럽 주요국 정부의 걱정거리이다. 프랑스에서는 도서시장의 온라인 구매 비중이 2003년 3.2%에서 2012년 17%로 증가하면서 오프라인 서점이 큰 타격을 입었다.[92] 이에 대응해 2014년 프랑스에서는 도서정가제 개정 법률이 발효되었다.[93] '반(反)아마존법'이라고도 불리는 이 법안은 아마존 등 온라인 도서판매 업체들의 무료 배송을 금지하였다.

89 Tourism Troubles: Berlin Cracks Down on Vacation Rentals (2015. 4. 10). *Spiegel*.

90 Airbnb Fined €30,000 for Illegal Tourist Lets in Barcelona (2014. 7. 7). *The Guardian*.

91 Paris Confronts Airbnb's Rapid Growth (2015. 6. 25). *The Wall Street Journal*; Paris in New Crackdown on Illegal Airbnb Flats (2016. 1. 31). *The Local*.

92 Amazon Snubs French Free Delivery Ban with One-cent Charge (2014. 7. 11). *France24*.

신사업활동의 긍정적 측면을 적극 홍보

유럽 정부의 신사업활동 규제의 범위와 기준이 불명확해 디지털 기업들이 어려움을 겪고 있다. EU의 반독점법 적용의 경우 제재 기준은 상대적으로 명확하지만 과거 디지털 산업에 적용된 사례가 제한적이어서 조사결과를 예측하기가 힘들다. 자국 디지털 기업을 다국적 기업이 인수하는 것에 관여하는 경우에는 각국 정부가 어느 정도의 규모와 기술 수준을 보유한 기업을 황금알을 낳는 거위로 인식하는지가 애매모호하다. 또한 정부가 직접적인 기업 지분 매입 외에도 인수에 개입할 수 있는 방법이 다양하기 때문에 불확실성이 높다. 가장 예측이 힘든 부분은 기존 산업에 타격을 입히는 신사업모델을 견제하는 것이다. 해당 분야에서는 각 회원국 정부가 상이한 법안을 새롭게 도입하고 있어 사전 대응이 특히 힘들다.

현재 다국적 디지털 기업들은 크게 네 가지 대응책을 추진하고 있다. 첫째, 정부가 신기술 도입을 막아 사회 및 경제 발전을 가로막고 있다고 강력하게 비판하며 법적 대응에 나서는 것이다. 우버는 프랑스의 테브누법이 헌법을 위배한다고 주장하며 사업을 계속 진행한 결과 수차례 벌금을 부과받았다.[94] 한편, 우버의 끈질긴 반발이 일부 성과를 내고 있다. 2016년 3월 프랑스의 최고행정법원은 테브누법의 일부분이 합법적이지 않다는 판결을 내린 바 있다. 최고행정법원은 프랑스 정부가 '기사가 운전하는 자동차'가

---

93 Regifrance (2014). LOI n° 2014-779 du 8 juillet 2014 encadrant les conditions de la vente à distance des livres et habilitant le Gouvernement à modifier par ordonnance les dispositions du code de la propriété intellectuelle relatives au contrat d'édition (1).

94 Uber Gears Up for French Court Battle (2016. 2. 11). *The Wall Street Journal.*

근처에 위치한 자동차의 위치를 보여주는 스마트폰 애플리케이션 사용을 금지한 것을 문제 삼았다. 최고행정법원은 자동차 위치를 제공하는 행위는 EU법에서 '정보사회 서비스'로 구분되는데 이와 관련하여 회원국이 규제할 경우 우선적으로 EU에 통보해야 한다고 지적했다.[95] 2016년 4월 현재 EU 집행위원회가 수개월 내로 해당 법안이 EU 조약에 위배되는지에 대한 판단을 내릴 것으로 예상되는 가운데 우버의 손을 들어줄 가능성이 높다는 분석도 나오고 있다.[96]

둘째, 디지털 기업들은 신기술의 긍정적 측면을 부각해 유럽인들을 설득하는 적극적인 홍보전략을 추진하고 있다. 2015년 1월 우버는 유럽 정부와 협력관계를 강화하고 안전 관련 규제를 마련할 것이라고 약속했다. 우버로 인해 2015년 유럽에서 5만 개 일자리가 창출되고 이는 정부의 세수 확보에도 기여할 것이라고 강조했다. 또한 우버의 확산은 유럽에서 40만 대의 자동차 운행을 중단시킬 수 있으며 이는 배기가스를 줄이는 효과로 나타날 것이라고 전망했다.[97] 실제로 우버로 인해 일자리를 갖게 된 유럽인들이 우버와 같은 편이 되어 공유경제 규제에 대한 비판의 목소리를 높이고 있다. 이들은 정부의 규제가 기득권자들을 보호하려는 조치로 경제 전반에 부정적 영향을 미치고 사회 하위계층 사람들의 사다리를 걷어차버리는 정책이라고 비판하고 있다.[98]

에어비앤비는 지역경제에 미치는 영향을 담은 연구결과를 홍보자료로

95 Uber Wins a Round for its App in France (2016. 3. 9). *The Wall Street Journal*.
96 EC to Challenge French Taxi Law after Uber Complaint (2016. 4. 19). *Reuters*.
97 Uber (2015). New Partnership with Europe.
98 Uber: A Route Out of the French Banlieues (2016. 3. 3). *Financial Times*.

사용하고 있다. 일례로 2015년 12월 에어비앤비는 자사가 프랑스 경제에 미치는 영향에 대한 보고서를 발표했다. 이에 따르면, 프랑스에서 에어비 앤비가 경제활동에 기여한 규모는 연 25억 유로에 달했으며 1만 3,300개의 일자리를 창출했다는 분석이다. 2014년 9월과 2015년 8월 사이 총 390만 명의 관광객이 프랑스에서 에어비앤비를 사용했으며 임대주는 평균적으로 연 1,970유로의 수입을 얻었다고 전했다. 임대주 중 40%가 에어비 앤비로 인한 추가 수입이 현재 집을 유지하는 데 기여했다고 응답했다고 전했다.[99]

셋째, 다국적 디지털 기업들은 유럽 디지털 생태계의 활성화에 기여하고

에어비앤비의 유럽 경제 기여 보고서

연구 발표 시기	도시/국가	경제활동 기여(연)	일자리 창출(연)
2013년	파리	1.85억 유로	1,100개
	베를린	1.0억 유로	자료 없음
2014년	영국	8.24억 달러	11,600개
	바르셀로나	1.75억 달러	4,000개
2015년	아테네	6,900만 유로	1,060개
	프랑스	25억 유로	13,300개

주: 영국과 바르셀로나는 자국 통화 기준 자료가 없음.
자료: Airbnb: The Economic Impacts of Home Sharing in Cities around the World 웹사이트 〈https://www.airbnb.co.uk/economic-impact〉; Airbnb (2015). Economic Impact of Airbnb in France Grows to €2.5 Billion.

---

99 Airbnb (2015). Economic Impact of Airbnb in France Grows to €2.5 Billion.

있다. 예를 들어 2012년 구글은 런던에 위치한 7층짜리 건물에 신생 기업 인큐베이터인 구글 캠퍼스를 설립하였다. 구글 캠퍼스는 디지털 신생 기업들 및 창업자들에게 작업 공간 및 회의실을 제공하고 사업에 필요한 다양한 정보를 제공하고 있다. 구글 캠퍼스는 구글이 신생 기업과 성장 초기 단계부터 관계를 맺고 지원을 하는 수단으로 활용되고 있다. 이를 통해 야후가 경험한 것과 같은 "다국적 디지털 기업이 인수를 통해 성공한 유럽의 신생 기업을 빼앗아 간다"라는 비판을 어느 정도 피할 수 있을 것으로 예상된다. 구글은 2015년 6월 스페인 마드리드, 2015년 11월 폴란드 바르샤바에도 구글 캠퍼스를 설립했다.

마지막으로, 다국적 디지털 기업들은 신사업활동 안착을 위한 다양한 사회공헌활동 성격의 프로젝트를 진행 중이다. 콘텐츠 무료 제공을 둘러싸고 언론사와 마찰을 일으키고 있는 구글은 2015년부터 디지털 뉴스 이니셔티브(DNI; Digital News Initiative)를 진행하였다. DNI의 목적은 유럽 언론사들과 함께 새로운 디지털 기술로 저널리즘의 혁신을 이끌어내는 것이다. 영국의 《파이낸셜 타임스》와 《가디언》, 스페인의 《엘 파이스》, 독일의 《디 차이트》 등 유명 언론사를 비롯해 1,000개 이상의 기관이 DNI에 참여하고 있다.

구글 DNI의 활동은 세 가지로 구분해 살펴볼 수 있다. 첫째, 구글은 유럽 언론사들이 디지털 기술을 통해 매출을 확대하고 독자들과의 관계를 강화할 수 있는 신사업모델 개발을 지원하고 있다. 둘째, 유럽의 언론계가 다양한 자료를 수집하고 분석하는 데 디지털 기술을 활용할 수 있도록 다양한 교육 및 연구 프로젝트를 진행하고 있다. 셋째, 유럽의 기업, 개인, NGO 등이 독자적으로 디지털 저널리즘 생태계를 개발하도록 지원하는 데 1억

5,000만 유로 규모의 혁신펀드를 설립했다.[100] 2016년 2월에는 유럽 23개 국의 128개 프로젝트에 2,730만 유로를 지원하는 첫 번째 펀딩 결과를 발 표했다.[101]

---

100 Google Digital News Initiative: Programmes 웹사이트 〈https://www.digitalnewsinitiative. com/programmes/〉.

101 Google Digital News Initiative: First Successful DNI Innovation Fund Projects Announced! 웹 사이트 〈https://www.digitalnewsinitiative.com/index.html〉.

제3부

진격의 EU 경제
디지털 어젠다의 추진

1. EU는 왜 디지털 경쟁에서 뒤처졌는가?

2. 디지털 경제 실현을 위한 승부수, 디지털 어젠다

3. 디지털 어젠다의 성공 열쇠와 네 가지 시나리오

4. 디지털 어젠다의 분야별 영향과 경쟁구도 전망

1

EU는 왜 디지털 경쟁에서
뒤처졌는가?

디지털 이류국 전략의 기로에 선 EU

2000년 3월 EU는 2010년까지의 중장기 성장전략으로 '리스본전략(Lisbon Strategy)'[1]을 채택하고, 그 일환으로 'e유럽전략'을 추진하였다. 당시 EU는 미국을 능가하는 '가장 경쟁력 있고 역동적인 지식기반경제' 실현을 리스본 전략의 목표로 설정하였다. 하지만 전문가들은 리스본전략이 뚜렷한 성과를 내지 못했다는 평가를 내놓았다.[2] '혁신성과 형평성'이라는 동시에 달성

---

1 '리스본 어젠다(Lisbon Agenda)'라고도 부르며, 2000년 3월 포르투갈 리스본에서 공식 채택되었다. 이후 2005년 3월 EU는 그동안의 중간 평가를 토대로 성장, 혁신, 고용, 사회통합 강화에 역점을 둔 리스본전략을 새로 출범시켰다.

2 World Economic Forum (2010), The Lisbon Review 2010: Towards a More Competitive Europe?

하기 어려운 목표를 설정해 혼선이 초래되었고, 추진의지가 약한 회원국들을 독려할 수 있는 EU 차원의 인센티브 제도도 결여되어 있었다. 그뿐만 아니라 2000년대 후반에 발생한 글로벌 금융위기와 남유럽 재정위기로 인해 추진 여력도 상당히 약화되었다.

EU 내부에서는 지속된 경제위기로 인해 EU가 이류국으로 전락할지 모른다는 위기의식이 팽배해 있었다. 앞에서 살펴본 바와 같이 EU의 잠재성장률이 하락하는 가운데 디지털 경제로 무장한 미국과의 성장 격차가 갈수록 커지고 중국 등 신흥국 경제의 약진이 본격화하면서 위기감이 고조되었다. 이러한 상황에서 ICT 산업을 서둘러 육성해야 한다는 발언이 EU 내부적으로 힘을 얻으면서 새로운 성장전략의 추진의지가 재점화되었다.

2010년 5월 EU는 2020년을 목표로 한 중장기 성장전략인 '유럽 2020 (Europe 2020)'을 채택하였다. 유럽 2020 전략의 핵심은 디지털 경제를 실현하기 위한 '디지털 어젠다(DAE: Digital Agenda for Europe)'라 할 수 있다. EU는 ICT에 기반한 디지털 경제의 확산이 전통 제조업을 보완하고 EU가 직면해 있는 저성장과 고실업 문제를 해결해줄 것으로 기대하였다.

이후 2014년 11월 새로 취임한 장 클로드 융커(Jean-Claude Juncker) EU 집행위원장은 디지털 어젠다를 본격 추진하기 위한 조직 강화에 나섰다. 디지털 어젠다를 담당하는 부서(DG Connect)에 EU 집행위원회 부위원장 안드루스 안시프(Andrus Ansip)[3]와 독일 출신 집행위원 귄터 외팅거(Günther Oettinger)를 동시에 임명하였다.

---

3 2005~2014년에 에스토니아 총리를 역임하였으며, 2005년 전자투표 도입 등을 통해 에스토니아를 동유럽의 디지털 강국으로 발전시킨 인물이다.

EU 집행위원회는 유럽 디지털 단일시장(Digital Single Market) 완성과 고속 브로드밴드 구축을 디지털 어젠다의 핵심과제로 설정하였다. 디지털 단일시장은 EU 28개국의 온라인 시장을 하나의 시장으로 통합하고자 법·제도를 정비하는 작업이며, 고속 브로드밴드 구축은 디지털 경제의 확산을 위해 필요한 통신 인프라를 확충하는 작업이다.

EU 국가들 대부분은 디지털 경쟁력이 열세

유럽 2020 전략을 추진한 지 3년이 지난 2014년에 융커 신임 집행위원장이 디지털 어젠다를 역점사업으로 추진하고 나선 이유는 경제성장의 핵심 동력인 ICT 산업을 이대로 방치하면 디지털 경제에서 계속 낙오될 것이라는 위기의식 때문이다.

그렇다면 EU 국가들의 디지털 경제의 경쟁력 현황을 보여주는 몇 가지 지표를 살펴보자.

우선, 2013년에 발표된 디지털 혁신지수(DEI; Digital Evolution Index)[4]에 따르면, 조사대상 50개국 중 스웨덴(2위), 영국(4위), 핀란드(7위)는 미국(6위)과 비슷하거나 한국(9위)보다 다소 높다. 하지만 이들 3개국을 제외한 대부분의 EU 국가들은 중위권 수준에 머물렀으며, 특히 남유럽 및 동유럽 국가들은 하위권을 형성하고 있다. 예를 들어 이탈리아, 폴란드, 그리스의 순위

---

4 마스터카드와 터프츠 대학의 플레처 스쿨(Fletcher School)에서 개발한 지수로, 50개국의 소비자 수요, 기업의 공급능력, 정부정책, 혁신환경 등 네 가지 요소로 구성되며, 2008~2013년의 변화 추이도 분석하고 있다.

는 각각 38위, 39위, 41위에 머물러 디지털 경쟁력이 매우 취약함을 보여
주었다.

2015년 각국의 ICT 발전 수준을 비교한 국제전기통신연합(ITU)의 조사[5]
에서도 비슷한 결과가 나왔다. 덴마크(2위), 영국(4위), 스웨덴(5위), 룩셈부
르크(6위), 네덜란드(8위), 핀란드(12위), 독일(14위)을 제외하면 대부분의 EU
국가들은 ICT 발전 수준이 미국(15위)에 뒤져 있다. 스페인, 이탈리아와 그
리스가 각각 26위, 38위, 39위를 차지하였고, 폴란드, 헝가리, 루마니아는

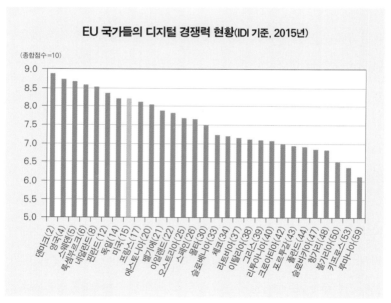

EU 국가들의 디지털 경쟁력 현황(IDI 기준, 2015년)

주: ( ) 안은 167개국 중 순위.
자료: ITU (2015). Measuring the Information Society Report.

---

5 ICT Development Index(IDI)는 ICT 인프라 및 접근(유선, 무선, 인터넷 속도, 컴퓨터 보급, 인터넷 접
   속), ICT 이용(인터넷 이용자, 유선 브로드밴드 가입, 무선 브로드밴드 가입), ICT 기술(성인 문맹률, 고
   등교육) 등 3개 분야의 10개 지표로 구성되어 있다.

각각 최하위권인 44위, 48위, 59위에 머물렀다.

　이러한 상황은 2015년 EU가 발표한 디지털 어젠다 스코어보드(Digital Agenda Scoreboard)에 포함되어 있는 디지털 경제사회지수(DESI; Digital Economy and Society Index)[6]에서도 그대로 드러난다. 이 지수를 기준으로 국가 순위를 살펴보면, 덴마크(1위), 스웨덴(2위), 네덜란드(3위), 핀란드(4위), 벨기에(5위), 영국(6위)이 상위권에 올라 있으며, 독일(10위), 스페인(12위), 프랑스(14위)가 중위권을, 헝가리(20위), 폴란드(23위), 이탈리아(25위), 그리스(26위), 루마니아(28위)가 하위권을 형성하고 있다.

　EU의 디지털 경쟁력이 이렇듯 취약한 이유는 무엇일까? 우선 디지털 경제의 기반이 되는 브로드밴드(broadband)[7]의 보급률이 낮아 전자상거래 시장과 콘텐츠 및 서비스 산업의 발전을 제약하는 것이 주된 이유로 지적된다. 또한 통신시장이 국가별로 관리·감독되고 전자상거래 시장도 국가별로 쪼개져 있어 규모의 경제와 범위의 경제가 제대로 실현되지 못한 것도 디지털 경쟁력 약화에 한몫하고 있다.

열악한 브로드밴드 보급 현황

디지털 경제에서 고속 브로드밴드는 산업경쟁력, 고용창출, 경제성장 및

---

6 연결성(Connectivity; 유무선 브로드밴드, 브로드밴드 속도, 편의성), 인적자원, 인터넷 사용(콘텐츠, 통신 및 온라인 거래), 디지털 기술 통합(기업 디지털화, 전자상거래), 디지털 공공 서비스(전자정부, e-헬스) 등 5개 분야로 구성되어 있다.

7 광대역 통신네트워크를 말하며, 내로우밴드(협대역)와 대비되는 개념으로 전송속도가 빠른 인터넷 커넥션을 의미한다.

브로드밴드 속도와 이용 가능한 서비스

서비스	다운로드		업로드	
	권장속도	최소한 속도	권장속도	최소한 속도
인터넷 음성통화(VoIP)	0.3Mbps	0.1Mbps	0.3Mbps	0.1Mbps
게임		2Mbps		0.5Mbps
일반 IPTV		2~3Mbps		0.2Mbps
HD IPTV		8~10Mbps		0.2Mbps
3D IPTV		12~15Mbps		0.2Mbps
고화질 비디오 콘퍼런스	1.5Mbps	1.2Mbps	1.5Mbps	1.2Mbps
그룹 콘퍼런스(7명 이상)	8Mbps	4Mbps	0.5Mbps	0.4Mbps
HD 화상회의(단일 화면)	6Mbps	5Mbps	6Mbps	5Mbps
HD 화상회의(3개 화면)	15.5Mbps	12Mbps	15.5Mbps	12Mbps
HD 비디오 스트리밍(3명 동시 이용)		30Mbps		
클라우드 컴퓨팅(대용량 파일)		100Mbps+		

주: VoIP; Voice over Internet Protocol, IPTV; Internet Protocol Television.
자료: Analysis Mason (2012. 5). Policy Orientation to Reach the European Digital Agenda Targets.

사회발전을 위해 반드시 갖추어야 할 기본 요소다. 다시 말해 고속 브로드
밴드의 구축은 디지털 경제에 필요한 통신네트워크의 현대화를 위한 투자
의 성격을 지닌다.

브로드밴드의 속도가 향상될 경우 파일 전송속도가 대폭 개선되고, 비디
오 스트리밍 앱 구동이 가능해지며, 고품질의 실시간 통신과 다수 앱의 동
시 이용도 가능해진다. 인터넷 기술의 진보로 다양한 전자상거래가 증가하

고, 디지털 콘텐츠 및 스마트 TV, e-헬스, 클라우드 컴퓨팅, 커넥티드카, 사물인터넷 등 국경을 초월한 서비스 제공이 가능해져 엄청난 사업기회가 새로 창출된다.

따라서 브로드밴드 속도 향상이 경제에 미치는 파급 효과는 엄청나다. 브로드밴드의 속도 향상이 경제 전반에 미치는 효과를 분석한 국제전기통신연합의 자료[8]에 따르면, 고속 브로드밴드의 도입으로 ① 브로드밴드 투자를 통한 직접적인 일자리 창출, ② 기업의 생산성 향상과 가계소득 증가, ③ 소비자 비용 절감, ④ 정부 공공 서비스, 엔터테인먼트, 교육, 헬스케어, 은행 서비스에 대한 접근성 향상 등이 가능해진다.

글로벌 네트워크장비 회사인 시스코(Cisco)의 연구[9]에 따르면, 고속 브로드밴드는 경제성장, 일자리 창출, 공공복지 개선 등의 효과를 가져다주는 것으로 나타나고 있다.

EU 집행위원회는 EU 경제가 브로드밴드 투자를 통해 0.7~1.5% 추가 성장할 수 있을 것으로 전망한다. 또한 2003~2009년에 미국과 유럽에서 수행된 다수의 연구[10]에 따르면, 브로드밴드 관련 상품과 서비스에 1유로가 투자될 때 1.45~3.6유로의 경제성장 효과가 있는 것으로 분석되었다.

2008년 EU 집행위원회의 의뢰로 진행된 연구[11]에 따르면, 유무선 브로드밴드 보급률이 2006~2015년에 40%p 상승할 경우 온라인 서비스의 확산 속도에 따라 EU 내 일자리는 10년간 34.5만~211만 개, GDP는 6,360

---

8 ITU (2012). The Impact of Broadband on the Economy. Broadband Series. Telecommunication Development Sector. ITU, Geneva.

9 Pellegrino, G. and Klemann, R. (2012). Get Up to Speed: How Developed Countries Can Benefit from Deploying Ultrafast Broadband Infrastructures. White Paper February 2012. Cisco Internet Business Solutions Group (IBSG).

억~1조 8억 유로 증가하는 것으로 추정되었다.

문제는 디지털 경제의 인프라 역할을 하는 브로드밴드의 수준에서 대부분의 EU 국가가 일본, 한국, 미국 등 디지털 선진국에 비해 열세에 놓여 있다는 것이다.

2015년 6월 현재 EU의 유선 브로드밴드 커버리지(coverage)[12]는 97%, 보급률은 72%에 이른다. 하지만 네트워크 시설 대부분이 이미 퇴물로 취급받는 브로드밴드 1세대인 DSL[13](커버리지 94%), 케이블(44%), WiMAX[14](20%) 등으로 이루어져 있다. 유선 브로드밴드 가운데 초고속 광대역 통신망으로 불리는, 속도 30Mbps[15] 이상의 차세대 브로드밴드(NGA; Next Generation Access Network)[16]의 커버리지는 2014년 12월 68%에서 2015년 6월 71%로 상승했지만 보급률은 9.5%에 머물러 있는 상태다. 더욱이 100Mbps

---

10 Crandall, R., Lehr, W. H. and Litan, R. (2007). The Effects of Broadband Deployment on Output and Employment: A Cross-sectional Analysis of U.S. Data. Brookings Institution Working Paper. Washington, D.C.; Atkinson, R., Castro, D., Ezell, S. and Ou, G. (2009). The Need for Speed: The Importance of Next-generation Broadband Networks. The Information Technology and Innovation Foundation(ITIF). Washington, D.C.; Katz, R. and Suter, S. (2009). Estimating the Economic Impact of the Broadband Stimulus Plan. Columbia Institute for Tele-Information Working Paper; Liebenau, J., Atkinson, R., Kärrberg, P., Castro, D. and Ezell, S. (2009). The UK's Digital Road to Recovery. LSE & ITIF, London.

11 경영컨설팅회사 MICUS가 2008년 EU 집행위원회의 의뢰로 수행한 연구 "The Impact of Broadband on Growth and Productivity"의 내용을 인용하였다.

12 서비스의 이용가능성(availability)을 반영한 개념으로, 일반적으로 보급률(penetration)보다 높게 나타난다.

13 Digital Subscriber Line의 약자로, 지역 전화망(구리선)을 통해 디지털 데이터 전송을 제공하는 기술을 말한다.

14 World Interoperability for Microwave Access의 약자로, 실제 전송속도는 약 5~10Mbps 정도이다.

15 Mega bit per second. 전송속도를 나타내는 단위로, 1초당 100만 비트를 보낼 수 있는 전송속도를 말한다.

16 VDSL(Very high bit rate Digital Subscriber Line: 기존의 구리 전화선을 이용해 빠른 속도의 양방향 통신이 가능하게 한 전송기술), Cable Docsis 3.0(Data Over Cable Service Interface Specification: 케이블 모뎀을 이용한 전송기술), FTTP(Fiber To The Premises: 광통신 회선을 일반 가입자의 안방까지 연결하는 광대역 통신 전송기술) 등 차세대 브로드밴드를 지칭한다.

EU의 브로드밴드 보급 현황

(%)

	2011년	2012년	2013년	2015년
FBB 커버리지(가구)	95	97	97	97
FBB 보급률(100명당 인구)	27.8	28.8	29.8	31.6
FBB 보급률(가구)	62	67	69	72
MBB 보급률(100명당 인구)	47	54	64	75
NGA 커버리지(가구)	48	54	62	71
30Mbps 이상 비중/FBB	9	15	21	30
30Mbps 이상 보급률	2.5	4.3	6.3	9.5
100Mbps 이상 비중/FBB	2	3	5	11
100Mbps 이상 보급률	0.6	0.9	1.5	3.4
DSL 비중/FBB	76	74	73	69
LTE MBB 커버리지	8	27	59	86

주: 2015년은 6월 기준. 나머지 연도는 12월 기준. BB=Broadband, F=Fixed, M=Mobile, NGA=Next Generation Access.
자료: European Commission (2016). Europe's Digital Progress Report.

이상의 보급률은 2015년 6월 기준으로 3.4%에 불과한 실정이다(커버리지 49%). 특히 NGA 네트워크가 주로 도시지역에 집중되다 보니 유럽 농촌지역의 NGA 커버리지는 2015년 6월 기준으로 28%에 불과하다.

최근 EU에서는 유선보다 무선 브로드밴드의 보급이 훨씬 빠른 속도로 이루어지고 있다. 2011년 47%였던 무선 브로드밴드 보급률이 2015년 6월 75%로 상승했고, 4G(LTE) 무선 브로드밴드의 커버리지는 2012년 27%에서 2015년 6월 86%로 3배 이상 증가했다. 특히 네덜란드, 스웨덴, 덴마크의 LTE 커버리지는 100%에 근접하고 있다. 그러나 EU의 무선 브로드밴드 보급률은 미국(104%), 한국(106%), OECD 평균(81%)에 비해서는 여전히 낮은 수준이다.

이렇듯 브로드밴드 인프라가 취약하다 보니 유럽의 고속 브로드밴드를 기반으로 한 인터넷 이용률도 미국에 비해 저조할 수밖에 없다. 2014년 펜실베이니아 대학 연구진에 따르면, 미국 소비자들이 유럽 소비자들보다 고속 인터넷을 더 많이 이용하는 것으로 분석되었다.[17]

EU는 브로드밴드의 보급 수준뿐만 아니라 브로드밴드 인프라의 질적 수준에서도 주요 선진국에 비해 열세에 놓여 있다. 우선 유선 브로드밴드의 초고속화를 위한 기본 인프라인 광통신망(fiber-optic network)의 보급에 있어 유럽 국가들은 한국과 일본에 비해 크게 낙후되어 있다.[18] 이와 더불어 2014년 기준 EU의 가구당 인터넷 트래픽 전송량도 월평균 38.9GB로 미국(75GB)이나 한국(124.5GB)을 훨씬 밑돈다. 게다가 통신업자가 발표한 속도(advertised speed)와 실제 속도(actual speed) 간의 괴리(shortfall)도 미국보다 현저히 높은 편이다. 2014년 10월 기준 피크시간대 EU의 브로드밴드 실제 속도는 발표 속도의 76%에 불과한 반면 미국은 91%에 달했다. 특히 기존 DSL기술(구리 전화선)의 보급률이 높은 프랑스, 영국, 네덜란드 등

---

17 미국 가계의 82%가 고속 인터넷을 이용하고 있는 반면 유럽은 그 비율이 54%에 불과하다(2012년 기준). Yoo, C. S. (2014. 5). U.S. vs. European Broadband Deployment: What Do the Data Say?. University of Pennsylvania Law School and CTIC.

18 OECD 통계에 따르면, 2013년 OECD 전체적으로 브로드밴드에서 광통신망이 차지하는 비중은 15.8%이나, 국가별로 큰 편차를 보이고 있다. 일본(68.5%), 한국 (62.8%), 스웨덴(35.9%) 등이 광통신망 보급에서 가장 앞서 있다.

서유럽 국가들은 헝가리, 슬로바키아 등 동유럽 국가들보다 상황이 나쁜 편이다.[19]

EU의 전송속도 괴리 지수가 높은 주요 원인은 인터넷망의 높은 패킷 손실률(packet loss ratio)과 느린 전송속도 등이다. 패킷(packet)이란 브로드밴드를 통해 전송되는 콘텐츠의 전송단위를 말하는데, 이 패킷이 네트워크를 통해 전송되는 동안 손실되는 비율이 패킷 손실률이다. 이를 비교해보면 한국 0.93%, 미국 1.39%, 일본 1.8%인 데 비해 유럽은 그리스 10.1%, 핀란드 7.1%, 아일랜드 7.0%, 벨기에 4.5%, 헝가리 4.3% 등으로 총 21개국이 미국보다 높은 패킷 손실률을 보이고 있다. 또한 단말기에서 보낸 데이터가 기지국과 네트워크에 있는 서버를 거쳐 다시 단말기로 되돌아오는 시간을 의미하는 전송속도도 룩셈부르크 0.118초(118.71ms), 에스토니아 0.099초(99.31ms), 프랑스 0.095초(95.65ms) 등으로 유럽 국가가 일본(80.96ms)과 미국(80.33ms)에 비해 느린 것으로 나타났다.

국가 간, 도시-농촌지역 간 브로드밴드의 극심한 편차도 EU의 디지털 경쟁력을 약화시키는 주된 요인 중 하나다. EU 역내에서 차세대 브로드밴드(NGA)의 커버리지는 국가에 따라 36~99%로 천차만별이다. 2015년 6월 기준으로 벨기에의 NGA 커버리지는 99%에 달하지만, 스페인은 77%, 프랑스와 이탈리아는 각각 45%와 44%이고 그리스는 36%로 가장 낮다. 한 국가 내에서 지역 간 편차도 심각하다. 국가 전체와 농촌지역의 NGA 커버리지를 살펴보면, 미국은 2012년 기준으로 82%:48%인 데 비해 EU는 54%:12%에 달한다. 특히 스웨덴(57%:6%), 덴마크(73%:3%), 스페인

---

19 Federal Communications Commission.

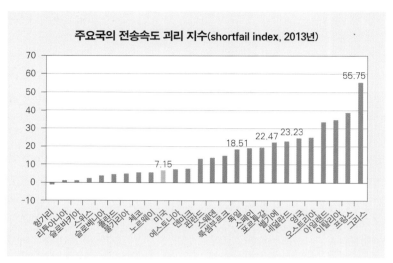

주요국의 전송속도 괴리 지수(shortfall index, 2013년)

주: 괴리 지수 = 1-(실제 속도/발표 속도)×100.
자료: Federal Communications Commission.

(64%:13%), 영국(70%:18%), 독일(66%:26%) 등은 도시와 농촌 간의 격차가 매우 심각하다.

4G 브로드밴드 커버리지의 국가 간, 지역 간 편차도 심각한 상황이다. 2015년 현재 네덜란드, 스웨덴, 덴마크 등 일부 국가의 4G 커버리지는 100%에 육박하지만 불가리아(48%), 키프로스(60%), 슬로바키아(61%) 등 다수의 국가가 80% 미만에 머물러 있다. EU 전체적으로 4G 커버리지 비율이 86%인 데 반해 농촌지역에서는 그 비율이 36%에 불과해 이 부분에서도 도시와 농촌 간 격차가 크다. 국가별 4G 커버리지 비율 격차를 좀 더 자세히 들여다보면, 국가 평균이 각각 92%와 94%인 핀란드와 체코의 농촌 비율은 각각 60%와 56%이고, 국가 평균이 89%인 영국의 농촌 비율은 10%, 국가 평균이 78%인 프랑스는 농촌 비율이 5%에 불과한 실정이다.[20]

미국 등 다른 선진국 대비 EU의 높은 브로드밴드 요금도 보급률 확대에

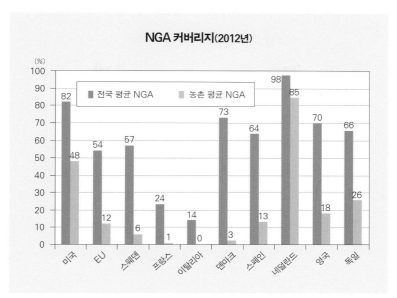

NGA 커버리지(2012년)

(%)

■ 전국 평균 NGA　　░ 농촌 평균 NGA

국가	전국 평균 NGA	농촌 평균 NGA
미국	82	48
EU	54	12
스웨덴	57	6
프랑스	24	1
이탈리아	14	0
덴마크	73	3
스페인	64	13
네덜란드	98	85
영국	70	18
독일	66	26

자료: Yoo, C. S. (2014. 5). U.S. vs. European Broadband Deployment: What Do the Data Say?. University of Pennsylvania Law School and CTIC.

걸림돌로 작용하고 있다. 사용량이 적은 상품패키지의 경우 EU 국가들의 사용료가 미국보다 저렴하지만, 사용량이 많은 패키지에서는 EU 국가들의 사용료가 훨씬 비싸다. 구매력평가(PPP) 기준으로 월 사용량이 1GB 미만일 경우 EU가 미국보다 많게는 15유로에서 적게는 1유로까지 값이 싼 편이나, 2GB 이상일 경우에는 미국보다 적게는 3유로에서 많게는 14유로까지 비싸다.

그렇다면 EU의 브로드밴드 보급이 미국 등 주요 선진국들에 비해 더딘 이유는 무엇일까? 유럽 통신회사들의 통신 인프라 투자를 위축시키는 엄격

---

20 European Commission (2015). Digital Agenda Scoreboard.

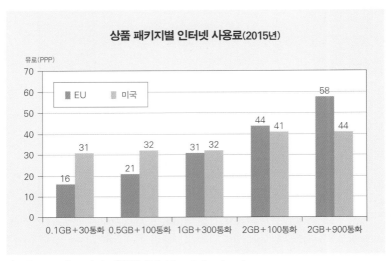

상품 패키지별 인터넷 사용료(2015년)

유로(PPP)

자료: European Commission (2015). Digital Agenda Scoreboard.

한 '망(網) 중립성(net neutrality)' 원칙과 통신산업 재편 지연 등 EU의 통신 정책이 브로드밴드 보급에 제약 요인으로 작용하고 있다는 지적이다.[21]

최근에는 다소 유연한 태도를 취하고 있지만 EU 국가들은 브로드밴드를 공공재로 간주하는 망 중립성 원칙을 고수해왔다. 망 중립성 원칙이란 모든 인터넷 트래픽을 동등하게 간주하는 것으로, 인터넷 통신망 사업자(ISP; Internet Service Provider)가 콘텐츠 사업자를 차별 대우해서는 안 된다는 '오픈 인터넷(open internet)' 원칙을 말한다. 이에 따르면 인터넷 통신망 사업자가 특정 서비스의 속도 차이를 이유로 추가 요금을 부과하거나 서비스 경쟁을 차단하는 것을 법으로 금지하고 있다. 이 경우 신규 진입자가 기존 설비를 도매가격으로 임대해 사용할 수 있어 서비스 기반의 경쟁을 촉진하

---

21 Study Shows US Beats Europe on Broadband Speed and Access (2014. 6. 4). *Financial Times.*

는 장점이 있지만, 인프라에 직접 투자한 통신망 사업자의 수익성을 떨어뜨려 추가 인프라 투자에 대한 인센티브를 저해하는 결과를 초래한다. 반면, 미국은 망 중립성을 표방하고 있지만 민간기업이 브로드밴드 인프라를 구축하거나 업그레이드할 경우 인터넷 속도의 차별화를 상업적으로 이용하도록 허용함으로써 인터넷 통신망 사업자가 넷플릭스, 유튜브 등과 같은 사용자에게 추가 요금을 부과할 수 있다.

　그뿐만 아니라 통신산업 재편 지연[22]으로 유럽의 통신회사들은 규모의 경제를 실현하기가 힘들고, 경쟁 심화에 따른 통신가격 하락 등으로 수익이 2008년 이후 5년간 12% 이상 감소하여 통신 인프라 구축에 필요한 자본력이 취약하다. 유럽 통신시장을 보면, 전통 통신회사들(incumbents)의 영향력이 약해졌으나 여전히 자국 시장을 장악하고 있다. 즉 EU의 유선 브로드밴드 시장에서 신규 통신 사업자들이 시장점유율을 꾸준히 높여가고 있으나, 전통 통신회사들이 아직도 전체 시장의 41%를 차지하고 있다. 미국은 AT&T, 버라이즌(Verizon), 스프린트(Sprint Corporation), 컴캐스트(Comcast) 등 4개 업체가 전체 시장의 90%를 장악하고 있는 반면, EU에는 100개 이상의 유무선 통신 업체가 난립해 있어 전반적인 투자여력이 미흡한 실정이다. 그 결과 유럽의 가구당 브로드밴드 투자액은 2013년 기준 244달러로 미국의 562달러에 비해 현저히 낮은 실정이다.

---

22 2016년 5월 11일 EU 집행위원회는 영국 내 통신요금 인상 가능성과 소비자의 선택폭 축소 등을 이유로 홍콩의 허치슨 지주회사가 요청한 영국 자회사 쓰리(Three)와 스페인 텔레포니카(Telefonica)의 영국 이동통신 자회사 오투(O2)의 합병 건을 불허하였다.

활성화되지 못한 전자상거래 시장

전자상거래의 발전 수준은 디지털 경제를 가늠하는 가장 핵심적인 지표 중 하나다. 최근 EU의 전자상거래 시장이 빠른 속도로 성장하고 있지만, 경제 규모에 비해서는 여전히 미흡한 수준이다. 2014년 기준으로 GDP 규모가 23조 달러에 달하는 EU 28개국의 전자상거래(B2C) 시장 규모는 3,656억 유로로, GDP 규모가 17조 달러인 미국의 3,630억 유로와 비슷한 수준이다. 한편 스위스와 러시아 등이 포함된 유럽 전체 전자상거래 시장 규모는 4,198억 유로에 이른다.

　EU 28개국 중 주요 5개국, 즉 영국(1,272억 유로), 독일(712억 유로), 프랑스(568억 유로), 스페인(169억 유로), 네덜란드(140억 유로)가 전체 EU 전자상

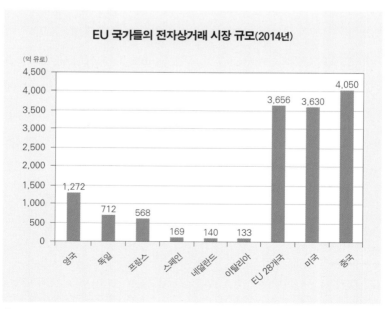

EU 국가들의 전자상거래 시장 규모(2014년)

자료: Ecommerce Europe (2015). European B2C E-commerce Report.

거래 시장의 78%를 차지하고 있다. 영국과 비교할 경우 독일과 프랑스 등 유럽대륙 국가들은 경제 규모에 비해 전자상거래 시장 규모가 매우 작은 편이다. EU의 전체 제품 소매판매에서 온라인 판매가 차지하는 비중은 6.1%에 불과한 실정이다.

한편, EU의 전자상거래 시장은 지역 간, 국가 간 편차가 커서 시너지 효과를 기대하기도 어려운 실정이다.[23] 2014년 서유럽과 중부유럽이 유럽 전자상거래 시장의 75%를 차지하고 있지만, 이들 국가의 증가율은 10%대 초

유럽의 지역별 전자상거래 시장 규모(2014년)

구분	해당국	규모(억 유로)	증가율(%)
서유럽	베네룩스3국, 프랑스, 아일랜드, 영국	2,099	13.3
중부유럽	오스트리아, 크로아티아, 독일, 헝가리, 폴란드, 스위스	1,066	12.9
남유럽	그리스, 이탈리아, 포르투갈, 스페인, 터키	473	15.4
북유럽	덴마크, 핀란드, 스웨덴, 노르웨이, 에스토니아, 라트비아, 리투아니아	315	11.4
동유럽	루마니아, 러시아, 우크라이나	246	16.8
EU 28개국		3,656	13.3
유럽		4,198	13.5

자료: Ecommerce Europe (2015). European B2C E-commerce Report.

---

23 European Commission (2014). Consumer Conditions in the EU: Getting up to Speed with the Digital Age.

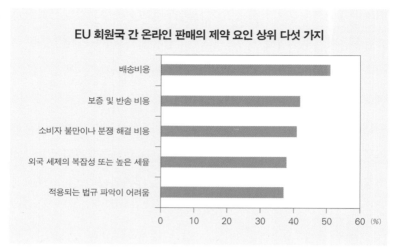

EU 회원국 간 온라인 판매의 제약 요인 상위 다섯 가지

배송비용

보증 및 반송 비용

소비자 불만이나 분쟁 해결 비용

외국 세제의 복잡성 또는 높은 세율

적용되는 법규 파악이 어려움

0 10 20 30 40 50 60 (%)

주: 2014년 기준 EU 역내 전자상거래를 했거나 시도했던 기업 1,903개를 대상으로 설문조사.
자료: European Commission (2015). Flash Eurobarometer 413: Companies Engaged in Online
       Activities.

반에 그쳤다. 반면 전체 시장의 17%를 차지하는 남유럽과 동유럽은 각각 10%대 중반과 10%대 후반의 높은 증가세를 보였다.

2014년 기준으로 유럽인의 50%가 전자상거래를 이용하고 있으나 전자상거래 참여 인구 비중은 국가별로 20~80%로 큰 편차를 보인다. 영국과 덴마크가 80%에 근접하고 스웨덴, 룩셈부르크, 네덜란드, 독일이 70% 이상인 반면, 루마니아, 이탈리아, 그리스, 포르투갈은 20% 내외로 매우 저조하다.

EU의 온라인 거래량이 국가별로 편차가 심한 가운데 EU 역내 회원국 간 (cross-border) 온라인 거래도 저조하다. 2014년 기준 EU 전체 온라인 거래 중 각 회원국의 자국 내 거래 비중이 68%인 데 반해 회원국 간 거래 비중은 19%에 불과하다(EU 역외 거래 비중은 10%).[24] 유럽 소비자들은 다른 EU 국가로부터의 온라인 구매(38%)보다 자국 내 온라인 구매(61%)를 선호하는 것

178

으로 조사되었다.[25] 해외 온라인 구매가 활성화된 국가는 거대시장과 인접해 있고 경제대국과의 언어 및 문화적 연계가 강한 작은 국가들뿐이다. 예를 들어 키프로스와 몰타, 아일랜드의 소비자들은 영국 웹사이트를 이용해 해외직구를 즐기고, 오스트리아와 룩셈부르크의 소비자들은 독일 웹사이트를 선호하는 것으로 파악된다.

이렇듯 EU 회원국 간 온라인 거래가 활성화되지 못한 데는 과도한 운송비 부담, 보증 및 환불의 어려움, 지역차단(geo-blocking), 소비자 불만 및 분쟁 해결의 장기화 등 다양한 장애요인이 작용하고 있다. EU 소비자들이 온라인 거래에서 다양한 불편을 겪고 있지만 대부분이 문제 제기 자체를 포기하면서 그동안 전자상거래 시장은 답보 상태를 면치 못했다.

낙후된 디지털 산업경쟁력

통신시장과 전자상거래 시장의 분절화와 기술혁신의 미흡 등으로 EU의 ICT 기업들은 유럽 시장에서는 물론 글로벌 시장에서도 고전하고 있다. 국가별 규제로 인해 규모의 경제를 실현하지 못하고 기술혁신에 필요한 투자와 기업가정신의 부족이 EU 디지털 산업의 경쟁력 약화에 주된 원인으로 작용하고 있다.

그나마 다행인 것은 통신장비 분야에서 EU 기업들이 경쟁력을 유지하고

---

24 European Commission (2015). Provision of Two Online Consumer Surveys as Support and Evidence Base to a Commission Study.

25 European Commission (2015. 9. 21). Press Release.

있다는 점이다. 2014년 매출액 기준으로 에릭슨(통신장비 시장점유율 34%), 노키아(14%), 알카텔-루슨트(11%) 등 EU 기업들이 각각 1위, 3위, 4위를 차지하였다.[26] 노키아는 2015년 4월 156억 유로 규모의 알카텔-루슨트 인수를 발표했으며, 이에 대응해 같은 해 11월 에릭슨은 시스코 시스템스와의 전략적 제휴에 합의하는 등 EU 기업들이 시장지배력을 강화하는 노력을 지속하고 있다.

하지만 통신장비를 제외한 다른 ICT 분야에서는 EU 기업들의 존재감이 매우 미미하다. 스마트폰 분야에서는 2015년 2/4분기 판매대수 기준으로 삼성(시장점유율 21.4%), 애플(13.9%), 화웨이(8.7%), 샤오미(5.6%), 레노보(4.7%) 등 비유럽 5개 기업이 54.3%를 차지하였다. TV 분야에서도 2014년 1/4분기 기준으로 삼성(시장점유율 29.6%), LG(17%), 소니(6.8%), 하이신(Hisense)(6.4%), 샤프(4.7%), TCL(4.5%) 등 한·중·일 3국 기업이 전 세계 시장을 장악하고 있다.[27]

또한 시청각 서비스 분야에서도 대부분의 EU 기업들은 영세한 규모로 인해 글로벌 경쟁에서 뒤져 있다. 2012년 기준 EU의 주문형 비디오(VoD; Video on Demand) 시장 규모는 15억 6,000만 유로로 미국(44억 7,000만 유로)의 3분의 1 수준에 불과하다. 2014년 말 현재 영국 515개, 프랑스 412개, 독일 274개, 스웨덴 144개, 룩셈부르크 113개, 네덜란드 110개 등 2,600여 개에 달하는 유럽 기업이 장르별로 VoD 시장에 난립해 있다.[28] 유

---

26 IDC (2015. 8). Worldwide Quarterly Mobile Phone Tracker.

27 Chinese TV Maker Hisense Takes Aim at Sony (2014. 7. 31). *Bloomberg*.

28 Grece, C., Lange, A., Schneeberger, A. and Valais, S. (2015). The Development of the European Market for On-demand Audiovisual Services. European Audiovisual Observatory.

비디오 시장에서 VoD가 차지하는 비중

(%)

	2012년	2013년	2014년	2015년
북미	4.2	5.2	6.2	7.1
유럽	2	2.5	3.2	3.9
아시아/태평양	2.9	3.8	4.7	5.6
남미	2.5	3.1	3.9	4.7
세계 전체	3	3.8	4.7	5.5

자료: IDATE (2015). DigiWorld Yearbook 2015.

럽의 비디오 시장 내 VoD 비중도 북미는 물론 세계 전체와 비교해도 저조한 수준이다.

미디어 분야에서도 유럽 기업들은 미국에 크게 뒤져 있다. 2014년 매출액 기준으로 전 세계 50대(大) 미디어 기업에 속하는 기업의 경우, 유럽은 미국(27개사)의 절반에도 못 미치는 12개사에 불과하다. 이 중 5개 기업은 ARD, BBC, 프랑스 텔레비전(France Television), RAI, ZDF 등 공영 방송사이다. 이 시장에서 미국 기업들은 전 세계 매출의 69%를 차지하고 있는 반면, 유럽 기업들의 매출 비중은 18%로 저조하다.

이러한 현실은 온라인 콘텐츠 시장에서도 되풀이되고 있다. 유럽시청각연구소(European Audiovisual Observatory)[29]의 자료[30]에 따르면, 온라인 콘텐츠 분야에서 2013년 기준 미국 4대 기업의 매출액은 애플 아이튠즈(iTunes) 161억 달러, 아마존 130억 달러, 유튜브 56억 달러, 넷플릭스 43억 7,000만 달러 등으로 엄청난 규모를 자랑하며 꾸준히 증가세를 이어가고

세계 10대 미디어 기업 현황(2014년)

(백만 유로)

순위	회사명	국가	매출액
1	컴캐스트	미국	36,062
2	월트 디즈니	미국	25,407
3	다이렉TV(DirecTV)	미국	25,065
4	21세기폭스	미국	24,030
5	타임워너	미국	20,618
6	소니	일본	20,068
7	마이크로소프트	미국	15,892
8	애플(iTunes, 소프트웨어, 서비스)	미국	13,612
9	스카이(Sky)	영국	13,119
10	디시 DBS	미국	11,035

자료: European Audiovisual Observatory (2015. 11. 12). Top 12 European Audiovisual Players Take 62% of Turnover on Europe's Markets. Press Release.

있다. 반면 유럽의 전통 미디어 유통 업체인 FNAC, HMV 그룹, 버진 스토어(Virgin Store) 등은 비디오(DVD, Blu-ray), CD, 서적 등의 판매 부진으로

---

29 유럽이사회가 설립한 미디어 기구로서 영화, 텔레비전, 비디오·DVD, 뉴미디어 등 시청각 서비스에 대한 통계 정보와 분석을 제공하는 정보 포털 역할을 하고 있다. 미디어 산업의 전문가 조직인 시청각 유레카(Audiovisual Eureka)에 참여하는 33개 회원국의 공동 발의로 1989년에 구상되어 3년간의 준비 끝에 1992년에 설립되었다.

30 Grece, C., Lange, A., Schneeberger, A. and Valais, S. (2015). The Development of the European Market for On-demand Audiovisual Services. European Audiovisual Observatory.

제3부 진격의 EU 경제

ICT 분야의 글로벌 대기업 현황(《포브스》, 2015년)

(억 달러)

	기업	국적	매출	시가총액
ICT 종합 (매출액 300억 달러 이상: 20개)	애플	미국	1,994	7,418
	삼성전자	한국	1,959	1,994
	홍화이정밀(폭스콘)	대만	1,390	446
	휴렛패커드	미국	1,098	579
	IBM	미국	934	1,602
	마이크로소프트	미국	933	3,408
	히타치	일본	913	335
	아마존	미국	890	1,751
	소니	일본	769	342
	파나소닉	일본	735	324
	구글	미국	660	3,676
	도시바	일본	632	173
	LG전자	한국	568	87
	인텔	미국	559	1,472
	시스코	미국	481	1,390
	후지쯔	일본	451	146
	레노보	중국	443	160
	오라클	미국	388	1,876
	에릭슨	스웨덴	332	421
	엑센추어	미국	328	635

인터넷 및 컴퓨터 서비스 (13개)	IBM	미국	934	1,602
	아마존	미국	890	1,751
	구글	미국	660	3,676
	엑센추어	미국	328	635
	JD.com	중국	328	415
	eBay	미국	179	689
	타타 컨설팅	인도	151	803
	텐센트	중국	128	1,811
	페이스북	미국	125	2,316
	리버티 인터랙티브	미국	105	138
	바이두	중국	79	714
	라쿠텐	일본	57	247
	넷플릭스	미국	55	255
소프트웨어 (7개)	마이크로소프트	미국	933	3,408
	오라클	미국	388	1,876
	SAP	독일	233	902
	시만텍	미국	66	163
	VM웨어	미국	60	357
	HCL	인도	52	211
	아마데우스 IT 그룹	스페인	45	198

자료: The Global 2000 (2015). *Forbes*.

제3부 진격의 EU 경제

매출이 지속적으로 감소하는 추세다.

종합적으로 EU는 통신장비와 통신 서비스 및 소프트웨어 분야의 일부 기업을 제외하면 ICT 분야 전체에서는 물론 인터넷과 컴퓨터 서비스 분야에서도 단 하나의 글로벌 대기업을 갖고 있지 못하다. 반면 2015년 《포브스》 글로벌 2000'에서 보듯, 미국 기업들은 통신장비 분야를 제외한 대부분의 ICT 분야에서 상위권을 독식하고 있다.

결론적으로 말해, EU가 디지털 어젠다를 추진하는 이유는 통신 인프라를 확충하고 국가별로 분절되어 있는 전자상거래 시장을 하나로 통합하여 역내 거래를 활성화함으로써 미국 등 경쟁국에 뒤져 있는 디지털 산업의 경쟁력을 조기에 끌어올리는 데 있다.

디지털 경제 실현을 위한 승부수, 디지털 어젠다

디지털 경제로 가는 로드맵

ICT에 기반한 융복합 기술의 발전으로 다양한 혁신 서비스가 등장하고 산업 간 경계와 국경의 의미가 약화되어 영역 구분 없는 글로벌 경쟁이 심화되고 있다. 생태계를 선점하는 기업에 의한 승자독식 현상이 확산되고, 시장 선두업체가 신생 혁신기업에 의해 하루아침에 시장을 잠식당하는 등 시장의 역동성도 날로 증가하고 있다.

급격한 기술변화가 일상화된 디지털 시대에 EU는 ICT 산업의 열세와 디지털 경제의 부진을 만회할 수 있을까? 과거 EU가 보여준 행태가 지속된다면 전세를 역전시키는 것은 현실적으로 불가능한 일이라 생각된다. 디지털 시대의 기술변화 속도가 과거와는 비교할 수 없을 정도로 엄청나게 빠르기 때문이다. EU가 심기일전하지 않는 한 따라잡기는커녕 오히려 미국과의 격차가 더욱 벌어질 가능성이 크다.

디지털 어젠다는 미국과의 디지털 격차를 줄이기 위한 EU의 마지막 승부수라 할 수 있다. EU는 2010년부터 중장기 성장전략의 일환으로 경제위기 극복 및 고용창출을 위해 '유럽 2020' 전략을 수립하고 스마트 성장, 지속가능 성장, 동반 성장을 3대 비전으로 제시한 바 있다. EU는 3대 비전 실현을 위해 7대 중점과제[31]를 선정했는데, 그중 하나가 디지털 경제의 실현이다.

EU가 2020년 디지털 경제를 실현하기 위해 내놓은 구체적인 로드맵이 바로 디지털 어젠다이다. 디지털 어젠다는 다음 7개의 하위 실행 분야, ① 디지털 단일시장(DSM; Digital Single Market) 완성, ② 고속 브로드밴드 구축, ③ R&D 투자, ④ 상호 호환성 및 표준 구축, ⑤ 온라인 신뢰 및 보안 강화, ⑥ 디지털 교육 활성화, ⑦ ICT 활용 확대 등으로 구성되어 있다. 이 7개 분야는 다시 총 101개의 세부과제로 구성되어 있다. 2010년부터 추진된 디지털 어젠다의 세부과제 중 2014년 말 기준으로 총 72개가 완료되었으나, EU 역내 전자상거래 활성화를 포함한 디지털 단일시장과 고속 브로드밴드 구축 분야의 약 30개 과제는 제대로 추진되지 못했다.[32]

이에 따라 2015년 5월 EU 집행위원회는 디지털 단일시장 전략을 본격 추진하고자 디지털 단일시장 완성에 필요한 3개 분야의 16개 추진과제를 2016년 말까지 입법 완료하고 늦어도 2020년 이전까지 모두 시행에 옮긴

---

31 7대 중점 과제: ① 혁신, ② 교육, ③ 디지털 경제, ④ 기후, 에너지 및 이동성, ⑤ 경쟁력, ⑥ 고용 및 기술, ⑦ 빈곤 퇴치

32 자세한 내용은 European Commission (2015), Digital Agenda Scoreboard를 참조하라.

다는 방침을 발표하였다. 이 장에서는 디지털 어젠다의 7대 실행 분야 중 디지털 단일시장 완성, 고속 브로드밴드 구축, R&D 투자 등 우리 기업에 가장 큰 영향을 미칠 것으로 예상되는 3대 분야에 대해 자세히 살펴보고자 한다.

디지털 단일시장 완성

디지털 단일시장이란 28개국으로 구성된 EU 역내에서 디지털 관련 제품, 서비스, 사람, 자본이 자유롭게 거래되고 이동하는 것을 의미한다. 다시 말해, EU 28개국에서 개인이나 기업이 국적이나 거주지와 관계없이 공정경쟁원칙과 소비자의 개인정보보호하에서 자유롭게 온라인 거래를 할 수 있는 시장을 말한다.

여기서 디지털 시장이란 B2C 온라인 거래인 일반 전자상거래는 물론 VoD, 음악, 게임 등의 디지털 콘텐츠와 교육, e-헬스, e-결제, e-정부, 빅데이터 등 서비스 거래까지 포함하는 광의의 시장을 의미한다.

EU는 28개국으로 쪼개져 있는 EU의 디지털 시장을 2020년까지 하나로 통합하기 위해 관련 법·제도를 정비 중이다. 디지털 제품에 대한 국경을 초월한 시장 접근성 제고, 디지털 네트워크 및 서비스 기반 조성, 디지털 경제의 성장잠재력 극대화 등의 3대 축을 중심으로 16개 세부과제가 추진되고 있다.

디지털 시장의 접근성 제고

EU는 역내 온라인 거래의 활성화를 위해 회원국 간 온라인 거래에 존재하는 장벽을 오프라인 시장과 동일한 수준으로 제거함으로써 디지털 시장의 접근성을 제고하는 작업을 추진 중이다.

우선, 해외 전자상거래에 대한 소비자의 신뢰를 제고하고 보다 많은 기업이 해외 온라인 판매에 나설 수 있도록 회원국별로 상이한 기존의 전자상거래 관련 법과 제도를 개정·통합하고 소비자 보호 규정을 강화하고 있다. 그 일환으로 온라인 거래에서 발생하는 분쟁을 해결하고자 2016년 1월부터 EU 차원의 온라인 분쟁해결 플랫폼(ODR Platform; Online Dispute Resolution Platform)을 가동 중이다. 이 플랫폼은 회원국들이 EU 집행위원회에 통보한 대체 분쟁해결 기구 및 온라인 분쟁해결 기구와 연계하여 운영되고 있다.

한편, EU 법규가 보장하는 소비자 권리에 대한 소비자와 소매업체의 낮은 인지도를 제고하기 위해 EU 차원의 소비자 권리 홍보 캠페인도 추진하고 있다.

그동안 EU 역내 전자상거래의 가장 큰 장애요인으로 지적되었던 배송 서비스 문제도 개선할 방침이다. 2015년 EU 집행위원회의 발표[33]에 따르면, EU 소비자들은 온라인 해외구매의 제약 요인으로 배송비용(27%), 반송비용(24%), 배송시간(23%), 배송 실패(15%)를 지적하고 있다. 실제로 국경 간 거래에 관여하는 국가 우편 사업자, 택배 사업자, DHL 등 글로벌 사업자, 물류센터 간의 연계성이 부족하여 배송비용과 배송시간 등 배송 품질이 여타 선진국보다 떨어진다. 특히 국가 우편 사업자의 경우 전통적으로 우편물 배송에 특화되어 있어 소포 배송에는 취약하다. EU는 관련 업계의 주도로 우편 사업자의 배송 서비스 개선, 배송추적 시스템 및 사업자 간의 연계성 강화 등을 내용으로 하는 이니셔티브를 추진할 방침이다.

다음으로, 역내 온라인 거래에 있어 불합리한 지역차단도 금지할 방침이다. 현재 EU 내에서는 국가별로 일부 상품 및 서비스 공급이 차단되거나, 동일한 상품 및 서비스가 단순히 판매 국가가 다르다는 이유만으로 상이한 가격 및 결제 조건으로 판매되는 문제가 발생하고 있다. 2016년 3월 EU 집행위원회가 1,400개 이상 기업을 대상으로 실시한 분석 보고서[34]에 따르면, 지역차단이 EU 내에서 광범위하게 이루어지고 있는 것으로 조사되었다.

---

33 European Commission (2015). A Digital Single Market Strategy for Europe: Analysis and Evidence. Commission Staff Working Document. SWD(2015) 100 Final.

34 European Commission (2016). Geo-blocking Practices in E-commerce. Commission Staff Working Document. SWD(2016) 70 Final.

소비재 상품[35]의 경우 응답 기업의 38%가, 온라인 디지털 콘텐츠의 경우 응답 기업의 68%가 지역차단 조치를 시행하고 있는 것으로 파악되었다. 이러한 지역차단은 기업이 일방적으로 결정하거나 계약서에 제한조항을 포함하는 방법을 통해 이루어지고 있다. 기업들은 국가별로 규제 장벽이 상이하고 배송 및 관리(세금 등) 비용도 달라 지역차단이 불가피하다는 입장이다. 하지만 기업들의 속내를 들여다보자면 시장 경쟁구도와 이로 인한 가격전략, 유통질서 유지 등 전략적 필요에 의해 지역차단 관행을 유지하고 있는 것으로 판단된다. EU는 2017년까지 불합리한 지역차단을 규제하는 법안을 마련하여 소비국에 따라 판매를 거부하거나 차별적 요금이 부과되는 행위가 불합리하다고 판단될 경우 이를 규제할 방침이다. EU는 이를 통해 전자상거래의 가격투명성이 제고되고 역내 경쟁이 활성화되어 소비자의 선택 폭이 확대될 것으로 기대하고 있다.

한편, EU에서도 온라인 콘텐츠 시장이 빠르게 성장하고 있다. 2010~2014년 기간에 EU의 VoD 소비가 270% 증가(연평균 28% 증가)했으며,[36] 2013년 VoD 회원 가입은 147% 증가하였다. 특히 젊은 층을 중심으로 콘텐츠(게임, 영상, 음악 등)의 온라인 수요가 급성장하고 있다. 온라인 콘텐츠 이용 현황을 살펴보면, 전 연령층의 이용 비율이 49%인 데 반해 젊은 층의 비율은 73%에 이른다. 또한 모바일 인터넷 접속을 위한 스마트폰, 태블릿 및 노트PC의 이용도 크게 늘었는데, 이용자의 비중 변화를 살펴보면, 2012~2014년에 전 연령층은 36%에서 51%로, 젊은 층(16~24세)은 63%에서 81%로

---

35 전자제품(IT기기, 백색가전, 컴퓨터게임 및 소프트웨어), CD, DVD, 의류, 액세서리, 신발, 스포츠용품 등이 이에 해당된다.

36 European Audiovisual Observatory (2015. 11). Trends in Video-on-demand Revenues.

증가하였다.

하지만 EU의 온라인 콘텐츠 시장도 지역차단으로 인해 성장에 제약을 받고 있다. 국내에서 합법적으로 구매한 온라인 콘텐츠 서비스라 하더라도 한시적 체류나 여행 목적으로 EU 역내 이동 시 접근이 차단되는 문제가 발생한다.[37] 이로 인해 해외체류 시 온라인 서비스 접속률은 19%에 불과한 실정이다. 현재 음악과 전자책(e-book) 서비스는 해외에서 접근이 가능하지만, 스포츠 생방송의 50% 이상, 영화와 TV 시리즈의 40% 이상은 타 회원국에서 접근이 불가능하다. 가령 네덜란드의 넷플릭스 가입자가 독일을 여행할 경우 독일 소비자에게 제공되는 영화만을 볼 수 있고, 폴란드 여행 시에는 영화 시청 자체가 아예 불가능한 상황이다.

EU 집행위원회는 2015년 12월 9일 디지털 단일시장의 일환으로 회원국 간 온라인 콘텐츠 서비스의 접근을 허용하는 법안[38]을 제출하였다. 이 법안은 EU 차원의 새로운 소비자 권리로서 '회원국 간 이동 가능성(cross-border portability)'을 보장하는 내용을 담고 있다. 적용 대상은 ① 이미 국내에서 이용 중인 서비스, ② 신규 가입 혹은 개별 구입을 통해 지불된 서비스, ③ 거주국 확인 절차를 통해 합법적으로 무료 이용 중인 서비스 등이다. 2016년 유럽의회에서 승인이 완료되면 28개국의 별도 입법 절차 없이 2017년에 곧바로 시행될 예정이다.

2017년 6월 로밍(roaming) 수수료의 완전 철폐와 함께 회원국 간 온라인

---

[37] 유럽인의 35%가 1년에 한 번 이상 해외여행을 하고, 타 회원국에서 10일 이상 체류하는 것으로 집계되고 있다.

[38] European Commission (2015. 12. 9). Proposal for a Regulation of the European Parliament and of the Council on Ensuring the Cross-border Portability of Online Content Services in the Internal Market. COM(2015) 627 Final.

콘텐츠 서비스 접근의 자유화로 인해 온라인 콘텐츠 서비스 수요의 증가가 예상된다. EU 내에서는 여행 중에도 온라인 콘텐츠 서비스를 자유롭게 이용할 수 있게 됨에 따라 젊은 층을 중심으로 디지털 콘텐츠 수요가 빠른 속도로 성장할 것으로 전망된다. 따라서 기업들은 온라인 콘텐츠 서비스 수요 증가와 더불어 이에 따른 고성능 영상기기(스마트폰, 태블릿 PC)의 수요 확대에 대응할 필요가 있다.

아울러, 저작권법 등의 개정으로 디지털 콘텐츠에 대한 접근성도 개선될 전망이다. EU의 온라인 콘텐츠 산업은 국가별로 저작권 제한 및 유통상 이해관계가 상이해 소비자의 접근성이 제한되면서 성장잠재력이 제대로 발현되지 못했다. 저작권법이 회원국별로 시행되고 있어 콘텐츠 공급자가 저작권을 회원국별로 획득해야 하고, 콘텐츠 산업은 유통업자의 독점력이 강해 회원국 간 콘텐츠 사용이 제한적이다. 그래서 EU는 저작권의 효력범위 확대와 유통시장 경쟁 촉진을 위해 EU 차원의 새로운 저작권법 도입을 추진 중이다. 이를 통해 무분별한 예외조항 인정에 따른 저작권 약화를 막고 간접적으로나마 경쟁환경을 개선할 방침이다. 또한 저작권료가 제작자에게 직접 지급되는 시스템을 개발하여 제작자에 대한 인센티브를 강화할 계획이다.

마지막으로 역내 온라인 거래의 부가가치세(VAT) 체계도 변경된다. 국가별로 상이한 조세 시스템이 그동안 EU 역내 회원국 간 전자상거래를 저해하는 요인으로 작용해왔다. 이미 2015년 1월부터 디지털 제품 및 서비스와 관련하여 EU 회원국 간 온라인 공급 서비스(B2C)에 적용되는 부가세 징수 방식이 '공급지 과세'에서 '소비지 과세'로 전환되었다. 유선 및 무선 전화서비스, 비디오폰 서비스, 페이징(paging) 서비스, 팩스 및 텔렉스 서비스, 인터넷 접속, TV 및 라디오 방송 서비스, 라디오 및 TV 네트워크를 통해 전송되는 라디오 및 TV 프로그램, 인터넷 실시간 방송, 온라인 VoD 서비스, 애플리케이션, 음악 다운로드, 게임, 전자책, 바이러스 퇴치 소프트웨어, 온라인 경매 등을 소비자에게 공급하는 B2C 기업들은 모두 개정된 부가가치세법의 적용을 받게 되었다. 이 외에도 역내 거래를 활성화하기 위해 부가세 등록 간소화 제도(MOSS; Mini One Stop Shop)[39]를 도입했으며, 해외거래에 대한 부가세 업무의 자국 통합관리 허용, 역외국으로부터의 소액물품 수입에 대한 부가세 면제 제도 폐지 등도 추진하고 있다.

디지털 네트워크 및 서비스 기반 조성

EU는 디지털 시장에 대한 접근성을 높이는 동시에 디지털 네트워크와 혁신 서비스가 역내 전체로 확산될 수 있도록 적절하고 공정한 제도적 환경을 조성하고자 노력하고 있다.

현재 최우선적으로 추진되고 있는 작업은 EU의 통신법 개정(connected continent package)이다. EU가 통신법 개정에 나선 이유는 단일통신시장 (telecom single market) 없이 디지털 단일시장을 완성한다는 것 자체가 불가능하다고 판단하기 때문이다.

통신산업을 인터넷 시대에 걸맞게 개편하고 각종 장벽을 제거해 EU 28개국의 통신시장을 하나로 통합할 수 있도록 주파수 할당(spectrum allocation), 망 중립성, 로밍 수수료 폐지 등을 핵심 과제로 추진하고 있다.

먼저 EU는 2016년 EU 통신법 개정 시까지 주파수 할당을 위한 주파수 조정 방안을 마련할 예정이다. 국가별 주파수 할당이 EU 차원의 목표와 원

---

39 다만, CD, DVD, 비디오게임, 서적 등과 같은 물리적 재화의 온라인 거래에는 적용되지 않는다.

칙에 따라 이루어지도록 하고, 국가별로 상이한 주파수 사용권 허용 기간과 내용을 조율해나갈 방침이다. 또한 EU 집행위원회는 EU 전역에 걸쳐 700MHz 주파수 할당을 제안하는 한편, 이미 사용 중인 800MHz 주파수의 할당을 완료해 4G 모바일 네트워크의 역내 확산을 추진할 계획이다.

망 중립성 또한 통신법 관련 주요 이슈 중 하나다. 2015년 10월 2년간의 논의 끝에 유럽의회가 새로운 망 중립성 법안을 승인했으며, 2016년 5월부터 시행에 들어갔다. 최종 채택된 법안[40]에 따르면, 인터넷 통신망 사업자는 원칙적으로 망 중립성 원칙에 따라 웹의 모든 트래픽을 동일하게 대우해야 하며 특정 서비스의 트래픽 속도를 고의적으로 늦추거나 차단하지 못하도록 규정하고 있다.

하지만 유럽의회는 예외를 폭넓게 인정함으로써 논란의 여지를 남겼다. 다른 이용자의 접근을 방해하지 않는 한 비디오 콘퍼런스 혹은 원격수술 등의 특별 서비스나 혁신 서비스(커넥티드카, 사물인터넷 등)에 대해 고속 인터넷 서비스를 제공하는 특약 체결이 가능하다. 즉 이중 인터넷(two-speed internet)을 인정한 것이다. 또한 사이버공격에 대응하거나 원활한 트래픽 흐름을 위해 트래픽을 차단하거나 제한할 수도 있다. 이렇듯 예외를 폭넓게 허용한 배경에는 우선 콘텐츠 사업자들보다 유럽 통신회사들의 막강한 로비가 작용했기 때문인 것으로 보인다. 새로운 혁신 서비스 도입 및 초고속 브로드밴드 등 네트워크 확충을 위해서는 막대한 자금이 소요된다는 EU의 현실적 상황도 고려되었다. 또한 EU로서는 통신망을 이용하는 구글, 넷플

---

40 Council of the European Union and European Parliament (2015). Regulation (EU) 2015/2120. Official Journal of the European Union, L310/1.

릭스, 페이스북 등 미국 콘텐츠 회사들에 충분한 비용을 청구함으로써 이들을 견제할 필요성도 존재했다. 그러나 이러한 예외조항에 대해 엣시(Etsy), 사운드클라우드(SoundCloud) 등 콘텐츠 업체들과 인터넷 스타트업들은 공정한 경쟁이 불가능하다며 이의를 제기하고 있다. 이들은 특정 서비스를 위한 고속 통신망 허용은 소규모 사업자에게 불리하게 작용해 스타트업 혁신과 유럽 경제의 성장을 제약할 것이라고 비판하고 있다.

앞으로 EU는 다소 유연하지만 균형 잡힌 시각에서 트래픽을 투명하게 관리하고, 통신회사들은 전송속도 등 제품 차별화와 서비스 품질 개선을 통해 경쟁할 것으로 보인다. 한편 콘텐츠 사업자는 양질의 서비스 품질을 원하는 최종 소비자의 욕구를 충족하기 위해 인터넷 통신망 사업자와 일정 수준의 서비스 품질을 보장하는 계약을 체결할 수 있다. 또한 EU의 유연한 망 중립성 법안의 시행으로 앞으로 커넥티드카, 사물인터넷 등 혁신 서비스가 본격 성장할 수 있는 여건도 조성될 전망이다.

EU는 로밍 수수료를 단계적으로 인하하여 2017년 6월부터는 완전 폐지할 예정이다. 2016년 4월부터 한시적으로 국제전화는 분당 최대 0.05유로, SMS는 0.02유로, 데이터는 MB당 0.05유로가 부과된다. 이는 과거에 적용되던 로밍 수수료에 비해 75% 저렴한 가격이다. 그리고 2017년 6월 15일부터는 EU 역내에서 휴대전화 로밍 수수료가 폐지될 예정이다.

통신법 개정과 함께 미디어 관련 법·제도도 개선된다. 전통적인 방송 서비스와 인터넷이 결합되면서 시청각 콘텐츠에 대한 접근방식이 다양화되고, 모바일기기를 이용한 주문형 방식의 시청각 매체 사용이 급증하면서 관련 법 규정의 정비가 불가피해졌다. 시청각 콘텐츠는 현재 데이터 트래픽에서 가장 큰 비중을 차지하고 있는데, 시스코 시스템스(Cisco Systems)는 시청각 콘텐츠가 2019년에 전 세계 모바일 데이터 트래픽의 4분의 3을 차지할 것으로 예상하고 있다. 지금까지 EU 국가들은 전통적인 TV 방송 서비스에 대해서는 엄격하게 규율해온 반면, 인터넷 기반의 주문형 시청각 서비스에 대해서는 느슨한 법규를 적용해왔다. EU는 회원국 간 TV 방송 및 주문형 서비스 공급 문제, 시청각 서비스 범위 등을 집중적으로 검토하고, 매체 간 융합이 활발해지는 추세임을 감안하여 현행 시청각 서비스의 범위를 재검토할 방침이다.

더불어 현재 미국과 중국 업체들이 과점하고 있는 온라인 플랫폼에 대한 적절한 규제도 시행할 계획이다. 플랫폼 산업은 EU가 다른 선진국에 비해 경쟁력이 취약한 분야로, 미국 기업들이 주도하고 있는 시장질서를 재편하려는 의도에서 온라인 플랫폼 규제가 한층 강화될 전망이다. 2015년 6월 기준 EU를 포함한 세계 검색엔진 시장의 기업별 점유율을 살펴보면 구글 70.8%, 빙 9.8%, 야후 9.6%, 바이두 7.5% 등이다.[41] EU 집행위원회는 먼저 검색 서비스, SNS, 앱스토어 등 온라인 플랫폼 시장의 불공정 경쟁 행위에 대한 조사에 착수할 계획이다. 또한 가격 정책을 통한 불공정 및 정보독점 행위는 물론, 수직계열화를 통한 유통시장 장악 등 불공정 경쟁 행위에 대한 가이드라인도 제시할 방침이다.

EU 집행위원회는 사이버 보안을 강화하기 위한 조치도 다수 추진 중이다. 우선 e-프라이버시(e-privacy) 지침을 보완하여 새롭게 등장한 인터넷 서비스 제공자, 인터넷 플랫폼 사업자 등을 포괄하여 관리하도록 할 전망이

---

41 ChinaInternetWatch 웹사이트 〈http://www.chinainternetwatch.com/13596/baidus-market-share-ranked-the-4th-june-2015/〉.

다. 사이버 보안 대응 수준을 높이고 국가 간 협력을 강화하기 위한 추가 지침을 제정하며, 온라인 결제 시 보안 요건을 강화하고 소비자를 보호하기 위한 결제 서비스 지침(Payment Services Directive)도 개정할 방침이다. 또한 사이버 보안 우수 사례 발굴을 위해 민관 파트너십을 구축할 예정이다.

디지털 경제의 성장잠재력 극대화

EU는 디지털 기술 활용을 통해 디지털 경제의 성장잠재력을 극대화하고자 데이터 경제를 구축하고 호환성 및 표준화를 강화하는 동시에 포괄적인 e-소사이어티(e-Society)를 만들어갈 예정이다.

EU 집행위원회는 현재 회원국별로 시행되고 있는 데이터 또는 데이터센터의 자국화 조치 및 개인정보의 국경 간 이동 제약이 EU 역내시장을 분절시키고, 빅데이터, 클라우드 서비스, 사물인터넷 분야에서 EU의 경쟁력을 약화시키고 있다고 판단하고 있다. 이에 따라 EU는 데이터의 국경 간 자유이동을 보장하는 제도적 장치를 마련해 데이터 경제를 구축하여 시장 규모를 확대하고 역내 기업들의 경쟁력을 강화할 계획이다.

EU 집행위원회는 2016년에 개인정보 처리규범 단일화, 역내 데이터 이동 자유화, 데이터 위치에 대한 불필요한 제한조치 철폐 등을 핵심으로 하는 데이터 자유이동 관련 정책 이니셔티브를 제시하는 한편, 유럽 클라우드 이니셔티브(European Cloud Initiative)도 추진 중이다. 유럽 클라우드 이니셔티브는 유럽 내 170만 연구자와 7,000만 과학기술 분야의 전문가들이 버추얼 환경에서 상호 정보를 공유할 수 있는 '유럽 개방형 과학 클라우드(European Open Science Cloud)'와 초고속 브로드밴드, 대용량 저장 설비, 그리고 슈퍼컴퓨터를 갖춘 '유럽 데이터 인프라스트럭처(European Data

Infrastructure)'로 구성된다. EU는 데이터 경제에서 주도권을 확보하기 위해 과학기술 분야부터 시작해 공공기관, 산업계로 유럽 클라우드 이니셔티브의 적용범위를 점차 확장시켜나갈 계획이다.

또한 호환성 확립 및 표준화를 통한 경쟁력 강화를 위해 유럽 차원의 표준화 프레임워크를 산업별로 구체화하여 디바이스-네트워크-서비스 간의 소통을 효율화할 방침이다. EU는 공통표준을 디지털 기술의 상호 호환성을 담보하고 효율적인 디지털 단일시장이 작동하는 데 필요한 전제조건으로 인식하고 있다. 이에 따라 EU는 ICT 표준화 프레임워크를 채택하는 동시에 공공 서비스에 대한 '유럽 호환성 프레임워크(European Interoperability Framework)'를 확대할 계획이다. EU는 스마트제조, 5G 이동통신, 사물인터넷,[42] 빅데이터, 클라우드 컴퓨팅, 사이버보안 같은 신규 영역의 표준화를 우선적으로 추진하여 ICT 산업의 글로벌 경쟁력을 강화할 방침이다.

한편 EU는 급증하고 있는 디지털 전문 인력에 대한 수요에 대응하고자 포용적인 e-소사이어티 구축을 추진하고 있다. EU 차원의 교육, 훈련, 고용과 관련한 추진계획을 수립하고 학교 인터넷 인프라 지원과 더불어 교육기관, 교사, 일반 대중, 취업 준비생들을 대상으로 한 디지털 기술 교육 지원을 확대할 방침이다.

또한 EU 집행위원회는 전자정부 시스템을 구축하여 EU 차원의 공공 서비스 체계를 개선하고자 2016년에 '전자정부 액션플랜 2016~2020'을 발표할 예정이다. 전자정부 액션플랜에는 정보를 한번 제출한 개인과 기업에

---

42 사물인터넷 분야에는 이미 600개 이상의 표준이 제정되어 있다.

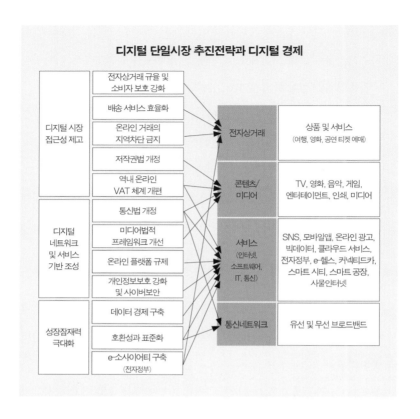

디지털 단일시장 추진전략과 디지털 경제

는 동일한 과정을 재차 요구하지 않는 'once only' 원칙, 회원국 간 서비스 사업자 등록 연계(Services Passport),[43] EU 차원의 전자조달체계 구축 등이 주요 내용으로 포함될 예정이다.

---

43 EU 역내 서비스 산업을 활성화하기 위해 본국의 면허만으로도 타 회원국에서 별도의 승인을 받지 않고 자유롭게 서비스를 제공할 수 있도록 하는 협력 시스템을 말한다.

고속 브로드밴드 구축

디지털 경제의 근간은 빠르고 신뢰할 만한 브로드밴드(초고속 인터넷망)의 존재다. 또한 차세대 브로드밴드는 ICT 산업의 경쟁력 확보는 물론 EU 경제 성장의 핵심 요소다. EU 집행위원회는 브로드밴드 보급률이 10%p 상승할 경우 EU의 1인당 GDP가 매년 1~1.5%p 증가할 것으로 추정하고 있다.[44]

30Mbps 이상의 고속 브로드밴드는 전자상거래는 물론 디지털 콘텐츠 및 스마트 TV, e-헬스, 클라우드 컴퓨팅, 사물인터넷 등 국경을 초월한 서비스 시장의 창출에 기여할 전망이다.

EU는 2020년까지 미국[45]을 능가하는 수준의 브로드밴드를 구축한다는 야심 찬 목표를 설정해놓고 있다. 디지털 어젠다에 따르면, 2020년까지 EU 역내 모든 가정에 30Mbps 이상의 고속 브로드밴드를 보급하고, 절반의 가정에는 100Mbps의 초고속 브로드밴드를 제공할 계획이다.[46] 이를 위해 EU는 속도가 느린 1세대 브로드밴드를 차세대 브로드밴드(NGA)로 모두 교체할 방침이다.

현재 EU 국가들은 디지털 어젠다의 브로드밴드 구축 목표를 달성하기 위해 국가별로 관련 정책을 수립하고 시행 중이며, 일부 국가는 디지털 어

---

44 European Commission. Digital Agenda: Broadband and E-communications. 재인용 [Czernich, N. et al. (2011). Broadband Infrastructure and Economic Growth. *The Economic Journal*. Volume 121].

45 미국 정부는 2020년까지 1억 명에게 100Mbps의 초고속 브로드밴드를 공급하는 것을 목표로 설정하였다(National Broadband Plan).

46 2016년 9월에 EU 집행위원회는 2025년 모든 가정에 보급해야 할 새로운 인터넷 속도의 목표를 100Mbps로 제시할 예정이다.

EU 국가들의 브로드밴드 전략

국가	연도	명칭
오스트리아	2013	Broadband Strategy 2020
벨기에	2009	La Belgique: Coeur de l'Europe numérique 2010–2015
불가리아	2011	National Strategy for Development of Broadband Access
크로아티아	2011	National Broadband and Development Strategy
키프로스	2012	Digital Strategy for Cyprus
체코	2013	Digital Czech Republic v.2.0
덴마크	2010	Digital Work Program
에스토니아	2013	Information Society Development Plan
핀란드	2005	Broadband 2015 Project
프랑스	2010	Plan France Tres Haut Debit
독일	2009	Broadband Strategy
그리스	2014	National NGA Plan and National Strategy for Digital Growth
헝가리	2010	Digital Renewal Action Plan
아일랜드	2008	National Broadband Scheme
이탈리아	2014	Ultra Broadband Strategic Plan and Italian Digital Agenda
라트비아	2012	Next generation broadband development strategy
리투아니아	2011	Lithuanian Information Society Development Program
룩셈부르크	2010	Strategie nationale pour les reseaux a "ultra-haut" debit
몰타	2012	Malta's Next Generation Broadband
네덜란드	2010	Digital Agenda

폴란드	2014	National Broadband Plan
포르투갈	2012	Agenda Portugal Digital
루마니아	2015	National Strategy on the Digital Agenda for Romania 2020
슬로바키아	2006	Operational Program-Information Society
슬로베니아	2008	Broadband Network Development Strategy
스페인	2013	Plan de Telecomunicaciones y Redes Ultra Rapidas
스웨덴	2009	Broadband Strategy for Sweden
영국	2016	Digital Communications Infrastructure Strategy

자료: Broadband Commission (2016. 9). The State of Broadband: Broadband Catalyzing Sustainable Development.

젠다를 상회하는 목표치를 설정하여 추진하고 있다. 룩셈부르크는 EU 국가 중 가장 야심 찬 목표를 설정하여 2020년까지 모든 시민에게 1Gbps를 제공할 계획이다. 독일은 2018년까지 모든 가정에 50Mbps 이상의 브로드밴드를 제공하고, 영국은 2017년까지 95%의 가정에 25Mbps 이상의 브로드밴드를 제공할 계획이다. 또한 프랑스는 2022년까지 모든 가정에 100Mbps 브로드밴드를 제공할 계획이며, 스웨덴은 2020년까지 전체 인구의 90%에게 100Mbps 브로드밴드를 제공할 계획이다. 나머지 국가들은 EU가 수립한 디지털 어젠다의 브로드밴드 구축 목표를 그대로 채택하고 있다.

EU 차원에서 회원국들의 브로드밴드 구축을 지원

EU는 고속 브로드밴드의 보급 확대를 위해 가능한 정책수단을 모두 동원하고 있다. EU 집행위원회는 30Mbps 이상의 고속 브로드밴드 보급에 600억 유로, 100Mbps 이상의 초고속 브로드밴드 보급에 1,800억~2,700억 유로가 필요할 것으로 추정하고 있다.

EU는 브로드밴드 구축을 위해 민간자본(통신회사 등)의 투자를 적극 유치하는 한편 EU 차원의 다양한 기금을 활용한다는 계획이다. 대표적인 기금으로 인프라투자기금(CEF; Connecting Europe Facility), 유럽지역개발기금(ERDF; European Regional Development Fund), 2015년 7월에 출범한 유럽전략투자기금(EFSI; European Fund for Strategic Investments) 등을 들 수 있다.

CEF는 교통, 통신, 에너지 분야의 범유럽 네트워크 및 인프라 구축을 지원하기 위해 조성된 것으로, 2014년부터 2020년까지 예산의 15%를 브로드밴드 구축에 투입할 예정이다. 이 중 최소 3분의 1은 100Mbps 이상 초고속 브로드밴드 구축 사업에 배정될 전망이다.

한편, 지역 간 경제격차 해소를 위해 조성된 ERDF는 2014~2020년에 1,870억 유로를 연구개발, 디지털 어젠다, 중소기업 지원, 기후변화 대응 등에 투자할 예정이다.

고속 브로드밴드 구축에는 EFSI도 활용된다. EU는 EU 예산 160억 유로와 유럽투자은행(EIB; European Investment Bank)의 출연금 50억 유로 등 총 210억 유로 규모의 기본 펀드를 조성하여 이를 토대로 15배의 레버리지를 일으켜 향후 3년간 총 3,150억 유로를 브로드밴드 등 인프라 구축, 혁신, 중소기업 지원 등에 투자할 계획이다. 융커 EU 집행위원장은 브로드밴드 구축 프로젝트를 EFSI의 3개년 투자전략의 핵심사업으로 꼽고 있다.

또한 EU 집행위원회는 대규모 기금 지원과 함께 고속 브로드밴드 구축을 촉진하고자 차세대 브로드밴드(NGA)의 설치비용을 낮추는 방안도 강구하고 있다. EU는 고속 브로드밴드 프로젝트의 전체 비용 중 80%를 차지하는 구축비용을 25% 절감하기 위해 비용절감지침(Cost Reduction Directive)을 마련하였으며, 2016년 7월부터 시행에 들어갔다. 이 지침은 회원국들의 통신인프라 시장 개방, 관급공사 조율 개선, 허가절차의 투명성 제고 등을 명시하고 있으며, 이를 통해 회원국들이 사용해온 구리 전화선이나 케이블 모뎀을 VDSL 혹은 Cable Docsis 3.0으로 업그레이드하도록 유도하고 있다. 기존 설비를 업그레이드할 경우 신규 설비 대비 잠재적 비용 절감 규모는 2020년까지 최대 630억 유로로, 전체 투자액의 30%에 이를 전망이다. 유럽통신망사업자협회(ETNO; European Telecommunications Network Operators' Association)는 이로 인해 2020년 브로드밴드 목표 달성을 위한 EU 전체의 투자 필요액이 1,100억~1,700억 유로로 줄어들 수 있을 것으로 전망하고 있다.

EU는 브로드밴드 투자 확대를 위해 정부보조금 규정도 개정하였다. EU는 브로드밴드 구축 사업이 민간 주도로 이루어지도록 유도하기 위해 민간 사업자를 지원하기 위한 정부보조금 지급 규정을 완화하였다. EU 집행위원회는 2010년 9월 'NGA 접근에 관한 권고(Recommendations on Regulated Access to Next Generation Access Network)'를 통해 시장 주도의 FTTH(Fibre To the Home) 보급 및 투자촉진 정책을 추진할 것을 제안한 바 있다. 그리고 회원국 정부가 시장 왜곡을 최소화하는 한도 내에서 지원할 수 있도록 정부보조금 규정을 완화하는 방안도 내놓았다. 2014년 5월 EU

정부 개입 정도에 따른 NGA 투자 시나리오(2012~2020년)

정부 개입 정도	전체 투자액 (십억 유로)	경제적 효과 (십억 유로)	고용창출 (백만 명)	소비자 효용 (십억 유로)
정부 미(未)개입	76.4	181.2	1.35	26.5
일정 정도 개입	102.5	270.4	1.98	28.6
대규모 개입	211.2	569.4	3.94	31.9

자료: European Commission (2012). The Socio-economic Impact of Bandwidth.

집행위원회는 후속조치로 회원국 정부가 EU 집행위원회의 사전승인 없이 정부재정을 농촌 등 낙후지역의 브로드밴드 구축에 투자할 수 있도록 정부보조금 규정을 완화했다. 시장 기능이 거의 작동하지 않는 지역(농촌지역이나 낙후지역)에 한해 공공 부문에서 투자가 이루어질 수 있도록 허용한 것이다.

그러나 EU의 2020년 브로드밴드 구축 프로젝트의 성공 여부는 무엇보다 각국 정부의 적극적인 정책 추진의지에 달려 있다. 각국 정부의 노력 여하에 따라 고속 브로드밴드 보급 수준이 크게 달라질 것이며, 그 경제적 실익도 1,800억 유로에서 5,700억 유로까지 큰 편차를 보일 것으로 전망된다.

무선 브로드밴드 확충을 위한 주파수 할당 정책

EU는 2010년 무선 브로드밴드 확충을 위해 유럽의 주파수 이용 및 조화를 위한 실행방안을 담은 주파수 정책 5개년 프로그램(RSPP; Radio Spectrum

Policy Programme)을 채택했다. 이 프로그램은 무선 브로드밴드의 성공적인 구축을 위해 충분한 주파수를 확보하고 전파를 효율적으로 관리할 수 있는 25개 실행방안과 공통 규정으로 구성되었다. EU 차원에서 모바일 브로드밴드와 기술적 조율이 완료된 900MHz와 1.8GHz, 2.5GHz, 3.4~3.8GHz 대역은 2012년 1월까지 할당하고, 차세대 브로드밴드인 4G용 주파수 800MHz 대역은 2013년 1월 1일까지 할당하되, 예외적인 경우만 2015년까지 기한 연장을 허용한다는 내용이다.[47]

무선 브로드밴드 확충을 위한 주파수 할당 정책은 국가별로 차이를 보이지만 대체로 EU의 정책 내용과 일정에 맞추어 진행되고 있다. 영국은 주파수 할당이 기존 계획보다 다소 지연되었으나 2013년에 800MHz과 2.6GHz 대역 경매 1단계를 종료했고 5GHz 이하 주파수인 500MHz도 향후 10년 내에 민간으로 할당할 계획이다. 독일은 2010년 5월에 모바일 브로드밴드용으로 800MHz, 1.8GHz, 2.1GHz, 2.6GHz의 총 359.2MHz 대역의 경매를 실시했고 당분간 추가 주파수 할당 없이 향후 15~20년 간 경쟁환경 조성에 주력할 예정이다. 프랑스는 2008년 3개 통신 사업자가 900MHz주파수를 3G용으로 사용하기 시작했고 2.1GHz, 800MHz, 2.6GHz 주파수 경매를 2012년까지 실시했다. 스웨덴의 경우 800MHz는 2011년에 6개 면허를 3개 사업자에 2개씩 경매를 통해 할당했고 이후

---

47 4G용 주파수는 LTE-FDD(Frequency Division Duplex)의 프라임 밴드로 불리는 디지털 디비던드(Digital Dividend; 700/800MHz 대역), 1.8GHz, 2.6GHz 등인데, 유럽에서는 이 중에서 800MHz를 DTV 여유 대역 주파수, 신규 주파수 대역으로 활용하고 있다. 디지털 디비던드 대역은 지상파 아날로그 방송의 디지털 전환에 따라 발생하는 여유 대역을 말하는데, GHz대 주파수보다 저주파 대역으로 자유공간 손실이 적고 회절성이 높아 이동통신에 사용될 경우 고품질 서비스가 가능하고 투자비를 절감할 수 있는 이점이 있다.

유럽 국가들의 주파수 경매 요약(2012년 9월 기준, 완료 혹은 계획)

일시	국가	경매 대역(대역폭)	경매방식	사업자당 총량 제한 (MHz)
2013. 3.	영국	800MHz/2.6GHz(250MHz)	CCA	1GHz 이하: 2x27.5 전체: 2x105
2013.	아일랜드	800MHz/900MHz/1.8GHz (280MHz)	CCA	1GHz 이하: 2x20 전체: 2x50
2013. 3.	오스트리아	800MHz/900MHz/1.8GHz (280MHz)	CCA	N.A
2012. 1.	네덜란드	800MHz/900MHz/1.8GHz/ 기타 대역(360MHz)	CCA	N.A
2012. 9.	루마니아	800MHz/900MHz/1.8GHz /2.6GHz(475MHz)	자국 고유 포맷	N.A
2012. 6.	덴마크	800MHz(60MHz)	CCA	2x20
2011. 12.	프랑스	800MHz(60MHz)	밀봉입찰 비교심사	2x15
2011. 11.	포르투갈	450MHz/800MHz/900MHz/ 1.8GHz/2.1GHz/2.6GHz (376.5MHz)영국	SMRA	900MHz 대역: 2x5 다른 대역: 2x20
2011. 11.	벨기에	2.6GHz(190MHz)	SMRA	2x20
2011. 11.	그리스	900MHz/1.8GHz(110MHz)	SMRA	900MHz 대역: 2x15
2011. 9.	이탈리아	800MHz/1.8GHz/2GHz /2.6GHz(255MHz)	SMRA	1GHz 이하: 2x20 2.6GHz: 55MHz
2011. 9.	프랑스	2.6GHz(140MHz)	밀봉입찰 비교심사	2x30
2011. 7.	스페인	800MHz/900MHz/2.6GHz (270MHz)	SMRA	1GHz이하: 2x20 1GHz 이상: 115MHz
2011. 3.	스웨덴	800MHz(60MHz)	SMRA+S	2x10

2010. 1.	오스트리아	2.6GHz(190MHz)	CCA	2G 주파수 보유 사업자만: 2x30
2010. 5.	덴마크	2.6GHz(190MHz)	CCA	2x20
2010. 5.	독일	800MHz/1.8GHz/2GHz /2.6GHz(360MHz)	SMRA	800MHz 대역에만 비대칭적 총량제한
2010. 4.	네덜란드	2.6GHz(190MHz)	CCA	비대칭적 총량제한
2009. 11.	핀란드	2.6GHz(190MHz)	SMRA+S	2x20
2008. 5.	스웨덴	2.6GHz(190MHz)	SMRA+S	140

자료: 설성호, 신민수 (2013). "유럽 주요국의 주파수 경매 정책 분석 및 국내 주파수 경매 설계 프레임워크 모색". 《정보통신정책연구》. 제20권. 제1호. 104쪽. 재인용.

2015년까지 5GHz 이하 대역에서 총 400MHz 이상의 주파수가 추가로 할당되었다. 스페인은 2011년 800MHz, 900MHz, 1.8GHz, 2.6GHz 대역의 총 310MHz 주파수를 할당했다.

또한 2016년 5월 26일 벨기에 브뤼셀에서 열린 EU 정상회의에서는 700MHz 주파수를 2020년까지 유럽 전역에 이동통신 서비스 용도로 사용한다는 결정문 초안이 채택되었다. 이에 따라 EU 회원국들은 2020년까지 694~790MHz 대역에서 사용하던 기존 지상파방송, 무선마이크 등을 위한 주파수를 차세대 이동통신용으로 재지정해야 한다. 이로써 28개 회원국별로 나뉘어 있던 주파수 용도가 통일되어 EU 내 단일통신시장을 형성할 수 있는 기반이 조성될 전망이다. 또한 EU 내 유통되는 통신장비와 단말기의 호환성이 높아지는 동시에 고품질의 700MHz 주파수를 이동통신용으로 지정하여 5G 시대에 선제적으로 대응할 수 있게 되었다.[48]

ICT 산업경쟁력 제고를 위한 R&D 투자 확대

EU 집행위원회가 발표한 2013년 EU 산업경쟁력 보고서[49]에 따르면, 2012년 매출액 기준으로 전 세계 ICT 분야의 100대 기업 중 유럽 기업은 IT 서비스(3개), 소프트웨어(1개), 통신장비 및 서비스(3개), 휴대폰(1개), 반도체(1개)에서 총 9개에 불과한 것으로 조사되었다. 이처럼 글로벌 시장에서 EU의 입지가 약화된 이유에 대해 EU 집행위원회는 유럽의 ICT 수요 감소, 규모의 경제 실패, R&D 투자자본 부족, 특허 취득 미흡, 엔지니어 부족, 높은 임금과 경직된 노동시장, 전략적 파트너 부재, 기업가 문화와 지원 시스템 미흡, 전략적 안목 부재 등을 꼽았다.

　이러한 상황에서 EU는 ICT 산업의 경쟁력 제고와 디지털 경제의 성장을 위해 ICT 분야에 대한 R&D 투자를 늘리고자 애쓰고 있다. ICT 분야의 R&D 투자를 살펴보면, EU는 민간기업뿐만 아니라 정부 차원에서도 경쟁국인 미국과 일본에 비해 열세에 놓여 있는 게 사실이다. 2012년 EU 내 민간기업의 ICT 분야 R&D 투자 규모는 290억 유로로, 그중 독일(24%), 프랑스(18%), 영국(13%), 이탈리아(7%), 핀란드(7.6%), 스웨덴(7.4%) 등 6개국 기업이 77%를 차지하고 있다. R&D 투자에서 EU의 열세는 R&D 집약도, 즉 매출액 대비 R&D 지출 비율에서 더 명확하게 드러나는데, EU 기업들의 R&D 집약도는 5.6%로 미국(11.2%)이나 일본(11.4%)의 절반 수준에 불과한 실정이다. EU 회원국 정부 차원의 ICT 분야 R&D 지출 역시 2013년 약 62

48 외면받은 700MHz, 해외선 알짜 주파수로 '각광'. (2016. 6. 2). 《디지털 타임스》.

49 European Commission (2013). European Competitiveness Report 2013: Toward Knowledge-driven Reindustrialisation.

억 유로에 불과해, EU 전체 R&D 투자의 6.7%로 미국(7.9%)이나 일본(9.0%)에 비해 낮은 수준이다.

2013년 현재 회원국 정부의 ICT 분야 R&D 지출 규모는 2007~2020년에 이를 2배로 증액(EU GDP의 3%)하겠다는 디지털 어젠다 목표와 약 20%의 격차를 보여, 목표 달성을 위해서는 매년 5.5% 증액이 필요한 상황이다. 이에 따라 EU는 회원국들의 ICT 분야에 대한 R&D 투자 확대를 독려하고 있다.

한편, 첨단기술 확보를 위해 EU 차원에서 R&D 투자 확대가 진행되고 있다. 특히 EU 집행위원회는 미국과의 디지털 기술 격차를 줄이기 위해 중기 R&D 지원 프로그램인 'Horizon 2020'을 추진하고 있는데, 2014년부터 2020년까지 7년간 약 800억 유로가 투입될 예정이다. 이를 통해 EU는 ICT, 나노 테크놀로지(반도체 포함), 첨단소재, 바이오테크놀로지, 첨단제조 시스템, 항공우주 등 6개 분야의 핵심기술 개발에 총 170억 유로를 투자하고, 특히 ICT 분야에는 최대 규모인 136억 유로를 투자할 방침이다. 예컨대 EU는 2014년 Horizon 2020 예산(93억 유로)의 17%에 해당하는 15.5억 유로를 ICT 분야에 투자했다. ICT에 대한 투자액과 이와 관련이 깊은 나노/바이오/첨단소재(5.8억 유로), 우주항공(1.7억 유로) 등 첨단기술에 대한 투자를 합치면 2014년 한 해에만 총 23억 유로가 투자된 셈이다.

더불어 ICT 분야의 연구 프로젝트 수와 지원액도 크게 증가했다. 이 분야의 연구 프로젝트 수는 2007~2013년 연평균 323개였지만 2014년에는 이를 훨씬 넘는 545개에 이르렀고, 지원액도 2007~2013년 연평균 10.8억 유로였으나 2014년에는 15.5억 유로에 달했다. 특히 산학 공동연구의 필요성 증가로 민간기업들에 대한 지원이 확대되는 추세다. 민간기업에 배정되는 ICT 분야의 R&D 예산 비중은 2007~2013년 33%였으나 2014년에는 41%로 늘어났다. 이에 따라 R&D 전체 예산(Horizon 2020)의 민간기업 지원 비중도 23%에서 28%로 늘어났다. 또한 EU의 전체 예산은 줄어들고 있음에도 불구하고 디지털 경쟁력 강화를 위한 R&D 예산은 확대되고 있는 점도 ICT 산업 육성을 위한 EU의 추진의지를 잘 보여준다. EU의 전체 예산은 2007~2013년 연평균 1,390억 유로에서 2014~2020년 1,370억 유로로 축소되었으나 R&D 예산은 72억 유로에서 115억 유로로 증액되었다.

더욱 고무적인 것은 2014년 EU가 ICT 분야에서도 최첨단 부문인 5G 모바일 기술 개발을 위한 민관 파트너십(5G PPP; 5G Public-Private Partnership)에 2.4억 유로를 지원한 점이다. 2020년 5G 모바일 기술의 상용화를 위해 글로벌 산업협력을 강화하고 있는 EU는 한국(2014년 6월), 일본(2015년 5월), 중국(2015년 9월)에 이어 미국과도 5G 기술개발 협력을 추진 중이다. EU 집행위원회는 민관 파트너십에 의한 ICT 기술개발 대상 분야를 5G에서 향후 스마트 공장, 빅데이터, 클라우드 컴퓨팅 등으로 확대할 계획이다.

3

디지털 어젠다의 성공 열쇠와
네 가지 시나리오

디지털 어젠다의 성공 가능성: EU 차원의 노력

EU는 2020년까지 디지털 어젠다를 완료하겠다는 강한 의지를 갖고 있다. 융커 EU 집행위원장은 디지털 어젠다를 최우선 정책과제로 선정하고, 자신의 임기가 끝나는 2019년에 디지털 어젠다의 성공 여부로 EU 집행위원장으로서 자신의 성과에 대해 평가를 받겠다는 입장이다. EU는 전통 제조업의 경쟁력을 강화하는 것만으로는 현재의 경제위기를 극복하는 데 한계가 있다는 사실을 잘 알고 있다. 따라서 이를 해결하려면 디지털 경제의 확립이 시급하다는 인식을 내부적으로 공유하고 있다. EU 경제가 당면한 위기를 극복하고 지속가능한 성장을 이루려면 전통 제조업에서 벗어나 ICT 산업을 기반으로 한 디지털 경제로의 전환이 시급한 상황이라는 진단이다.

EU는 디지털 어젠다의 목표 달성을 위해 2000년대 초반 추진했던 리스본 어젠다(e유럽전략)와는 달리 선택과 집중이라는 실용주의 노선을 채택하고, 예전부터 추진해오던 R&D 확대와 더불어 디지털 단일시장 완성과 초고속 브로드밴드 구축이라는 두 가지 핵심과제에 집중하고 있다.

현재 디지털 어젠다의 성공적 실현과 안착을 위한 EU의 노력은 다양한 방식으로 전개되고 있다. EU는 디지털 어젠다 실행의 일환으로 유럽전략투자기금(EFSI) 조성, 정부보조금 규정 개정, 디지털 단일시장과 관련한 주요 규정의 개·제정 등을 추진해왔으며, 소기의 성과를 거두었다는 평가가 나오고 있다.

EFSI는 2015년 7월에 EU 예산 160억 유로의 지급보증과 50억 유로 규모의 유럽투자은행(EIB) 자본금으로 조성되었다. 현재 독일(80억 유로), 영국(85억 유로), 프랑스(80억 유로), 이탈리아(80억 유로), 스페인(15억 유로), 폴란드(80억 유로), 슬로바키아(4억 유로), 불가리아(1억 유로), 룩셈부르크(8,000만 유로) 등 9개국이 EFSI에 추가 출연을 약속한 상태다. 이렇게 조성된 기금은 고속 브로드밴드, 에너지, 운송, 교육, R&D, 중소기업 지원 등의 투자를 위해 활용될 계획이다.[50]

EU 집행위원회는 2014년 5월 정부보조금 규정을 개정하여 회원국 정부가 농촌 등 낙후지역의 브로드밴드 구축사업을 지원하도록 조치하였다. 또한 앞에서 살펴보았듯이 2014년 11월 EU 집행위원회는 디지털 어젠다의 최우선 과제 중 하나로 브로드밴드 구축 사업을 지정하기도 하였다.[51]

---

[50] 공공기금을 토대로 하되 그 15배의 민간자본이 인프라 현대화 사업에 투자하도록 설계되어 있다.
[51] Broadband Key Part of EU's €315bn Investment Plan (2014. 11. 26). *Total Telecom*.

제3부 진격의 EU 경제

유럽의회는 2017년 6월부터 유럽 내 해외 로밍 수수료 폐지, 망 중립성 원칙 완화 정책을 통한 혁신 서비스 활성화 여건 조성 등을 승인하는 등 다양한 방안을 마련하였다.

한편 초고속 브로드밴드 구축 등 디지털 어젠다의 핵심과제 추진에 필요한 대규모 자본을 조달할 수 있는 금융시장 여건도 개선되고 있다. 우선, 2015년부터 EU 차원의 자본시장동맹(Capital Market Union)이 추진되고 있다.[52] 유럽은 기업 자금조달의 약 70%가 은행을 통해 이뤄지지만 미국은 약 80%가 자본시장을 통해 공급된다. EU 집행위원회는 유럽 자본시장이 고용과 성장을 위한 자금조달의 원천이 되어야 한다는 인식을 갖고, 고용·성장·투자를 촉진할 핵심정책의 하나로 2019년까지 역내 자본시장 통합을 목표로 자본시장동맹을 추진 중이다. 자본시장동맹은 역내 자본시장을 통합하여 중소기업 및 스타트업의 자금조달을 지원하고, 인프라 투자를 확대하며, 국경 간 투자를 활성화하는 것을 목표로 삼고 있다. 둘째, ECB의 저금리 및 양적완화(QE) 정책에 힘입어 투자자들이 시중에서 낮은 금리로 자금을 조달할 수 있게 되었다. 사실상 제로금리 정책이 2014년 초부터 시행되고 있으며, EU 회원국들의 국채금리도 재정위기 이전 수준 이하로 하락하였다. 이에 따라 투자자가 브로드밴드 시설 및 설비 투자를 위한 자금을 보다 저렴한 비용으로 조달할 수 있게 되었다. 또한 ECB는 디플레이션 위기를 타개하고자 마이너스 예치금리를 시행하는 동시에 시중의 유동성 확대를 위해 자산매입의 규모나 대상을 확대하는 등 금융완화 정책을 지속

---

52 2016~2019년에 추진할 중장기 과제로 금융접근성 향상, 투자 확대, 국경 간 투자장벽 제거를 목표로 한 다수의 과제가 포함되어 있다.

적으로 펼치고 있다.

아울러, EU는 유럽 자본시장 통합(자본시장동맹)을 통해 자본시장에 유입된 위험자본이 디지털 단일시장과 초고속 브로드밴드 구축에 투자되도록 유도하고 있다. 일각에서는 EU 국가들의 위안화 국제화 지지 및 일대일로(一帶一路) 정책[53] 참여 등을 통해 형성된 중국과의 신(新)밀월관계가 중국 자본의 유럽 투자를 촉진하는 계기로 작용할 것으로 기대하고 있다. 특히 2015년 6월 EU와 중국이 국교 수립 40주년을 맞아 중국의 일대일로 정책과 EU의 유럽 2020 전략을 달성하는 데 상호 협력하기로 합의한[54] 것은 중국 자본이 EU의 디지털 어젠다 목표 달성에 투자될 수 있음을 시사한다.

디지털 어젠다의 성공 열쇠: 회원국 차원의 노력

2000년 발표된 리스본 어젠다에 포함된 '정보화 추진전략'과 2005년 신(新)리스본 어젠다의 일환으로 시행된 'e유럽전략'은 EU 차원의 추진 노력에도 불구하고 정작 당사자인 회원국들의 정책 추진의지가 약해 실패했다. EU 집행위원회는 이러한 실패를 반복하지 않기 위해 매년 디지털 어젠다 스코어보드를 발표하여 시행 주체인 회원국 정부들을 독려하고 있다.

하지만 디지털 어젠다의 추진동력이 계속 유지되기 위해서는 정치적 안정이 매우 중요하다. 브렉시트로 인한 불확실성을 최소화하고 일부 회원국

---

53 중국-중동-유럽-아프리카 시장 및 남태평양을 연계해 글로벌 최대 경제공동체를 지향한다는 중국의 마스터 플랜이다.
54 EU-China Summit: Building New Connections (2015. 6. 29). *EPRS Briefing*.

에서 일고 있는 반(反)EU 정서가 디지털 어젠다의 추진에 악영향을 주지 않도록 해야 한다. 이런 맥락에서 EU는 앞으로 2년간 전개될 영국과의 EU 탈퇴 협상에서 영국이 디지털 어젠다의 일원으로 남고 디지털 단일시장에 포함될 수 있도록 유연한 자세를 가질 필요가 있다. 또한 2017년에는 프랑스, 독일 등 유럽 주요국에서 중요한 선거가 치러질 예정이다. 정치지형의 변화와 상관없이 각국 정부가 디지털 어젠다의 목표 달성을 위해 일관성 있는 정책을 집행해야 한다. 회원국 정부의 추진의지와 정책집행의 연속성이 디지털 어젠다의 성패를 좌우한다고 볼 수 있다.

디지털 어젠다 관련 정책에 대한 회원국 정부의 추진의지가 확고해야만 국가과제로 채택이 가능하고 정책의 추진과정도 순탄할 수 있다. 하지만 정책 추진의지가 강하더라도 정부의 제도적 역량이 미흡하고 민간의 호응을 비롯한 국력 응집이 부진하다면 정책의 성공이 보장되기 어렵다. 따라서 추진조직의 안정성과 전문성이 확보되는 가운데, 정부의 재정 지원이 뒷받침되고 민간기업의 투자가 활성화되는 것이 디지털 어젠다를 성공시키는 충분조건이라 할 수 있다.

디지털 어젠다의 성공은 정책을 수립하고 집행하는 회원국 정부의 의지와 능력에 상당 부분 의존한다. 그런 의미에서 EU 국가들의 디지털 어젠다 추진의지와 집행능력을 객관적으로 평가할 필요가 있다. 이에 독일, 영국, 프랑스, 이탈리아, 스페인, 네덜란드, 스웨덴, 폴란드, 헝가리, 루마니아 등 10개국의 정책 추진의지와 집행능력의 차이를 비교해보았다. 회원국들의 정책 추진의지는 정성적 평가가 불가피하므로 특별법 제정 등과 같은 법률 추진기반과 추진조직의 정부 내 위상 등을 통해 평가할 수밖에 없으며, 정책 집행능력은 정책 추진 초기임을 감안하여 재원 중심으로 파악하였다.

EU 10개국의 정책 추진의지와 정책 집행능력을 비교해본 결과, 독일이 추진의지와 정책 집행능력 두 부문 모두에서 가장 높은 점수를 받았다. 스웨덴 역시 독일과 마찬가지로 두 부문에서 모두 평균치를 상회하는 높은 점수를 받았다. 네덜란드, 영국, 프랑스 등 유럽의 전통 강국들은 정책 추진의지를 뒷받침하는 제도적 진전은 평균 수준에 머물렀으나, 양호한 집행능력을 바탕으로 중간 수준의 추진의지와 높은 수준의 집행능력을 나타내는 국가군을 형성하고 있었다. 동구권을 대표하는 폴란드는 정책 추진의지가 독일에 이어 아주 강한 수준으로 평가받고 있으며, 정책 집행능력에서도 평균에 근접하는 모습을 보였다. 이에 반해 이탈리아, 헝가리, 루마니아는 정책 추진의지와 집행능력 모두 약점을 드러내고 있어 정책성과가 미진한 국가로 분류되었다.

그런데 EU 국가들의 정책능력을 평가할 때는 현실적 측면도 고려해야 한다. 예를 들어 EU 국가들의 고속 브로드밴드 구축과 관련된 정책 집행능력을 평가하는 데 있어 반드시 고려되어야 할 변수로 기존의 통신 인프라 구축 수준이 있다.

광섬유 라인을 신설해야 하는 FTTP를 제외한 나머지 차세대 브로드밴드 전송기술은 기존 설비를 단순히 업그레이드함으로써 확보할 수 있다.[55] 따라서 기존 인프라를 업그레이드하는 방식으로 고속 브로드밴드를 구축할 경우 EU 전체적으로 디지털 어젠다의 목표 달성 비용을 상당히 절감할 수 있다. 기존의 케이블 모뎀을 활용할 경우 고속 및 초고속 브로드밴드 구축

---

[55] FTTC/VDSL 전송기술은 기존 구리선(DSL)의 페어본딩(Pair Bonding)과 벡터링(Vectoring)을 통해 확보가 가능하고 Cable Docsis 3.0도 기존 케이블 모뎀의 채널 본딩과 주파수 재할당 등으로 확보할 수 있는 것으로 알려져 있다.

비용을 1,424억 유로에서 1,039억 유로로 27%가량 절감할 수 있을 것으로 추정된다.

이미 DSL이나 케이블 모뎀이 광범위하게 깔려 있는 서유럽 국가들은 그렇지 않은 동유럽 국가들에 비해 차세대 브로드밴드 구축비용 측면에서 유리한 입장에 있다. 독일, 영국, 벨기에, 룩셈부르크, 그리스, 스페인, 이탈리아, 네덜란드, 오스트리아 등이 가장 많은 비용절감 효과를 누릴 것으로 기대된다. 스웨덴, 핀란드, 헝가리, 폴란드는 케이블과 DSL 보급률이 80%대 수준에 불과해 위의 국가들에 비해 비용절감 효과가 크지 않을 것으로 예상된다. 반면 루마니아, 불가리아, 슬로바키아, 체코, 발트 3국은 낮은 케이블과 DSL 보급률로 많은 투자가 요구되고 있는 실정이다.

2020년 이후 EU의 디지털 경제

EU는 현재 추진 중인 디지털 어젠다를 성공적으로 마무리하여 디지털 경제를 실현함으로써 경제위기를 극복할 수 있을까? 세계경제의 흐름과 지정학적 리스크는 물론 브렉시트를 비롯한 EU 내부의 정치변화 등 많은 변수들이 디지털 어젠다에 영향을 줄 것이므로 성공 여부를 예측하기란 어렵다. 하지만 앞에서 열거한 EU 차원의 노력과 회원국들의 추진의지 및 정책 집행 노력이 결집된다면 위기 극복이 불가능한 일만은 아닐 것이다.

이러한 관점에서 2020년 이후 EU 디지털 경제의 모습을 '디지털 단일시장 완성'과 '차세대 브로드밴드 구축'이라는 디지털 어젠다의 두 가지 핵심 과제 달성 여부를 기준으로, 총 네 가지 시나리오로 전망해본다.[56]

첫 번째 시나리오는 고속 브로드밴드를 기반으로 디지털 단일시장이 완성되는 가장 낙관적인 전망이다. EU와 모든 회원국이 꿈꾸는 가장 이상적인 미래 모습으로, ICT 산업 육성을 통해 산업경쟁력이 강화되고 디지털 경제와 4차 산업혁명의 혜택을 누리는 경우다. EU의 글로벌 기업들이 디지털 경제의 성장을 주도하는 가운데, 소비자가 다양한 제품과 서비스를 마음껏 선택할 수 있는 자유로운 시장환경이 조성된다. 이는 가장 이상적인 디지털 경제의 모습으로 'Digital Rainforest'가 실현됨을 의미한다.

두 번째 시나리오는 가장 비관적인 경우다. 두 가지 추진과제가 모두 실패해 EU가 글로벌 디지털 경쟁에서 낙오해 외국 선진기술에 의한 종속이 심화되고 디지털 이류국으로 전락하는 것이다. 시장이 황폐해지고 개별 회원국들은 각자도생하여 글로벌 강자들의 먹잇감으로 전락하는 'Digital Desert'로 묘사할 수 있다. 이러한 모습은 EU가 가장 상상하기 싫은 미래임이 틀림없다.

앞의 두 가지 시나리오의 중간 수준에 해당되는 시나리오도 상정해볼 수 있다. 그중 한 가지로, 세 번째 시나리오는 디지털 단일시장이 완성되지만, 고속 브로드밴드 구축은 당초 목표를 달성하지 못하는 경우다. 콘퍼런스 보드는 이 시나리오를 'Digital Savannah'로 표현하고 있다. 이 시나리오에서는 미국, 중국 등 디지털 선진국들의 글로벌 기업들이 하나로 통합된 유럽의 디지털 시장을 장악하고 EU 국가들 간의 디지털 경쟁력 격차는 더욱 확대된다.

---

56 경제성장 전망과 ICT 역할에 따라 네 가지 시나리오를 상정한 콘퍼런스 보드의 자료를 토대로 작성하였다. van Welsum, D., Overmeer, W. and van Ark, B. (2012). Unlocking the ICT Growth Potential in Europe: Enabling People and Businesses. The Conference Board.

제3부 진격의 EU 경제

마지막 네 번째 시나리오는 EU와 회원국들의 노력으로 목표했던 차세대 브로드밴드 구축에는 성공하지만, 회원국 간 이해관계가 엇갈려 디지털 단일시장 완성에는 실패하는 경우다. 파편화된 유럽 시장에서 역내 디지털 보호주의가 확산되어 유럽판 '구글'과 같은 혁신 스타트업 탄생이 불가능한 상황이 지속된다. 또한 지나친 디지털 보호주의는 역내 국가 간 시장통합을 어렵게 하여 규모의 경제와 범위의 경제가 실현되지 못하게 된다. 그 결과 디지털 경제의 효과를 극대화할 수 없는 EU는 'Digital Glasshouse'에 머무르게 된다.

2020년 EU는 비록 완전하지 않더라도 현재보다는 더 강한 디지털 경제를 구축하게 될 가능성이 높다.[57] EU와 회원국 정부의 강한 추진의지와 정

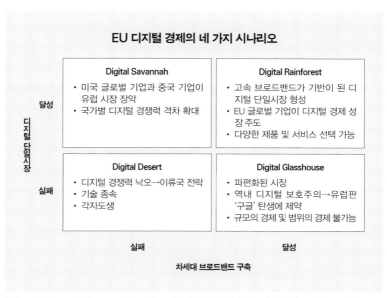

자료: van Welsum, D., Overmeer, W. and van Ark, B. (2012). Unlocking the ICT Growth Potential in Europe: Enabling People and Businesses. The Conference Board.

책 집행능력, 그리고 앞서 살펴본 디지털 어젠다를 위한 제반 요건들을 종합해보았을 때 2020년 이후 EU의 디지털 경제는 지금보다 훨씬 발전된 모습을 갖출 것으로 전망된다. 디지털 단일시장과 차세대 브로드밴드 구축이라는 핵심과제의 추진으로 디지털 경제가 보다 빠르게 성장하여 EU 경제에서 중추적 역할을 담당할 수 있을 것이다.

또한 28개국으로 쪼개져 있던 디지털 시장이 법과 제도 측면에서 하나의 시장으로 통합되어 디지털 경제의 활성화에 기여할 것이다. EU 차원의 정책 집행과 지원은 회원국들의 브로드밴드 구축을 앞당길 것으로 기대된다. 정책 추진의지는 강하나 집행능력이 부족한 국가인 경우에도 EU 차원의 지원 정책과 우호적인 금융시장 여건이 뒷받침된다면 디지털 어젠다 목표를 충분히 달성할 수 있으리라 예상된다.

디지털 어젠다가 성공할 경우 전체 EU 경제에서 디지털 경제가 차지하는 비중은 현재의 5% 수준에서 10% 이상으로 증가하게 된다. EU 역내 전자상거래가 활성화되고 콘텐츠 및 서비스 분야의 성장세도 훨씬 빨라질 것으로 전망된다. 소프트웨어 · IT · 통신 서비스 산업, 콘텐츠 및 미디어 산업 등에서 기업 간 인수와 합병을 통한 산업재편이 활발히 이루어져 유럽 디지털 기업들의 대형화가 진전될 전망이다. 그리고 회원국 정부의 적극적인 지원 정책과 금융시장 여건 개선에 힘입어 유럽판 '구글'로 성장할 혁신 스타트업들이 속속 등장할 것으로 예상된다.

---

57 브렉시트(영국의 EU 탈퇴)가 디지털 어젠다의 성공 여부에 미칠 영향은 추후 심도 있게 연구되어야 할 주제다.

디지털 어젠다의
분야별 영향과 경쟁구도 전망

디지털 어젠다가 변화의 기폭제

EU가 추진하는 디지털 어젠다에 의해 앞으로 관련 산업들이 많은 영향을 받게 될 전망이다. 디지털 어젠다와 관련한 정책이 본격 추진되고 인프라 확충 및 법·제도 개선이 이루어짐으로써 인터넷 서비스, 콘텐츠 및 미디어, 소프트웨어, IT, 통신 서비스, 네트워크장비 등의 분야가 직접적 영향을 받을 것으로 예상된다. 인터넷 서비스와 콘텐츠 및 미디어 산업은 EU의 국가별 서비스 제한이 해소되고 통신 인프라가 개선됨으로써 전반적인 수요 진작이 기대된다. 소프트웨어, IT, 통신 서비스 및 네트워크장비 분야의 인프라 투자 확대로 관련 산업들도 빠른 성장이 예상된다.

직접적 영향을 받는 산업 분야의 성장과 더불어 사회 및 문화적 환경 변

자료: IDATE (2015). DigitalWorld Yearbook 2015에서 디지털 산업 분류 재구성.

화에 따라 전자기기와 전자부품 산업 역시 디지털 어젠다로 인해 직간접적 영향을 받을 것으로 예상된다.

인터넷 서비스 산업

EU의 인터넷 이용자가 크게 증가하고 EU 역내 유형재화의 전자상거래 시장도 매년 평균 20% 이상 증가하고 있다. 하지만 이러한 시장 상황에 비해 디지털 온라인 서비스의 사업환경은 그리 용이하지 않다. EU 회원국들의 인터넷 서비스 관련 제도가 상이해 다른 EU 국가로의 진출이 어려워 유럽 기업들의 성장이 부진하다.

이러한 상황을 타개하고자 EU는 역내 인터넷 서비스 기업 육성을 위한 다양한 방안을 강구 중인데, 이는 디지털 단일시장 구축과 독점적 지위를 누리는 글로벌 기업에 대한 규제라는 큰 틀에서 구체화되고 있다. 먼저, EU 는 개별 회원국 간 온라인 장벽을 제거하는 디지털 단일시장 전략을 추진함으로써 역내 전자상거래 활성화와 시장의 확대를 도모하고 있다. EU 차원에서는 회원국 간의 상이한 전자상거래 관련 소비자 보호 및 계약 관련 법령을 조화시키고 소비자 관련 법제도를 일원화하여 역내 온라인 분쟁해결 플랫폼을 구축하고 있다.[58] 소비자가 위치한 국가에 따라 일부 상품 및 서비스 공급이 차단되거나 동일한 상품 및 서비스가 국가별로 상이한 조건으로 판매되는 문제를 해결하고자 불합리한 지역차단 해소 법안을 마련하는 한편, 배송비용 절감 및 배송품질 개선, 부가가치세 협약 간소화 등을 추진하고 있다. 이를 통해 국경 간 온라인 시장진입비용이 절감되면, 중소기업들의 시장 진출이 활발해지고 단일시장을 통해 규모의 경제를 용이하게 달성할 수 있을 전망이다.

한편, 독점적 해외 기업 규제가 역내 기업 육성 정책과 함께 이루어지고 있다. EU는 기존의 개인정보보호 관련 규제가 새롭게 등장한 인터넷 서비스 제공자와 인터넷 플랫폼 사업자 등에 적용되기에는 근거가 부족하므로 관련 법을 개정 보완하여 규제를 일원화하는 방안을 강구 중이다. 예를 들

---

58 European Commission (2015). Communication from the Commission to the European Parliament, the Council, the European Economic and Social Committee and the Committee of the Regions: A Digital Single Market Strategy for Europe. COM(2015) 192 Final.

어 '쿠키(cookie)법'으로도 불리는 e−프라이버시 지침의 적용 사례는 EU의 인터넷 서비스 기업에 대한 개인정보보호 규제 방향을 잘 나타낸다. EU는 2015년 페이스북이 고객들의 온라인 기록을 설명이나 동의 없이 무단으로 저장하고 활용했다는 이유로 대대적인 조사에 착수했다.[59] 조사의 배경에 통신 사업자는 웹브라우저 사용자에게 정보저장 목적에 대한 명확하고 포괄적인 설명을 제공하고 사용자가 동의했을 때에만 쿠키를 저장할 수 있도록 제한하는 내용의 쿠키법이 있었다. EU는 가격 정책을 통한 불공정 및 정보독점 행위, 수직계열화를 통한 유통시장 잠식 등 불공정 경쟁 행위에 대해 규제를 강화하고 있다. 이는 구글, 페이스북, 아마존 등 거대기업이 가격 정책으로 사용자 기반을 빠르게 확장하고 수집한 고객정보를 바탕으로 온라인 광고 등을 통해 추가 수익을 확보하는 정보독점 및 불공정 경쟁에 대한 문제의식에서 비롯된 것이다. 프랑스의 '유럽 문화주권 수호', 독일의 '위협받는 전통산업 보호' 등 거대 인터넷 플랫폼 기업에 대한 반대 정서 및 조치가 확산됨에 따라 인터넷 플랫폼 기업에 대한 규제 강화 움직임도 가시화되고 있다. 하지만 일각에서는 지나친 규제가 역외 글로벌 기업의 유럽 투자를 위축시켜 EU 경제에 불이익을 초래한다고 지적하고 있다.

콘텐츠 및 미디어 산업

EU의 콘텐츠 및 미디어 산업은 디지털 콘텐츠를 중심으로 높은 성장잠재력을 지니고 있다. 유럽은 오랜 역사와 언어적·문화적 다양성 덕분에 풍부한 콘텐츠를 보유하고 있다. 예를 들어 영화 〈해리포터〉 시리즈나 〈반지의

---

59 Facebook 'Tracks All Visitors, Breaching EU Law' (2015. 3. 31). *The Guardian*.

제왕〉 캐릭터 및 스토리는 모두 북유럽 신화에 기반한 것으로 알려져 있다. 프랑스와 영국 등 국가 차원에서 기존의 다양한 문화 콘텐츠를 디지털화하는 작업이 다방면에서 활발하게 진행 중인데, 이러한 문화 콘텐츠 활용을 통해 수익의 추가 창출이 가능할 것으로 전망된다.

또한 기업 차원에서는 기술력이 바탕이 된 중소기업을 중심으로 모바일 게임 같은 디지털 콘텐츠 분야에서 강세를 보이고 있다. 핀란드의 기업 슈퍼셀(Supercell)이 제작한 '클래시 오브 클랜(Clash of Clans)'이라는 모바일 게임이 2014년 구글플레이 매출 1위를 기록하고, 아일랜드 기업인 킹 디지털 엔터테인먼트(King Digital Entertainmant)가 2012년 출시한 '캔디 크러쉬 사가(Candy Crush Saga)' 역시 퍼즐게임 분야에서 오랜 기간 상위권을 유지하는 것이 좋은 예다.[60] 또한 스마트폰과 태블릿 등의 모바일 디바이스를 사용한 주문형 방식의 디지털 콘텐츠 소비가 증가하는 등 미디어 시장에서도 전통적인 서비스와 인터넷이 결합되면서 디지털 콘텐츠에 대한 접근과 소비방식이 다양화되고 있다.

이러한 시장환경에서 디지털 콘텐츠 사용량이 점차 증가하고 EU 회원국 간 콘텐츠 소비 수요가 많아지는 것은 자연스러운 현상이라 할 수 있다. 유럽 5개국의 평균 스마트폰 보급률이 55%에 달하고, 스마트폰으로 주로 이용하는 서비스 중 디지털 콘텐츠 소비가 검색과 SNS 사용에 이어 그다음 자리를 차지한다는 사실[61] 또한 이러한 수요 양상을 뒷받침한다. 그리고 유

---

60 슈퍼셀은 2016년 6월 중국 텐센트에 인수되었고 킹 디지털 엔터테인먼트는 2015년 11월 미국 액티비전 블리자드에 인수되었다.

61 유럽 5개국은 영국, 독일, 프랑스, 이탈리아, 스페인이며 디지털 콘텐츠 소비 항목에는 게임, 동영상 및 음악 감상, 전자책이 포함된다 (한국콘텐츠진흥원, 2014).

럽인의 30%는 해외체류 시 자국의 콘텐츠를 자유롭게 소비하기를 원하며 20% 정도는 다른 회원국의 콘텐츠를 자국에서 소비하기를 원한다는 조사 결과가 나왔다. 이는 유럽 콘텐츠 시장에서 앞으로 '국가 간 소비' 수요가 증가할 수 있음을 보여준다.[62]

하지만 EU의 디지털 콘텐츠 시장환경이 유럽의 콘텐츠 기업에 반드시 유리하게 작용하는 것은 아니다. EU 회원국별로 상이한 관련 법규와 인터넷 통신환경은 역내 디지털 콘텐츠의 자유로운 확산을 방해하는 요소로 작용하고 있다. 회원국 간의 상이한 저작권법으로 인해 디지털 콘텐츠 유통기업의 45%가 역내 타국 소비자들에게 콘텐츠를 공급하는 데 어려움을 겪고 있다. 초고속 브로드밴드 확산 및 투자의 지연으로 발생한 국가 간 통신산업의 환경 차이는 ICT 인프라의 지역 간 격차를 유발하고 디지털 콘텐츠 접근성 면에서도 격차를 만들고 있다. 현재 역외 글로벌 기업이 유럽 디지털 콘텐츠의 유통 플랫폼 대부분을 장악한 현실은 유럽 디지털 콘텐츠 기업에는 신사업 확장에 걸림돌로 작용하고 있다.

EU 역시 콘텐츠 및 미디어 시장 성장을 방해하는 요소가 무엇인지 파악하고 있으며, 콘텐츠 및 미디어 산업 발전을 위해 관련 법을 개정하고 인터넷 통신환경을 개선하는 등 대안 마련을 위해 노력하고 있다. EU는 디지털 콘텐츠 시장 활성화를 위해 공동 저작권법을 도입하여 저작권의 효력 범위 확대를 꾀하는 동시에 무분별한 예외조항 인정에 따른 저작권 약화를 방지하는 노력을 기울이고 있다. 또한 디지털 콘텐츠 생산을 촉진하기 위해 콘

---

62 European Commission (2015). Factsheets on Digital Single Market: Why We Need a Digital Single Market.

제3부 진격의 EU 경제

유럽 주요국의 디지털 콘텐츠 유통 현지 대표기업

국가	현지 대표 기업
영국	주문형 비디오: BBC의 아이플레이어(iPlayer)
	전자책: 테스코(Tesco)의 블링크박스북스(Blinkboxbooks)
	음악: 블립닷텀(Bleep.com)
프랑스	인터넷 포털: 오랑주(Orange)
	애니메이션: 카날플러스(Canal+)의 카날 플레이(Canal Play)
	동영상 공유: 데일리모션(Dailymotion)
독일	뉴스: 슈피겔(Spiegel)
	음악: 붐카트(Boomkat)
	온라인 게임: 가미고(Gamigo)

자료: 한국콘텐츠진흥원 보고서 및 언론사 보도 참조.

텐츠가 소비되는 순간 바로 저작권료가 지급되는 시스템을 개발하는 방안을 마련할 계획이다.[63] 국가 간 통신법이 조화를 이루어 통신시장의 진입장벽이 완화되고 초고속 브로드밴드가 확산되면 콘텐츠의 디지털화와 보급이 더욱 가속화될 전망이다.

한편, EU는 미디어 서비스 관련 법규의 개선으로 전통적 미디어 및 통신 관련 산업을 보호하는 동시에 역외 기업에 대한 규제를 강화하는 움직임을 보이고 있다. 하지만 이는 새롭게 등장한 디지털 콘텐츠 유통 플랫폼과 전통 미디어 서비스 사업자 간에 대해 상이한 규제 적용이 가능하다는 점에서 형평성 문제가 제기될 수 있다. 이에 따라 미디어 서비스 전반에 적용될 수

---

63 European Commission (2015). Communication from the Commission to the European Parliament, the Council, the European Economic and Social Committee and the Committee of the Regions: A Digital Single Market Strategy for Europe. COM(2015) 192 Final.

있는 포괄적 개념의 법규와 시청각 서비스 범위를 재규정하는 작업이 선행되어야 한다는 지적이 나오고 있다.

EU 차원의 노력에도 불구하고 저작권 보호 문제에 있어 회원국 간의 조율이 쉽지 않다는 점은 우려스러운 부분이다. 유럽 국가들은 국가별로 다양한 지적자산과 문화유산을 보유하고 있어 지적재산권과 문화유산 보호 등의 이슈에서 국가 간에 민감한 이해관계가 작용하는 게 현실이다. 특히 콘텐츠 저작권 보호에 가장 적극적인 영국과 타 회원국 간의 저작권 보호 정책에 대한 갈등이 두드러질 것으로 예상된다. 영국은 2011년 '디지털 경제법(Digital Economy Act)'을 통해 인터넷을 '콘텐츠를 불법으로 유통할 수 있는 유통망의 하나'로 간주하고, 인터넷을 통해 발생하는 불법 유통행위를 차단하고자 감시활동을 강화하고 있다. 여기에는 인터넷 인프라 운용주체인 인터넷 통신망 사업자에 대해서도 고객당 3회 이상 불법 콘텐츠 유통 시 벌금을 부과하는 등 강력한 제재 사항이 포함되어 있다. 또한 2013년 11월부터 '저작권과 실연자(實演者)의 권리 존속 기간에 관한 규칙'에 따라 음원 보호기간 및 음원 관련 실연자의 권리 기간을 50년에서 70년으로 연장하였으며, 개정된 법을 통해 보호기간이 연장된 음원을 이용하고자 하는 사람은 연장된 기간에도 계속 사용료를 지급해야 한다고 규정하고 있다. 결국 상대적으로 강력한 저작권 보호 체계를 가지고 있는 영국과, 높은 개방성을 바탕으로 콘텐츠 시장의 성장을 진작하고자 저작권 보호 수준을 조정하려는 EU 내 다른 회원국들 간의 갈등은 피할 수 없을 것으로 보인다.

소프트웨어, IT 및 통신 서비스 산업

현재 글로벌 시장에서 소프트웨어, IT, 통신 서비스 분야에서 각광받는 이슈 중 하나는 바로 개인과 사회와 산업 등 인간의 삶과 관련된 모든 분야에서 빅데이터와 클라우드 컴퓨팅을 활용하는 디지털화다. EU의 역내시장 분절과 법적 환경의 복잡성으로 인해 빅데이터 관련 분야에서 현재 유럽 기업들은 전반적으로 글로벌 기업들에 비해 낮은 경쟁력을 보이고 있다.[64] 빅데이터 분야에서 매출 기준 세계 상위 20대 기업 중 유럽 기업은 SAP, PwC, 딜로이트 (Deloitte) 등 3개사에 불과하다.[65] EU 회원국별로 상이하게 운영되는 데이터 관리체계와 데이터센터의 자국화 조치(data location requirement),[66] 개인정보의 국경 간 이동 제한 등은 국가 및 산업의 데이터 흐름을 방해하는 요소로 작용하고 있다. 회원국마다 개인정보보호 관련 규정의 해석, 적용 및 실행의 수준이 달라 기업들의 경영활동이 제약을 받고 있으며, 불필요한 행정비용도 부담이 되고 있다. 한편 역외에서 EU 소비자의 개인정보를 처리할 경우 개인정보보호에 대한 명확한 지침이 부재하여 역외 기업들이 이를 역이용하는 경우도 발생할 수 있다는 점 또한 위험요소로 지적된다. EU의 통신 서비스 산업 분야에서 개별 회원국 간 상이한 법규와 요금제, ICT 인프라의 지역 간 불균형 등이 관련 기업들의 데이터 흐름 및 분석능력을 제한하고 있다.

EU의 유럽 클라우드 이니셔티브(European Cloud Initiative)는 현재 유럽의 소프트웨어·IT·통신 서비스 산업이 당면하고 있는 제약 사항과 여러

---

64 European Commission (2015). Communication from the Commission to the European Parliament, the Council, the European Economic and Social Committee and the Committee of the Regions: A Digital Single Market Strategy for Europe. COM(2015) 192 Final.

65 SAP는 빅데이터 분석 소프트웨어와 분석 서비스를, PwC와 딜로이트는 분석 서비스만을 제공한다.

66 United States International Trade Commission (2013). Digital Trade in the U.S. and Global Economies, Part 1.

문제를 해결하고자 추진 중인 정책이다. 개인정보 처리 규범의 단일화, 역내 데이터 이동의 자유화, 데이터 위치에 대한 불필요한 제한 철폐 등의 조치가 취해질 예정이다. 이에 따라 앞으로 기업들은 보다 자유롭게 클라우드 및 데이터센터를 구축하고 다양한 빅데이터를 효과적으로 활용할 수 있게 될 전망이다. 이러한 정책이 성공할 경우 연관 산업의 빠른 성장도 기대된다.

EU 차원의 통신 관련 법 표준화 프레임워크를 통해 빅데이터의 분석·저장·연산 및 처리를 획기적으로 촉진하는 하드웨어 측면의 인프라 구축 프

전 세계 빅데이터 관련 기업(2013년)

(백만 달러)

기업	빅데이터 매출	기업	빅데이터 매출
IBM	1,368	PWC	312
HP	869	딜로이트(Deloitte)	305
델(Dell)	652	피보탈(Pivotal)	300
SAP	545	시스코 시스템스 (Cisco Systems)	295
테라데이터(Teradata)	518	스플렁크(Splunk)	283
오라클(Oracle)	491	마이크로소프트 (Microsoft)	280
SAS 인스티튜트 (SAS Institute)	480	아마존(Amazon)	275
팔란티르(Palantir)	418	히타치(Hitachi)	260
액센추어(Accenture)	415	CSC	188

주: 산업 분야는 빅데이터 하드웨어, 소프트웨어, 분석 서비스를 포함.
자료: Wikibon.

로젝트가 진행 중이다.[67] 디지털 표준화에 성공할 경우 역내 회원국 간, 디바이스 간 호환성이 확보될 전망이며, 이 또한 연관 산업의 활성화에 기여하리라 예상된다.

EU의 데이터 정책은 사물인터넷 산업에 지대한 영향을 줄 것으로 예상된다. 빅데이터 처리능력의 향상으로 혁신적인 애플리케이션과 서비스가 창출될 것으로 예상되며, 인터넷으로 연결된 ICT 시스템(센싱, 연산, 커뮤니케이션 기능이 내장된 사물연결 시스템)을 통해 혁신 제품 및 서비스가 유럽 시민들과 기업들에 광범위하게 제공될 것이다. 영국 정부가 '테크시티(Tech-City)'를 통해 육성하고 있는 '스마트 커넥티드 디바이스(Smart Connected Device)', 독일이 강점을 지닌 자동차 분야의 '커넥티드카' 등의 신산업 분야에서 사물인터넷과 클라우드 컴퓨팅의 활용은 다양한 서비스의 제공과 효율성 제고라는 시너지를 가져다줄 것으로 기대된다. 예를 들어, 독일의 자동차 제조사 BMW는 2016년 CES[68]에서 '오픈 모빌리티 클라우드(Open Mobility Cloud)'라는 스마트카 플랫폼을 소개하였다. 이 플랫폼은 삼성전자의 사물인터넷 플랫폼 '스마트싱스(SmartThings)' 및 아마존의 '에코(Echo)'와 연동하여 스마트카-스마트홈-모바일폰 연계 서비스를 운전자에게 제공한다. 이처럼 사물인터넷과 클라우드 시스템을 연계한 진일보한 서비스의 제공을 위해 유럽의 전통 제조업체들은 자체 혁신을 지속적으로 추구할 뿐 아니라 다른 기업들과의 협업도 활발히 진행할 것으로 예상된다. 이를

---

67 European Commission (2015). A Digital Single Market Strategy for Europe: Analysis and Evidence. Commission Staff Working Document. SWD(2015) 100 Final.

68 CES(Consumer Electronics Show)는 1967년부터 시작된 세계가전박람회로 매년 1월 미국 라스베이거스에서 개최된다. 본래 소비자가전박람회였으나 최근 자율주행차, 자동차 전장(電裝), 드론, 헬스케어 등 최신 기술 전반으로 범위가 확장되며 세계 최대 기술박람회로 성장하였다.

통해 데이터를 기반으로 한 기술 및 산업 간 융·복합이 활발히 이루어지고, 이는 기업의 효율성 제고를 통한 고객 서비스의 품질 향상으로 이어지는 선순환 구조를 만들어낼 것으로 기대된다.

하지만 유럽의 소프트웨어, IT, 통신 서비스 업계는 갈수록 엄격해지는 개인정보보호 규정으로 인해 빅데이터 활용이 당초 기대보다 미흡할 수 있음을 우려하고 있다. EU는 미국과 달리 개인의 프라이버시를 보다 중시해왔으며, 개인정보보호를 법적으로 더욱 강화하는 분위기여서 기업들 역시 더 많은 의무와 책임을 부여받고 있는 실정이다.[69] 이는 개인정보보호 관련 규제 강화로 인한 기업들의 과도한 부담이 빅데이터 관련 산업의 발전에 장애물로 작용할 수 있음을 의미한다.

네트워크장비 산업

현재 글로벌 네트워크장비 시장은 EU와 중국이 양분하고 있다. 중국의 화웨이(Huawei)와 ZTE는 가격경쟁력을 기반으로 글로벌 통신장비 시장에서 상위권 기업으로 도약하여 글로벌 시장의 약 30%를 차지하고 있다. 화웨이와 ZTE는 2014년 글로벌 유선 네트워크장비 업체 중 상위 5대 기업에 포함되었으며,[70] 2014년 글로벌 이동통신장비 시장에서 화웨이는 2위(매출액 기준 점유율 22%), ZTE는 5위(매출액 기준 점유율 8%)를 차지했다.

하지만 에릭슨과 노키아 등 유럽 3사가 기술력을 기반으로 글로벌 유선

---

69 Ira S. Rubinstein (2012), *Big Data: The End of Privacy or a New Beginning?*, New York University School of Law.

70 GPON Deployments Drove Broadband Equipment Spending Up in 2014, Says Infonetics (2015. 3. 11), *Fierce Telecom*.

및 이동통신장비 시장에서 선두권을 형성하며 전체 시장의 59%를 차지하고 있다. 2014년 알카텔-루슨트(Alcated-Lucent)는 유선 통신장비인 DSL 및 IP 라우팅(IP Routing) 시장에서 각각 글로벌 1위와 2위를 차지하였다. 2015년 4월 노키아-지멘스(Nokia-Siemens)는 알카텔-루슨트를 156억 유로에 인수하여 글로벌 시장에서의 경쟁력을 확보하게 되었다.[71]

EU의 디지털 어젠다에 포함된 초고속 브로드밴드 구축 정책은 유럽의 기존 네트워크장비 업체를 비롯하여 차세대 네트워크 설비 및 사업자에게도 긍정적 영향을 줄 것으로 전망된다. 특히 무선 브로드밴드의 경우 EU는 5G 망 구축을 디지털 어젠다의 주요 정책과제로 추진하고 있어 앞으로 관련 분야의 수요 증가가 예상된다. 2015년 3월 EU 집행위원회의 귄터 외팅거는 5G 기술이 "유럽의 디지털 산업 변화의 선봉장 역할을 하며, 디지털 단일시장 구축을 지원"할 것으로 예상한 바 있다.[72] EU 집행위원회는 5G 기술개발 및 인프라 확보를 위해 2020년까지 7억 유로를 투자할 계획이며, 민간 차원에서도 35억 유로 이상이 투자될 전망이다.[73] 또한 귄터 외팅거는 "유럽 기업들의 5G 기술 확보는 경제적 혜택 외에도 유럽의 안보 및 기술 주권과 직결되어 있다"라고 발언하기도 했다. 이는 EU 집행위원회가 통신망 산업을 경제적 측면에서만 보지 않고, EU 및 국가 안보에 영향을 미치는 핵심 산업으로 분류해 적극 보호에 나설 것임을 시사하는 발언으로 해석된다.

화웨이와 ZTE 등 중국 기업들은 이러한 EU 내 기류로 인해 역외 기업의 디지털 어젠다 참여가 제한될 것을 우려하고 있다. 화웨이는 유럽의 5G 관

71 Nokia Agrees to Buy Alcatel-Lucent (2015. 4. 15). *The Wall Street Journal*.

72 European Commission (2015. 3. 3). Speech at Mobile World Congress: The Road to 5G.

73 European Commission (2015. 3. 3). Mobile World Congress 2015: EU Unveils its Vision for 5G.

련 기초기술 연구개발에 적극 참여하고 있으나 상용화 단계에서 배제되지 않을까 촉각을 곤두세우고 있다. 2013년 EU 집행위원회가 화웨이와 ZTE 를 상대로 중국 정부의 불법 보조금에 대한 반덤핑 조사를 시도[74]했던 데에서 알 수 있듯 EU 차원에서 중국 기업을 대상으로 반덤핑 제소 등 무역제재 조치를 취할 가능성은 여전하다.

전자기기 및 전자부품 산업

한국과 중국과 일본, 그리고 애플 등 미국의 일부 전자제품 제조사들이 스마트폰 및 가전 등 유럽 전자기기 시장을 석권하고 있다. 2014년 출하량 기준으로 살펴보면, 삼성전자, 애플, 마이크로소프트, 소니, LG전자가 서유럽 스마트폰 시장의 79% 이상을 차지하고 있다.[75] 시장조사기관인 디스플레이서치는 2014년 매출액 기준으로 한국, 중국, 일본, 대만의 9개 평판 TV 업체들의 유럽 시장 점유율을 88% 이상으로 집계하고 있다.[76] 이에 반해 지멘스, 필립스, 톰슨 등 대다수 유럽 전자기기 제조사들은 수익성 악화 등을 이유로 2013년 이전에 일반 소비자 대상의 전자기기 시장에서 철수하였다. 현재는 BSH, 일렉트로룩스, 밀레 등만이 시장에 남아 있으며, 유럽 전자기기 제품 업체들은 빌트인(built-in) 주방가전 등의 중고가 생활가전 시장에 주력하고 있다.

　EU가 추진 중인 디지털 어젠다 및 디지털 단일시장 전략은 유럽 내 전자

---

74 EU Drops Threats against Huawei, ZTE (2014. 10. 20). *FierceWireless.*

75 IDC (2015. 2. 17). Western European Mobile Phone Market Shows Clear Signs of Saturation as Total Shipments Decline Again 2014, but Smartphones Hit a Record High, says IDC.

76 유럽서 한국 TV 점유율 60% 넘어… 삼성 40% (2015. 2. 24). 《연합뉴스》.

기기 수요를 간접적으로 증가시킬 것으로 예상된다. 온라인 콘텐츠 시장 활성화는 고품질 콘텐츠를 즐길 수 있는 대화면, 고화질 TV 및 VOD 서비스의 수요 증대를 가져올 전망이다. 2014년 현재 유럽의 50인치 이상 대형 TV의 판매 비중(11.6%)은 미국(29.7%), 중국(22.5%) 등에 비해 크게 낮기 때문에[77]이러한 낙관적 전망은 나름대로 근거가 있어 보인다.

유럽 내 통신 인프라의 개선으로 통신기기 활용도가 높아져 스마트폰 등에 대한 수요 역시 증가할 것으로 기대된다. 특히, 현재 통신 인프라 수준이 낮은 동유럽과 남유럽을 중심으로 통신기기 시장 규모가 확대될 가능성이 충분하다. 2014년 동유럽의 스마트폰 평균 판매가격은 158달러로 서유럽의 366달러 및 북미의 431달러에 비해 매우 낮은 수준이므로 중저가 스마트폰 위주의 수요 증대가 예상된다.

유럽 전자기기 제조사들의 경쟁력이 부족한 탓에 유럽 시장이 커질 경우 그 혜택은 역외 글로벌 업체들이 차지할 가능성 또한 높아 보인다. 앞으로 삼성전자 등 브랜드파워가 강한 일부 비(非)유럽계 글로벌 제조사들의 매출 확대가 예상되며, 하이얼과 레노버 등 글로벌 경쟁력을 보유한 일부 중국 제조사들 역시 가격경쟁력을 앞세워 유럽 시장에서 약진할 것으로 전망된다.

한편, 초고속 브로드밴드의 도입 확대로 수혜자가 될 것으로 예상되는 유럽 통신회사와 글로벌 제조사들의 전략적 제휴 역시 더욱 늘어날 것으로 예상된다. 최근 화웨이와 같은 중국 업체들이 유럽 통신회사와 스마트폰 독점 공급계약 체결 등의 제휴를 적극 추진한 데서도 이러한 사실을 확인할 수

---

[77] IHS (2015. 2Q). Quarterly Advanced Global TV Shipment and Forecast Report.

있다. 2015년 화웨이는 영국을 대표하는 모바일 통신회사 쓰리(Three)와 아너 6 플러스(Honor 6 Plus), 아너 7 등의 자사 전략 스마트폰을 영국에 독점 공급하는 계획을 체결한 바 있다.[78]

전자기기 산업 분야에서 열세인 것과 달리 유럽은 반도체로 대표되는 전자부품 산업 중 비(非)메모리 반도체와 MEMS[79] 분야에서 글로벌 선도 기업을 다수 보유하고 있다. 영국의 ARM[80]은 2014년 기준, 글로벌 스마트폰 및 태블릿 반도체 아키텍처 시장의 95%와 85%를 각각 차지하고 있으며, 전자기기장비의 반도체 아키텍처 시장에서도 55%의 점유율을 보이고 있다.[81] 사물인터넷 분야의 핵심 부분을 담당하는 MEMS 시장에서도 독일 기업 보쉬(Bosch)와 스위스 기업 ST마이크로일렉트로닉스(STMicroelectronics)가 강한 시장지배력을 지니고 있다. 2014년 주요 유럽 기업들의 MEMS 분야 매출 규모 및 순위(매출액 기준)를 살펴보면, 보쉬(12억 달러, 1위), ST마이크로일렉트로닉스(6.3억 달러, 3위) 등이 최상위에 랭크되어 있다.[82] 반면 메모리반도체, 디스플레이, 배터리 등의 부품의 경우는 한국, 대만, 일본 등 동아시아 국가로부터 주로 수입하고 있는 실정이다.

EU의 디지털 단일시장은 유럽 내 전자기기 수요를 창출할 것이며, 이로 인해 전자부품 수요도 동반 증가할 것으로 기대된다. 스마트폰, 태블릿 및 스마트 TV에 채용되는 AP, 메모리반도체, 디스플레이, 배터리 등의 수요

---

78 Chinese Smartphone Makers Plan World Domination (2015. 8. 31). *The Telegraph*.

79 MEMS는 Micro Electro-Mechanical Systems의 약자로 초소형 전자기계 시스템을 지칭하며, 전자회로와 기계부품이 같은 칩 위에 집적되어 있는 시스템을 말한다.

80 2016년 7월 일본의 소프트뱅크가 234억 파운드를 투자해 ARM을 인수하였다.

81 ARM (2015). ARM Holdings plc. 2015 Analyst and Investor Day.

82 Bosch Rides Apple to MEMS Dominance (2015. 3. 26). *EE Times*.

증가가 예상되며, 사물인터넷 제품에 필요한 MEMS 분야도 EU의 적극적인 시장 활성화 정책에 힘입어 급성장할 것으로 전망된다.

또한 EU가 사물인터넷과 자동차 등 반도체에 대한 수요가 큰 산업과의 연계를 강화하며 역내 부품산업의 경쟁력 강화를 모색할 가능성도 높다. EU는 현재 주력 분야인 통신망, 공장자동화 외에도 사물인터넷 등 차세대 산업의 핵심 반도체 사업에 지속적으로 투자하고 있다. 또한 EU는 ARM, 보쉬, 인피니온 테크놀러지(Infineon Technologies), NXP 등 유럽 반도체 회사들이 주도하고 있는 자동차 관련 분야의 반도체 시장을 적극 육성할 것으로 예상된다.

디지털 어젠다와 시장 변화

유럽의 인터넷 서비스 산업은 역내 국가 간 장벽 제거와 통신 인프라 개선에 힘입어 시장 규모가 크게 확대될 전망이다. 하지만 유럽 인터넷 서비스 산업을 장악하고 있는 미국 등 역외 글로벌 기업에 대한 규제가 강화되고 있어 유럽 로컬 업체들의 성장이 예상되는 것 또한 사실이다.

디지털 경제와 관련된 산업 분야 중 인터넷 서비스 및 네트워크장비 분야가 EU의 디지털 어젠다로 인해 가장 많은 시장 변화가 예상된다. 네트워크장비 분야와 더불어 전자부품 분야 역시 유럽 기업들이 많은 혜택을 누릴 것으로 기대된다. 한편 콘텐츠 및 미디어와 소프트웨어·IT·통신 서비스 산업 또한 사업환경의 개선으로 여타 산업 분야와 동반 성장할 가능성이 높다.

디지털 어젠다의 분야별 영향 정도 종합

	시장 변화	경쟁구도 변화	
		현재	미래
인터넷 서비스 (큰 변화 예상)	• 역내국가 간 장벽 제거 → 인터넷 거래 활성화	• 미국 기업 장악 • 유럽 기업 열세	• 유럽형 서비스 성장 • 국가 간 시장 진입 → 중소업체 성장 • 개인정보보호법, 반독점 방지 등 → 역외 기업 규제
네트워크장비 (큰 변화 예상)	• 유선/이동통신 인프라 확대	• 유럽과 중국 기업이 양분	• 유럽 장비 업체 성장 기대 • 5G 개발과 인프라 투자에 역내 기업 우선
콘텐츠 · 미디어 (일부 변화 예상)	• 통신 인프라 개선 → 콘텐츠 · 미디어 수요 확대 • 저작권법 조율 문제	• 유럽은 콘텐츠 저작권 보유 • 미국 기업이 유통 장악	• 유럽 유통 플랫폼 장기적 성장 • 저작권법 강화 → 역외 기업 견제 • 회원국 합의에 시간이 필요
소프트웨어 · IT · 통신 (일부 변화 예상)	• 역내 데이터 이동 자유화 • 국별 불균형 해소로 통신 및 소프트웨어 시장 성장 • 개인정보보호 정책이 걸림돌	• 소수 유럽 기업이 글로벌 경쟁에 참여(SAP, PwC, 딜로이트 등)	• 역내 수요 기반 유럽 기업 대형화 기대 • 역내 타 국가 진출 용이 • 사물인터넷 등 신산업 관련 역내 협력 확대
전자기기 (소폭 변화 예상)	• 고화질 TV, 스마트폰 등 중고가 기기 수요 확대	• 글로벌 기업의 각축장 • 유럽 기업 존재 미미	• 역외 기업 주도 • 유럽 통신사, 유통 업체의 영향력은 확대 • 전자상거래 확대 → 가격 하락 압력
전자부품 (소폭 변화 예상)	• 중고가 전자기기 및 사물인터넷 등 신산업 부품 확대	• 시스템반도체 분야에서 유럽 기업 활약	• 시스템반도체 부문에서 유럽 기업이 추가 성장 기회 • 역내 수요 확대 의존

제4부

기회의 EU 경제

글로벌 기업들의 대응전략과 한국 기업을 위한 제언

1. 두 얼굴의 유럽 시장

2. 미·중 경쟁 기업들의 유럽 전략

3. 한국 기업을 위한 제언 I: 유럽 시장 진출전략

4. 한국 기업을 위한 제언 II: 규제 돌파를 위한 대응책

1

두 얼굴의
유럽 시장

디지털 어젠다로 성장잠재력이 큰 시장

유럽은 다른 지역에 비해 경제성장세가 다소 미흡하나 인당 소득수준이 높은 5억 인구의 거대시장을 형성하고 있다. 이 시장을 지역별로 나누어 살펴보면, 서유럽 시장은 디지털 제품 보급이 거의 포화 상태에 이르렀으나, 동유럽과 남유럽 시장은 아직 진출 여지가 많다. 또한 유럽 시장은 미국과 달리 애플이나 아마존 같은 강력한 로컬 경쟁자가 없어 외국 기업들이 진출하기가 용이하다. 즉 현재의 유럽 시장은 EU와 자유무역협정(FTA)을 맺고 있는 한국 기업으로서는 현지 기업과 동등한 입장에서 경쟁할 수 있는 시장 여건이 형성되어 있다고 할 수 있다.

　　EU의 디지털 어젠다가 성공적으로 추진될 경우 향후 유럽 시장의 매력도는 더욱 높아질 전망이다. 우선, 유럽의 전자상거래 시장부터 살펴보자. 디지털 어젠다 추진으로 유럽의 소비자와 기업은 오프라인뿐만 아니라 온라인상에서도 EU 역내시장에 자유롭게 접근할 수 있게 된다. 시장이 단일화되면 외국 사이트에서 상품을 주문할 때 발생하는 추가 배송비용이나 부가가치세 등의 부담이 해소되어 온라인 구매가 더욱 활성화될 전망이다.

유럽의 전자상거래 시장은 성장 가능성이 매우 높은 무한한 잠재력을 지니고 있다. 개별 회원국 차원의 전자상거래 시장은 발달되어 있으나, EU 회원국 간 전자상거래 시장은 이제 막 성장단계에 있기 때문이다. 2020년을 목표로 추진 중인 디지털 단일시장을 적극 활용하는 기업들이 더 많은 사업 기회를 확보할 것으로 예상된다.

역내 전자상거래 활성화가 무사히 추진된다면 지역차단이 해소됨으로써 유럽 시장이 하나의 시장으로 완벽하게 통합되고 관련 하드웨어는 물론 소프트웨어와 서비스 시장 역시 확대될 것으로 기대된다. EU 소비자들 입장에서도 이러한 시장단일화로 연간 117억 유로의 비용 절감이 이뤄지리라 예상된다.[1]

기업들은 각국의 상이한 규제를 준수해야 하는 부담 없이 EU 회원국 전체를 대상으로 사업을 전개할 수 있게 된다. 실제로 시장단일화가 이루어질 경우 EU 내에서 전자상거래에 종사하고 있는 기업들의 57%는 인접국 혹은 EU 전체로 사업을 확대할 의향이 있는 것으로 조사되었다.[2]

---

1 European Commission (2015). A Digital Single Market Strategy for Europe: Analysis and Evidence. Commission Staff Working Document. SWD(2015) 100 Final.

2 European Commission (2015). Factsheets on Digital Single Market: Why We Need a Digital Single Market.

ICT 시장 잠재력 비교(2014년)

	EU	미국	중국
인구 수	5.1억 명	3.2억 명	13.7억 명
GDP(PPP 기준)	17.6조 달러	17.5조 달러	17.6조 달러
유선통신 가입자	2.1억 명	1.3억 명	2.5억 명
무선통신 가입자	6.3억 명	3.2억 명	13.0억 명
인터넷 이용자	4.0억 명	2.8억 명	6.3억 명

자료: CIA. The World Factbook.

둘째, 디지털 어젠다 추진으로 하드웨어 수요 증가가 예상된다. 유럽은 미국에 이어 글로벌 2위의 ICT 시장이다.[3] 2014년 기준 ICT 시장 규모를 살펴보면, 미국 7,784억 유로(세계 시장의 27.8%), EU 5,964억 유로(21.3%), 중국 3,164억 유로(11.3%) 등이다. 향후 EU는 미국에 버금가는 거대시장으로 성장할 것으로 예상된다. 무선통신 가입자 수와 인터넷 이용자 수 측면에서는 EU가 이미 미국을 추월했으므로, 시장단일화가 이루어진다면 유럽의 ICT 시장은 미국에 필적하는 규모로 확대될 가능성이 높다.

또한 디지털 어젠다가 실현되면 앞으로 EU의 브로드밴드 관련 하드웨어 수요가 증가할 전망이다. 2020년까지 EU는 모든 가구에 30Mbps 이상의 고속 브로드밴드를 제공하고, 전체 가구의 50%에는 100Mbps를 공급할 계획이다. 2014년 기준 EU 지역의 30Mbps 이상 보급률은 7.9%,

---

3 EITO (2014). ICT Market Report 2014/15.

) 브로드밴드 속도와 이용 가능한 서비스/콘텐츠 (

인터넷 속도가 증가할수록 소비자가 이용 가능한 서비스가 다양화되는데 10Mbps 이상이면 컴퓨터 이외 기기에서도 인터넷 서비스 이용이 가능하다.

1~10Mbps	10~15Mbps	15~50Mbps	50Mbps 이상
e메일, 웹 브라우징, 음악 스트리밍, IP TV 등	온라인게임, VOD, HD IPTV, 원격교육, e-헬스케어 등	스마트홈, HD 비디오 감시 등	비디오 콘퍼런싱, 원격 슈퍼컴퓨팅, 실시간 의료영상 컨설팅 등

자료: Moton, T. (2013. 2. 13). How Much Internet Speed is Right for You?. *Yahoo! News*.

100Mbps 이상 보급률은 2.7%에 불과한 실정이다.[4] 따라서 EU가 설정한 2020년 브로드밴드 보급률 목표를 달성하기 위해서는 앞으로 1,060억 유로의 투자가 이루어져야 할 것으로 예상된다.[5] 이는 유럽 이동통신장비 시장(2014년 기준 91억 달러)의 10배가 넘는 규모다.

EU의 브로드밴드 인프라 개선은 스마트 TV, 태블릿 PC 등 하드웨어 시장 확대를 가져올 것으로 전망된다. 초고속 인터넷을 통한 동영상 스트리밍 서비스가 훨씬 용이해짐에 따라 다양한 온라인 동영상에 대한 시청 수요가 증가할 것으로 기대된다. 지상파, 케이블, 위성방송 대신 인터넷으로

---

4 European Commission (2015). Digital Agenda Scoreboard.
5 Boston Consulting Group (2015). Five Priorities for Achieving Europe's Digital Single Market.

영상 콘텐츠를 즐기는 이른바 '코드 커터(cord cutter)'[6] 현상이 증가할 것으로 기대된다. 양방향 서비스가 가능한 스마트 TV가 주요한 시청단말기(first screen)로 정착하고,[7] 태블릿 PC와 스마트폰 등이 세컨드 스크린(second screen)으로 부상할 가능성이 높다.

아울러 네트워크 커버리지 확대, 속도 증가 등으로 사물인터넷 관련 단말기 보급도 확대될 것으로 예상된다. EU 28개국의 사물인터넷 단말기 수는 2013년 18억 개에서 2020년 60억 개로 3배 이상 증가할 전망이다.[8] 한편 2020년 세계 사물인터넷 기기 수를 살펴보면, 시장조사기관 가트너는 260억 개로 전망하고 있으며, 미국의 네트워크장비 업체 시스코는 500억 개로 예상하고 있다. 사물인터넷 시장 역시 주요 5개국(영국, 독일, 프랑스, 이탈리아, 스페인)이 EU 전체 시장의 4분의 3을 차지할 것으로 보인다. 그 외에 네덜란드(EU 사물인터넷 시장 내 비중: 5%), 스웨덴(4%), 벨기에(2%), 폴란드(2%) 등의

2020년 EU 사물인터넷 시장의 국가별 비중(전망치)

국가	영국	독일	프랑스	이탈리아	스페인	기타
비중(%)	23	21	16	8	6	26

주: 2020년 EU 사물인터넷 시장은 1.2조 유로 규모(하드웨어, 서비스 등 포함).
자료: European Commission (2014). Definition of a Research and Innovation Policy Leveraging Cloud Computing and IoT Combination.

---

6 지상파와 케이블 등 기존의 TV 방송 서비스 대신 인터넷 방송을 시청하는 소비자가 늘어나는 현상을 뜻한다.

7 글로벌 TV 시장에서 스마트 TV의 비중은 2013년 32.1%에서 2019년 47.3%로 확대될 전망이다 (IHS DisplaySearch, 2015. 5).

8 European Commission (2014). Definition of a Research and Innovation Policy Leveraging Cloud Computing and IoT Combination.

❯ 사물인터넷이 가져다줄 경제적 효과 ❮

사물인터넷은 주변의 사물을 유무선 통신망으로 연결해 정보를 주고받는 기술을 의미한다. 사물인터넷은 제조, 헬스케어, 교통, 건설, 엔터테인먼트 등 다양한 분야에 영향을 줄 전망이다.

글로벌 컨설팅회사인 AT 커니에 따르면, 향후 10년간 사물인터넷의 보급 확대로 EU의 GDP가 약 1조 유로 증가할 것으로 전망된다. 사물인터넷 솔루션에 1유로가 투자될 경우 12유로의 GDP가 창출되는 승수 효과가 기대되고 있는 것이다. 1조 유로의 경제적 효과는 사물인터넷 솔루션 시장 형성(800억 유로)과 더불어 생산성 향상(4,300억 유로), 소비자 구매력 증가(3,000억 유로), 개인 여유시간 증가(2,100억 유로)로 분석된다.

AT 커니가 예상하는 사물인터넷으로 인한 경제적 기대 효과를 좀 더 구체적으로 살펴보면, 우선 사물인터넷 확산으로 실시간 데이터 분석, 장거리 사물 통제로 기업의 의사결정 효율성이 제고되어 조기 대응 및 최적화 비용이 절감되므로 생산성 향상이 가능하다. 둘째, 사물인터넷 연결기기 사용으로 에너지 절감과 제품 내구성 향상이 이루어진다. 셋째, 사물인터넷기기가 건강을 증진시키고 리스크를 감소시켜 생산성 향상과 함께 개인에게 보다 많은 자유시간을 제공함으로써 개인 효용이 증가한다. 교통 체증 및 불필요한 업무가 줄어들어 연간 10일 이상의 개인 자유시간이 확보되면 1인당 연간 1,100유로의 경제적 혜택이 가능할 것으로 추정된다. 또한 실시간 건강 체크 및 효율적인 약 처방으로 건강수명이 증가할 것이다. 그 외에도 보다 효율적인 자원(에너지, 물) 사용으로 환경 보호 및 공급 부족도 해소될 수 있다.

AT 커니가 분석한 사물인터넷의 산업별 영향을 살펴보면, 사물인터넷 보급 확대는 각 산업의 투자 및 생산성을 향상시켜 EU의 산업경쟁력을 높이는 데 기여할 것으로 예상된다. EU 내 250억 개 이상 기기를 연결하는 투자로 약 800억 유로 규모의 사물인터넷 솔루션 시장이 형성될 전망이다.[9]

사물인터넷의 산업별 GDP 효과를 추정해보면, 운송(2,450억 유로), 헬스케어(2,350억 유로), 하우징(1,650억 유로), 제조업(1,600억 유로), 도소매(600억 유로) 등에 집중될 것으로 예상된다. 좀 더 구체적으로는 운송(자율주행차, 카셰어링 등), 헬스케어(만성질환 모니터링, 질병의 조기 진단 등), 하우징(에너지 절약, 가정 자동화 등), 제조업(스마트 공장 등), 도소매 유통(스마트 물류 등), 유틸리티(스마트 그리드 등), 1차 산업(농작물 수확, 가축관리 등), 공공행정(도로조명 관리, 스마트 교육 등)에서 많은 효과가 기대된다.

하지만 AT 커니는 사물인터넷이 만병통치약이 아니며 당장에 실현되는 것도 아니라는 점을 강조하고 있다. 이러한 유토피아가 현실화되려면 기술개발 이외에 투자 및 새로운 비즈니스 모델 개발, 솔루션이 상호작용할 수 있는 생태계 간 공통표준 합의 등이 필요하기 때문이다.

자료: AT Kearney (2016. 4). The Internet of Things: A New Path to European Prosperity.

---

9 시스템 통합운영(220억 유로), 서비스·플랫폼 통합운영(180억 유로), 유무선 통신 서비스(150억 유로), 클라우드/애널리틱스/자동화/보안(150억 유로), 부품·모듈 생산(100억 유로), 소프트웨어(10억 유로).

고성장이 기대된다.

셋째, 소프트웨어 및 서비스 시장의 확대도 기대된다. 디지털 어젠다의 직접적 수혜자는 소프트웨어와 서비스 산업이 될 것으로 예상된다. EU라는 거대 단일시장을 기반으로 게임, 모바일 앱 등 소프트웨어 시장이 빠르게 성장할 것으로 기대되기 때문이다. 그중 게임은 PC 및 콘솔(console) 중심에서 온라인 및 모바일 중심 시장으로의 이동이 벌써 시작되었다.

한편 브로드밴드 속도가 향상되고 통신 및 미디어법 등 규제 환경이 대폭 정비되면서 EU 역내시장을 겨냥한 이동통신 및 콘텐츠 서비스 산업이 다양화되고 활성화될 전망이다.

공공정보 디지털화(전자정부 등)와 사물인터넷 같은 데이터 기반의 새로운 서비스도 등장할 것으로 예상된다. EU는 유럽의 시민과 기업들이 전자 ID가 필요한 역내 다른 회원국의 공공 서비스를 이용할 때 소속 국가의 전자 ID를 사용할 수 있도록 하는 방안을 추진하고 있다.[10] 이러한 전자정부 서비스를 통해 2020년까지 매년 150억 유로의 행정비용을 절감할 것으로 기대된다.

넷째, 빅데이터 및 클라우드 서비스 시장이 빠르게 성장할 것으로 예상된다. EU 차원에서 단일시장에 적합한 프레임워크가 구축되고 개인정보보호 등 관련 규제가 정비됨으로써 빅데이터 시장이 빠르게 성장하리라는 전망이다.[11] 이를 위해 현재 EU 차원에서 민·관·연이 참여하는 25억 유로 규모

---

10 European Commission (2014. 10. 14). Q&A: Electronic Identification and Trust Services(eIDAS) Regulation.
11 EU 집행위원회는 빅데이터 시장이 연간 40% 성장할 것으로 전망하고 있는데, 이는 ICT 전체 시장보다 7배 빠른 성장 속도다.

❯ 빅데이터 산업 발전을 위한 민·관·연 파트너십 ❮

EU 집행위원회, 민간기업, 연구기관 등이 빅데이터 산업의 경쟁우위 확보를 위해 25억 유로 규모의 협력 파트너십을 체결하였다.

주요 목표	2020년까지 EU 역내 기업이 글로벌 빅데이터 시장의 30% 이상을 차지하여 EU 역내에 빅데이터 관련 일자리 10만 개 창출 등
연구 분야	에너지, 제조, 개인 맞춤형 의료, 식품, 물류 등

의 파트너십이 체결되어 빅데이터 산업 육성을 지원하고 있다.

이에 따라 현재 유럽에서도 클라우드 컴퓨팅 서비스를 이용하는 기업들이 늘고 있다. 유럽통계청(Eurostat)의 분석[12]에 따르면, 2014년 유럽 기업의 19%가 클라우드 컴퓨팅 서비스를 이용하고 있다. 국가별로 기업들의 이용 현황을 살펴보면, 핀란드(51%), 스웨덴(39%), 덴마크(38%) 등 북유럽 국가와 이탈리아(40%)에서 클라우드 서비스를 이용하는 기업들의 비중이 높다.

한편, 클라우드 서비스를 이용하는 목적을 살펴보면, e-메일(66%)과 파일 저장(53%)이 가장 많고, 데이터베이스 호스팅(39%), 사무용 소프트웨어(34%), 재무 혹은 회계 소프트웨어 애플리케이션(31%)이 그 뒤를 잇고 있다. 또한 클라우드 서비스의 업종별 이용 현황을 살펴보면 ICT(45%), 전문직 및

---

12 Eurostat (2014. 11). Cloud Computing: Statistics on the Use by Enterprises.

과학기술 분야(27%), 행정 지원(20%), 부동산(20%)의 순으로 이용 비율이 높으며, 제조업(17%)과 건설업(14%)은 평균 이하의 이용 현황을 보이고 있다.

클라우드 서비스를 이용하는 기업의 39%는 클라우드 컴퓨팅 서비스의 확대를 가로막는 주된 제약 요인으로 보안 리스크를 들고 있으며, 32%의 기업은 클라우드 서비스의 비싼 이용료를 제약 요인으로 꼽았다.

EU 집행위원회의 추산[13]에 따르면, 유럽 시민들의 개인정보가 지닌 가치는 오는 2020년까지 연간 약 1조 유로로 성장할 수 있는 잠재력을 지닌 것으로 평가된다. 앞으로 클라우드 컴퓨팅 산업의 빠른 성장이 기대되는 근거다. 시장조사기관인 IDC는 유럽 클라우드 시장 규모를 2013년 95억 유로에서 2020년 448억 유로로 약 5배 증가할 것으로 예상한 바 있다. EU 내 100대 제조업체가 빅데이터를 이용할 경우 생산성 향상으로 4,250억 유로의 비용이 절감되고, 2020년까지 EU 경제는 1.9%(2,060억 유로) 추가 성장할 것으로 예상된다.

클라우드 컴퓨팅 시장의 성장과 클라우드 서비스의 효율적 공급은 결국 규모의 경제에 달렸다. EU가 추진하는 디지털 단일시장은 클라우드 컴퓨팅이 유럽에서 완전히 구현되는 데 필요한 시장 규모를 제공해줄 것으로 기대된다.

빅데이터 시장은 무한한 성장잠재력을 지닌 새로운 사업 분야라는 측면에서 클라우드 서비스 시장과 유사하다. 유럽에서 빅데이터 시장이 성장할 것인가는 전적으로 신뢰의 문제라고 할 수 있다. 즉 소비자들이 빅데이터 회사를 신뢰해야만 그들 업체가 제공하는 서비스를 이용할 것이다. 이런 측

---

13 European Commission (2016. 3). The EU Data Protection Reform and Big Data: Factsheet.

면에서 보안에 철저한 기업일수록 경쟁우위를 갖게 되며, 보안을 중시하는 유럽 문화는 혁신기술기업들의 유럽 설립을 촉진하는 인센티브로 작용할 것으로 예상된다.

현재 애플은 2017년 완공 목표로 아일랜드와 덴마크에 17억 유로를 투자하여 최첨단 데이터센터를 건설 중이다. 미국의 클라우드 컴퓨팅 회사인 세일즈포스닷컴(Salesforce.com, 본사: 캘리포니아 샌프란시스코)은 가파른 매출 증가에 힘입어 2014년과 2015년에 각각 영국과 독일에 데이터센터를 세웠으며, 프랑스에 제3의 데이터센터를 세우는 방안을 고려하는 등 유럽 투자를 늘리고 있다. IBM은 프라이버시를 중시하는 고객들에게 만족스러운 서비스를 제공하고자 영국, 독일, 프랑스, 이탈리아에 새로운 클라우드 데이터센터를 설립하였다.

비록 미국 기업들보다는 늦었지만 유럽 기업들도 클라우드 서비스 산업에 적극 진출하고 있다. 특히 EU의 디지털 단일시장 전략 추진과 스노든 사건을 계기로 유럽 현지의 클라우드 서비스 업체들이 급부상하고 있다. 제타박스닷컴(Zettabox.com)은 영국 런던에 본사를 두고 있는 스타트업으로서, 유럽을 대표하는 클라우드 스토리지 솔루션 업체이다. 이 회사는 다른 대기업에 비해 자금력이 약해 유럽 8개 도시[14]에서 데이터센터를 임대해 사용하고 있다. 이 회사는 사이버범죄와 외국 정부의 개입으로부터 안전하고 EU 내에서 사업하는 고객들에게 특화된 서비스를 제공할 수 있다는 점을 내세우고 있다. 철저한 보안 유지로 고품질의 클라우드 서비스를 제공하기 위해 유럽 사업에만 전념한다는 방침이다.

---

14 암스테르담, 베를린, 제네바, 프랑크푸르트, 런던, 마드리드, 밀라노, 파리.

다섯째, 스마트 그리드(smart grid) 기술의 확산으로 유럽의 에너지혁명이 실현될 가능성이 높다는 점이다. 스마트 그리드란 사물인터넷 기술을 에너지 분야에 접목해 전력 수급 상황을 실시간으로 측정하고 생산된 전력을 저장하여 소비자 니즈에 맞게 자동 공급해주는 송배전 시스템을 말한다. 풍력과 태양열 등 재생에너지를 전력 시스템에 통합해 전력 공급의 안정성을 제고하고 전력요금을 인하해준다는 장점이 있다. 스마트 그리드는 EU가 추진 중인 에너지동맹(단일시장)의 핵심요소라 할 수 있다.

EU는 에너지 단일시장 정책에 따라 2020년까지 모든 회원국이 최소 10% 이상의 전력을 역내 에너지 유통 시장을 통해 거래하도록 규정해놓고 있다. 이를 위해 EU는 대외 에너지 의존도를 줄이고 전력요금을 낮춰 제조업 경쟁력을 향상시키기 위한 목적에서 범유럽 스마트 그리드 구축을 추진 중이다. 스마트 그리드를 구축할 경우 매년 120억~400억 유로의 비용절감 효과가 기대된다.

현재 스마트 그리드 사업은 EU 차원에서 민관 협력을 통해 본격화되는 추세다. 유럽 34개국의 41개 업체가 스마트 그리드 사업에 참여하고 있는데, ENTSO-E(송전 시스템 대표기구: 풍력, 태양열 등 재생에너지 자원을 전력시스템에 통합), EDSO[스마트 그리드 배전 시스템: 스마트 미터(smart meter)[15] 보급, 에너지 저장]가 주관 기관으로서 사업을 주도하고 있다.

스마트 그리드 구축에 필요한 배전 및 송전 그리드의 현대화를 위해서는 2020년까지 총 4,000억 유로의 투자가 필요할 것으로 예상된다. 이에 따라

---

15 에너지 사용량을 실시간으로 계측하고 통신망을 통해 계량 정보를 제공해줌으로써 소비자가 가격 정보에 대응하여 에너지 사용을 적절하게 제어할 수 있도록 하는 기능을 갖춘 디지털 전자식 계량기를 말한다.

앞으로 3년간 공공 및 민간 투자기금(총 3,150억 유로)의 상당 부분은 에너지 분야에 쓰일 전망이다. 그 일환으로 EU는 2020년까지 300억 유로 이상을 투입해 1억 8,000만 대의 스마트 미터를 보급할 계획이다.

한편 글로벌 제조업체들은 범유럽 스마트 그리드 구축에 대비한 사업 전략을 추진 중이다. 일본 도시바는 2011년 5월 스위스의 랜디스 기어 (Landis+Gyr; 세계 1위 양방향 스마트 미터 업체)를 23억 달러에 인수한 바 있으며, 일렉트로룩스와 밀레 등 유럽의 백색가전 업체들은 제품의 전력소비를 실시간 모니터링·감지하여 소비자 니즈에 맞게 자동 조절되도록 하는 스마트 가전제품(smart appliance) 개발에 주력하고 있다.

이런 세계적 추세 속에서 국내 기업들도 유럽의 스마트 그리드 구축에 선제적으로 대응할 필요가 있다. 스마트 그리드 관련 표준 및 상호 호환성 관련 규정의 제정 움직임을 꼼꼼히 모니터링하고, 스마트 그리드 환경에 맞는 스마트 가전제품 개발에 주력해야 한다.

치열한 경쟁과 규제 강화가 예상되는 시장

앞으로 유럽 시장은 전자상거래 증가와 중국 기업의 진출 확대로 가격경쟁이 심화될 전망이다. 디지털 단일시장이 진전될수록 EU 시장을 둘러싼 기업 간 경쟁은 더욱 치열해질 수밖에 없다.

현재 중국 기업들은 유럽을 선진국 시장 진출을 위한 교두보로 인식하여 시장 공략을 강화하고 있다. 화웨이 등 중국 전자 업체들은 국가안보를 이유로 견제를 강화하고 있는 미국보다 유럽 시장에서 자신들의 입지를 확보하고자 힘을 쏟고 있다.[16] 또한 EU의 전자상거래 시장이 활성화되면 바이두, 알리바바, 텐센트 등 중국 인터넷 업체들의 온라인 플랫폼에 기초한 콘텐츠 및 서비스 사업의 약진도 예상된다.

EU 역내에서 전자상거래가 활성화되면서 가격경쟁도 갈수록 심화되는 추세다. 소비자의 최저가 검색이 쉬워졌고 시장 진입장벽도 낮아져 가격하락 압력이 커지고 있기 때문이다. 전자제품의 온라인 판매 증가로 판매채널이 다양화되는 긍정적인 측면이 있으나, 기업 입장에서는 전자상거래의 확대로 가격하락 압력이 커지는 문제에 직면하게 된다.

이커머스 유럽(Ecommerce Europe)의 최근 자료[17]에 따르면, EU의 소비자 혁신기술제품(Technical Consumer Goods)[18]의 온라인 판매(B2C) 비중은 2011년 13.7%에서 2013년 17.4%, 2014년 19.4%, 2015년에는 21.1%로 증가하였다. 온라인 판매 비중[19]은 앞으로도 계속 증가할 것으로 전망된다. 2014년 기준으로 소비자 혁신기술제품의 인터넷 판매 비중을 국가별로 살펴보면,[20] 영국 28%, 독일 25.4%, 네덜란드 24.4%, 스위스 23.4%, 헝가리 21.5%, 프랑스 19.1%, 폴란드 18.7%, 스페인 11.8%, 이탈리아 8.2%의 순이다.

다음으로, 역외 기업에 대한 EU의 규제 강화 역시 주시해야 한다. EU 내

---

16 2012년 미 하원 정보위원회는 "화웨이 제품이 미국의 국가안보를 위협한다"라며 미국 통신회사에 화웨이 장비를 구매하지 말 것을 권고하였다 [Huawei Fires Back at the U.S. (2012. 10. 8). *The Wall Street Journal*].

17 Ecommerce Europe (2016). European B2C E-commerce Report.

18 TV 등 가전제품, IT제품, 통신기기, 사무기기, 카메라, 주방전자기기 등을 모두 망라한 개념이다.

19 품목별 온라인 판매 현황을 보면 IT제품 27%, 통신기기 22%, 대형 백색가전 16%, 소비자전자기기 12%, 소형 백색가전 10% 등으로 구성되어 있다.

20 Ecommerce Europe (2015). European B2C E-commerce Report.

부적으로 디지털 단일시장이 완성되는 한편, 역외 기업에 대한 규제는 더욱 강화될 것으로 예상된다. 일각에서는 EU의 디지털 어젠다가 역내 산업 및 기업 육성을 위한 디지털 보호주의로 변질될지 모른다는 우려가 제기되고 있다. 한마디로 디지털 단일시장은 EU의 역내 장벽은 제거하되, EU의 대외 장벽은 더욱 높이는 결과를 낳는 양면성을 지닌다.

디지털 시장이 단일화되면 우선 EU 내 IT 기업들로서는 시장 확장에 유리한 환경이 조성될 것으로 기대된다. 그러나 국가별로 쪼개져 있던 시장이 통합됨으로써 승자독식 현상 또한 심화될 우려가 있어 EU 내에서 활동하는 글로벌 IT 기업을 대상으로 반(反)독점법 조사를 강화하는 등 EU의 견제 수위가 더욱 높아질 것으로 예상된다. 실제로 2014년 유럽의회는 구글의 검색과 광고 서비스를 분할하는 결의안을 가결한 바 있다. 디지털 단일시장의 추진 배경에는 구글, 페이스북, 아마존 등 미국 플랫폼 기업들에 대한 견제 의도가 깔려 있다는 시각이 적지 않다. 특히 인터넷 플랫폼 기업에 대한 경쟁법 규제를 강화하려는 움직임은 현재 EU 디지털 온라인 서비스 시장의 54%를 차지하고 있는 미국 기업들을 겨냥한 것이라는 분석이 지배적이다.

2

미·중 경쟁 기업들의
유럽 전략

미국 디지털 기업들의 M&A 전략

미국의 IT 기업을 중심으로 글로벌 기업들의 해외 M&A가 확대되고 있다. 글로벌 기업들은 성장의 한계를 극복하고자 시장 확대 및 신사업 기반 확보 수단으로 M&A를 적극 활용하고 있다. 최근 5년간 《포천》 글로벌 500대 기업 중 65%가 1억 달러 이상의 M&A를 체결한 것으로 분석된다. 구글, 시스코, 인텔 등 막강한 자금동원능력을 지닌 미국의 IT 기업들이 M&A를 주도하고 있다.

글로벌 IT 기업들은 미국을 보완할 수 있는 시장으로서 제조업 기반이 강한 유럽을 주목하고 있다. 구글과 마이크로소프트, 인텔과 애플 등 미국 기업들이 유럽 기업 인수를 주도하는 가운데 일본과 중국 기업들도 M&A 경쟁에 가세하고 있다. 자동차, 화학, 에너지 등 유럽이 전통적으로 강점을 지닌 분야는 물론 TMT[21] 분야와 사물인터넷 관련 유럽 기업들에 대한 인수도 확대되고 있다.

2008년 글로벌 금융위기 이후 미국 기업들의 M&A 투자가 점차 회복되는 가운데 유럽 기업을 대상으로 한 M&A가 금액 기준으로 크게 증가하였다. 미국 기업들의 유럽 기업 M&A는 2009년 607건과 727억 달러에서 2014년 940건과 3,962억 달러(1~9월 실적 연율화)로 각각 1.6배와 5.5배 증가해 미국 기업의 전체 M&A 증가(같은 기간 각각 1.1배와 2.2배)를 크게 상회하였다. 톰슨 원(Thomson One)에서 제공하는 M&A 데이터를 분석한 결과, 미국 기업들의 유럽 기업 M&A는 미국 기업의 해외 전체 M&A 중 건수 기준으로 55%, 금액 기준으로 85%를 차지하였다.

유럽 기업을 대상으로 하는 M&A의 경우, 업종별로는 주로 하이테크와 산업재 분야에, 국가별로는 영국과 독일 등 경제대국에 집중되어 있다. M&A 업종을 좀 더 자세히 살펴보면 하이테크(비중 22.5%)와 산업재(13.9%) 분야의 M&A가 각각 1, 2위를 차지하고, 금융위기 이후 에너지·전력, 유통, 금융, 산업재, 헬스케어 분야가 상대적으로 높은 증가율을 기록하였다. 그리고 국가별로는 영국과 독일이 1, 2위 M&A 대상국으로서 전체의 절반 비중을 차지했으며(여기에 프랑스와 네덜란드를 합하면 60%까지 비중이 증가한다), 금융위기 이후 재정위기 국가인 스페인과 아일랜드에서도 M&A가 크게 증가하였다.

글로벌 금융위기 이후 구글, 애플, 마이크로소프트, 아마존 등 미국의 IT

---

21 테크놀로지(Technology), 미디어(Media), 통신(Telecommunication) 분야를 아우르는 용어이다.

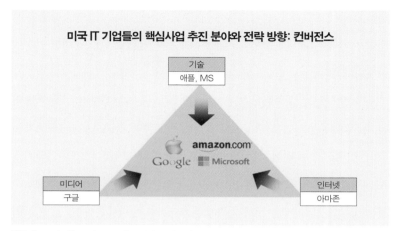

자료: Hong, A., Bhattacharyya, D. and Geis, G. T. (2012. 10. 22). The Role of M&A in Market Convergence: Amazon, Apple, Google and Microsoft. Proceedings of 18th International Business Research Conference 2012.

기업들은 컨버전스(convergence) 목적의 사업전략과 M&A 전략을 추진하고 있다. 구글(미디어), 애플(단말기 제조), 마이크로소프트(소프트웨어 개발), 아마존(인터넷) 등은 각자의 강점 분야를 기반으로 M&A를 통해 콘텐츠(서비스), 플랫폼, 단말기 등 전체 가치사슬 영역으로 사업을 확장하고 있다. 즉 사업 간 영역을 파괴하는 컨버전스(사업 융·복합)가 M&A를 통해 활발히 이루어지고 있는 것이다.

구글은 M&A를 통한 성장전략을 강화하는 가운데 소프트웨어 분야의 M&A에 집중하면서 특히 유럽의 스타트업에 대한 투자를 확대하고 있다. 구글의 유럽 기업 M&A는 금융위기 이후 빠르게 증가하였다. 2005~2014년 11월에 이루어진 전체 174건의 M&A 중 유럽 기업 M&A는 24건(13.8%)에 불과하나, 위기 이전(11.4%)에 비해 위기 이후의 비중(14.6%)이 증가하였다. 구글의 유럽 기업 M&A는 영국, 독일, 프랑스 등 유럽의 3대 경제대국에 집중(24건 중 13건)되었으며, 업종별로는 소프트웨어 분야에 치중하였다. 인터넷 소프트웨어와 기타 소프트웨어가 총 16건으로 대부분을 차지했으며, 전자상거래와 B2B 분야의 기업인수 건수는 2건에 불과하였다. 구글은 향후 유럽의 스타트업에 대한 투자를 더욱 강화할 계획이다. 2014년 4월 구글은 하이테크 기업을 대상으로 1억 달러 규모의 벤처펀드를 런던에 설립한 바 있으며, 같은 해 10월 펀드 규모를 2,500만 달러 증액하였다. M&A 전략의 일환으로 구글은 영국(런던)과 독일(베를린)에 스타트업 인큐베이터를 세워 신생 유망기업을 발굴·지원하고 있다.

애플은 기존의 소극적인 M&A 전략에서 벗어나, 그동안 다른 기업에 의존하던 기술을 독자적으로 확보하고 사물인터넷 시장을 선점하기 위해 M&A를 적극 전개하고 있다. 애플은 2011년 10월 팀쿡의 CEO 취임 이후 M&A 측면에서 이전보다 훨씬 적극적인 행보를 보이고 있다. 2005~2011년에 애플의 M&A 건수는 총 19건에 불과했지만, 2012년 8건, 2013년 10건, 2014년 11월 기준 10건에 달하는 등 매년 증가세를 보이고 있다. 2005~2014년 해외 기업 M&A 15건 중 유럽 기업 M&A가 8건을 차지하고 있으며, 8건[22] 중 7건은 2008년 글로벌 금융위기 이후에 성사되었다. 애플은 원거리에서 사물을 인식할 수 있는 '아이비콘(iBeacon)' 기술을 통해 모바일 결제, 스마트홈, 스마트카 등을 추진하고 있어, 사물인터넷 시장 선점을 위한 M&A가 향후 더욱 증가할 전망이다.

마이크로소프트는 대형 M&A와 특허 매입을 통해 모바일 및 클라우드 서

---

22 스웨덴 3건(얼굴인식 기술, 3D 매핑, 데이터 압축), 영국 3건[GPU(PowerVR 그래픽 프로세서), 음성인식, 동영상인식 기술], 이탈리아 1건(오디오), 네덜란드 1건(디지털 매거진) 등이다.

비스 시장에서 영향력을 확대하고 있다. 전체 M&A 건수는 글로벌 금융위기 이전(2005~2008년) 89건에서 금융위기 이후 51건으로 줄었으나, 2011년 이후 10억 달러 이상의 대형 거래가 4건으로 증가하였다. 금융위기 이후 마이크로소프트의 M&A 건수를 살펴보면, 소프트웨어(52.9%)와 인터넷 소프트웨어 및 서비스(15.7%)가 전체의 약 70%를 차지하고 있다. 마이크로소프트의 유럽 기업 M&A 건수는 금융위기 이전 27건에서 금융위기 이후 11건으로 감소했으나 모바일 소프트웨어, 인터넷 소프트웨어 분야를 중심으로 한 대형 M&A는 오히려 증가하였다. 금융위기 이후 성사된 M&A 중에서 투자 규모가 가장 큰 3개 거래 모두 유럽 기업(스카이프, 노키아, 모장)을 대상으로 한 M&A였다. 마이크로소프트는 스카이프와 노키아를 인수해 모바일 관련 특허를 6,500개 이상 확보하였다.

아마존, 유럽 전자상거래 시장 진출을 강화

유럽은 중국과 미국에 이어 세계 3위의 B2C 전자상거래 시장으로 매년 10% 이상 성장하고 있다. 유럽의 소매 판매가 2007년을 정점으로 계속 둔화되고 있는 반면, 온라인 판매는 2000~2014년 연평균 22% 성장하여 현재 전체 소매 판매의 8%를 차지하고 있다. 특히 서비스 분야의 온라인 판매가 현저히 증가했는데, 2015년 기준으로 여행항공권과 음악, 호텔 예약 등의 온라인 판매 비중이 60%를 상회하고 있다.

　글로벌 시장조사 업체 민텔(Mintel)에 따르면, 2013년 유럽의 전체 전자제품 판매가 소폭 감소했으나 온라인 판매는 오히려 약 14% 증가하였다(인터넷 판매 450억 유로).[23] 전자제품 매출이 전반적 감소 추세인 가운데 온라인 판매가 증가함으로써 영국의 코멧(Comet), 독일의 프로마크트(ProMarkt)

등 문을 닫는 오프라인 매장이 속출하고 있다.

이 와중에 미국의 전자상거래 업체 아마존이 유럽의 전자상거래 시장에서 영향력을 계속 확대하고 있다. 이커머스 유럽(2016)에 따르면, 2014년 기준 아마존의 유럽 온라인 매출액은 242억 유로로, 2위인 독일 오토(Otto)의 매출액(64.5억 유로)의 3.8배에 이른다.

아마존은 유럽 전자상거래 시장을 처음 개척한 미국 업체들 중 하나다.

유럽 인터넷 소매업체의 온라인 매출 현황(2014년)

(백만 유로)

회사명	국적	유럽 온라인 매출
아마존	미국	24,230
오토	독일	6,452
애플	미국(아일랜드)	3,750
테스코	영국	3,533
홈 리테일 그룹	영국	2,328
시디스카운트(Cdiscount)	프랑스	2,235
자란도(Zalando)	독일	2,214
르클레어(E.Leclerc)	프랑스	1,900
숍 다이렉트	영국	1,876
넥스트	영국	1,863
까르푸	프랑스	1,800

자료: Ecommerce Europe (2016). European B2C E-commerce Report.

---

23 Amazon Dominates Online Electrical Goods Retailing in Europe (2014. 3. 18). *Mintel*.

1998년 영국과 독일에서 온라인 판매를 개시한 이래 아마존은 유럽을 단일시장으로 간주하고 진출을 확대해왔다. 현재 아마존은 1억 개 이상의 제품을 5개 언어로 나누어 유럽 시장에 공급하고 있다.

아마존은 2014~2015년에 지리적으로 유럽의 중앙에 위치한 폴란드에 3개의 물류센터(고용 규모 6,000명)를 설립하였다. 기존의 25개 물류센터와 폴란드의 3개 센터를 통합 운영함으로써 유럽 내 모든 소비자에게 제품을 공급할 수 있는 물류체계를 갖추게 되었다. 현재 아마존은 국경을 초월한 온라인 전자상거래를 확대하고 있는데 프랑스, 독일, 이탈리아, 네덜란드, 스페인, 영국에서 웹사이트를 운영 중이다.

아마존은 거대한 유럽 시장을 공략하고자 유럽 전역에 28개의 물류센터와 배송네트워크를 구축하고, 원클릭 체크아웃(one-click checkout)[24] 등 전자상거래 기술을 발전시켜왔다. 시장조사기관 포레스터(Forrester)의 보고서에 따르면, EU 회원국 간 온라인 거래는 유럽 성인들의 온라인 거래의 약 4분의 1에 불과해 성장 가능성이 매우 큰 것으로 판단된다. 자국 내 웹사이트를 이용한 온라인 소비자들이 분기당 평균 228유로를 소비하는 반면, 다른 회원국 웹사이트를 통해 구매하는 소비자는 평균 337유로를 지출하는 것으로 나타났는데, 이는 회원국 간 온라인 거래가 활성화될 경우 매출이 크게 늘어날 수 있음을 의미한다.

이렇듯 아마존은 다양한 고객 서비스와 광범위한 물류센터, 전자상거래 플랫폼을 통해 유럽의 전자상거래 시장에서 영향력을 확대하고 있다. 아마존은 유럽 내 수만 개 기업과 아마존 고객을 연결함으로써 앞으로 제품 판

---

24 한 번의 클릭으로 온라인 구매를 완료하도록 해주는 기술이다.

매가 더욱 촉진될 것으로 예상하고 있다.

한편 아마존은 빠르게 성장하는 전자책(e-book) 시장에서도 독보적 위치를 차지하고 있다. 서유럽의 전자책 시장 규모는 2016년 23억 달러에 이를 전망이다(북미는 109억 달러). 전자책 시장은 2017년 유럽의 전체 서적판매 시장의 21%를 차지할 것으로 예상된다(2013년 비중 4.5%). 킨들 e리더(Kindle e-reader)를 통해 서비스를 제공하는 아마존은 2013년 기준으로 영국 전자책 시장의 79%, 독일 전자책 시장의 45%를 차지하는 등 유럽 시장을 장악하고 있다. 2015년 6월 EU 집행위원회는 아마존이 독점적 시장 지위를 남용해 출판사들의 다른 전자책 업체와의 자유로운 계약 체결을 제한하고 있다며 경쟁법 위반 혐의를 조사 중이다.

아마존은 독일과 영국을 중심으로 스트리밍 동영상 서비스 사업도 강화하고 있다. 아마존은 프랑스의 카날 플러스(Canal Plus, 가입자 1,500만 명), 영국의 스카이(Sky, 가입자 2,100만 명) 등 현지 유선 TV 사업자는 물론 공영방송사와도 경쟁하고 있다. 아마존의 강점은 상대적으로 저렴한 시청료다. 경쟁사인 넷플릭스(Netflix)는 독일 시장의 시청료가 월 7.99유로인 반면, 아마존 프라임(Amazon Prime)은 음악 스트리밍 서비스를 포함해 연간 시청료가 49유로에 불과하다.

현재 아마존은 성장 가능성이 큰 독일 시장을 집중 공략하고 있다. 독일의 TV 보유 가정의 7.7%인 300만 가구가 아마존의 프라임 비디오(Prime Video)를 시청하고 있다. 아마존은 유선 TV 시장을 공략하고자 독일의 유명 배우가 등장하는 영화를 제작하는 등 로컬 콘텐츠를 강화하고 있다.

또한 아마존은 유럽 클라우드 서비스 시장에서도 두각을 나타내고 있다.[25] 서유럽의 클라우드 인프라 시장은 2013년 22억 달러에서 2015년에는 50억 달러로 급성장하였다. 2015년 미국의 4대 클라우드 서비스 기업 (아마존, 마이크로소프트, 구글, IBM)이 유럽 시장의 약 40%(매출액 20억 달러)를 차지하고 있는데, 이 중 아마존이 약 15억 달러의 매출을 기록하였다. 아마존은 EU의 데이터 지역화 정책에 대응하여 아일랜드 더블린에 이어 2014년 후반 독일 프랑크푸르트 지역에 새로운 데이터센터를 설립하였으며, 브렉시트 우려에도 불구하고 제3의 데이터센터를 2017년 초 영국 런던에 개설할 예정이다.[26]

넷플릭스의 유럽 시장 진출 확대

미국의 넷플릭스는 스트리밍 동영상 서비스(OTT; Over-the-Top) 분야의 세계 1위 기업이다. 2014년 55억 달러였던 매출액이 2015년 68억 달러로 증가했다. 글로벌 시장점유율은 2012년 7.9%에서 2013년 18.2%, 2014년 25.1%, 2015년 29.7%로 꾸준히 상승하였다. 넷플릭스의 전체 매출에서 미국 매출은 62%를 차지하고 있다. 2015년 3월 기준 미국 가입자 수가 4,140만 명, 해외 가입자 수는 2,090만 명에 이르렀다.

넷플릭스는 고속 포화 상태에 이른 미국 시장에 대한 의존도를 줄이기 위해 해외시장 진출을 강화하고 있다. 넷플릭스는 유럽 13개국[27]에 진출한 데 이어 2015년 10월 이탈리아, 포르투갈, 스페인 등 남유럽 3개국에 추가로 진출했다.

---

25 U.S. Tech Firms Dominate Cloud Services in Western Europe (2016. 8. 4). *The Wall Street Journal*.

26 Amazon Committed to U.K. Data Center Opening Despite Brexit (2016. 6. 30). *Bloomberg*.

27 영국과 아일랜드(2012년 1월)에 이어 스웨덴, 덴마크, 노르웨이, 핀란드(2012년 10월)에 진출했으며, 네덜란드(2013년 9월) 다음으로 독일, 프랑스, 벨기에, 룩셈부르크, 스위스, 오스트리아(2014년 9월)에 진출했다.

넷플릭스는 고속 브로드밴드 보급 현황을 최우선적으로 고려해 자사의 스트리밍 서비스가 구현될 수 있는 최적의 환경을 갖추고 있는지를 판단해 진출 국가를 선정한다. 즉 브로드밴드의 전송속도를 가장 중요한 판단 기준으로 삼는다. 조만간 넷플릭스는 영국과 아일랜드에서 유튜브를 제치고 네트워크 트래픽이 가장 많은 기업으로 부상할 것으로 예상된다.

넷플릭스는 EU 디지털 단일시장의 기회를 선점하는 한편, 여러 국가에 진출하는 것이 범유럽 차원의 콘텐츠 허가 취득은 물론 시너지 효과 측면에서 유리하다는 판단에 따라 남유럽에 진출했다.

넷플릭스의 해외 진출 방식은 IPTV 사업자와 전략적 제휴를 통해 셋톱박스 같은 플랫폼에 직접 접속할 수 있는 애플리케이션을 제공해 소비자 접점을 확보하거나 지역 내 통신 사업자와 제휴하여 프리미엄 콘텐츠를 제공하는 것이다. 이 가운데 후자는 영상 콘텐츠 유통 사업자보다 고품질 콘텐츠를 다수 보유한 기업이 포지셔닝할 수 있는 전략이라 할 수 있다. 넷플릭스는 2014년 영국 보다폰과 제휴하여 스카이 스포츠(Sky Sports), 스포티파이(Spotify) 등의 채널과 함께 프리미엄 콘텐츠 패키지를 제공한 바 있다.

앞으로 넷플릭스는 유럽 시장에 이미 진출한 업체들로부터 강한 견제를 받게 될 것으로 보인다. 영국 시장에서는 아마존의 프라임 비디오가 최대 라이벌이며, 프랑스와 독일 시장에서도 강자들과의 치열한 경쟁이 불가피할 것으로 예상된다. 독일 시장에서는 아마존의 프라임 비디오, 비방디(Vivendi)의 와체버(Watchever), 프로지벤(ProSieben)의 맥스돔(Maxdome), 21세기폭스(Sky Deutschland)의 스냅(Snap) 등 미디어 강자들과 경쟁해야 한다. 프랑스에서는 카날 플러스의 카날플레이(CanalPlay), 오랑주(Orange)의 오랑주캐스트(Orangecast)가 넷플릭스를 견제할 것으로 예상된다. 또한 스페인의 우아키닷티비(Wuaki.TV), 이탈리아의 스카이 이탈리아(Sky Italia) 등 기존 업체들과의 경쟁도 피할 수 없다.

중국 혁신기업들의 유럽 전략

EU와 중국은 수교 40주년(2015년)을 계기로 무역과 투자(FDI)뿐 아니라 인프라 투자, R&D 협력 등 다양한 분야로 경제협력을 확대하고 있다. 양국 간 경제관계가 더욱 긴밀해지는 상황에서 중국 혁신기업들이 2020년 EU의 디지털 단일시장 추진과 맞물려 EU 시장 진출을 강화하고 있어 이를 경계하는 시각이 늘고 있다.

중국 혁신기업들은 자국 시장에서 혁신 제품과 서비스를 개발·상용화한 다음 이를 EU 시장에 내놓는 방식(reverse innovation)을 채택하고 있다. BAT(바이두-알리바바-텐센트)로 대표되는 전자상거래 및 인터넷 서비스 기업들은 플랫폼 비즈니스를 강화하고 이와 연계된 인터넷 서비스 사업을 국내에서 EU 시장으로 확장하고 있다. 이에 따라 향후 EU-중국 간 온라인 거래가 증가하고 데이터를 기반으로 한 인터넷 서비스 사업도 활성화될 것으로 예상된다. 알리바바는 EU 시장에서 클라우드 서비스와 핀테크 사업을 전개하고 있으며, 텐센트는 지급결제 서비스, 사물인터넷, 클라우드 컴퓨팅, 전자상거래 등으로 사업다각화를 준비하고 있다.

하드웨어 업체는 M&A를 통해 콘텐츠 및 인터넷 서비스 사업을 추진하고 있다. 화웨이는 사물인터넷 및 VoD 사업에 진출했으며, ZTE는 클라우드 서비스와 빅데이터 사업을 추진 중이다. TCL은 중국 부동산 기업 및 콘텐츠 플랫폼 기업들과 제휴하여 스마트가전 시장을 공략할 채비를 갖추고 있다. 하이얼은 지능형 홈시스템(U-home)과 다양한 사물인터넷 제품을 중국에서 출시하였다.

또한 중국 기업들은 스마트시티, e-헬스 등 유럽 B2G 사업에도 진출하고 있다. 화웨이는 영국의 클라우드 컴퓨팅 업체인 늘(Neul)을 인수하여 사물인터넷 네트워크 사업에 참여하고 있으며, ZTE는 독일 텔레포니카와 공동으로 독일 뒤셀도르프 시의 e-헬스 프로젝트를 추진 중이다.

미국과 중국의 혁신기업들은 현재 검색(구글 대 바이두), 전자상거래(아마존 대 알리바바), SNS(페이스북 대 텐센트), 통신기기(애플 대 화웨이) 분야 등에서 경쟁구도를 형성하고 있다. 중국 혁신기업들의 EU 시장 진출 강화로 앞으로 유럽 시장에서 미·중 경쟁이 본격화할 것으로 예상된다. 즉 2020년 EU의 디지털 단일시장이 완성되면 미·중 간 플랫폼 경쟁이 치열해지면서 데이터 기반의 인터넷 비즈니스 시장에서 양국이 격돌할 것이다.

이와 같은 중국 혁신기업들의 약진은 유럽 시장에 진출해 있는 한국 기업에 부정적 영향을 줄 것으로 예상된다. 특히 EU·중국의 경제관계 긴밀화와 중국 혁신기업들의 진출 강화가 2020년을 목표로 추진 중인 EU의 디지털 단일시장 작업과 맞물려 진행되고 있어 시장 판도에 적지 않은 영향을 줄 전망이다. 이른바 'BAT'는 온라인 플랫폼을 이용해 유럽 고객과의 접점을 확대하고, 이를 통해 확보한 데이터를 기반으로 핀테크(지급결제 서비스), 사물인터넷, 빅데이터, 클라우드 서비스, 인공지능(AI) 등으로 사업 영역을 확장할 계획이어서 향후 신사업 분야에서 경쟁이 불가피할 전망이다. 또한 중국 하드웨어 업체들의 기술력이 향상되면서 유럽 시장 잠식도 우려된다. R&D 투자 확대(화웨이, ZTE) 및 브랜드이미지 제고 노력(TCL, 하이얼) 등에

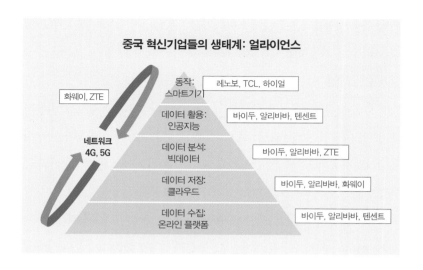

힘입어 중국 하드웨어 업체들의 EU 시장 내 입지가 강화될 것으로 예상된다.

한편 중국의 시장경제지위(MES; Market Economy Status) 확보,[28] EU 전자상거래 활성화 등으로 중국 혁신기업들이 가격인하 경쟁에 나설 가능성이 있으므로 여기에도 대비해야 한다. 하지만 가장 우려되는 시나리오는 중국의 온라인 서비스 업체와 하드웨어 업체들이 기존의 상호 경계를 깨고 제휴하거나 영역을 확장하는 경우다. 기술의 융·복합화로 인해 사물인터넷 등 신산업 분야에서 기업 간 얼라이언스(전략적 제휴)가 갈수록 보편화되고 있는 상황에서, 중국 정부가 미국 IT 기업들과 경쟁하고자 국가적 차원에서 중국 기업 간 얼라이언스를 추진한다면 생태계를 구축한 중국 혁신기업들은 매우 강력한 세력으로 부상할 가능성이 높다.

---

28 중국은 반덤핑 규제로 인한 피해를 줄이기 위해 2016년 말까지 시장경제지위 확보에 주력하고 있다. 하지만 EU 회원국 간에, 그리고 EU 기구 내부에서도 의견이 엇갈리고 있어 2016년 말 중국이 시장경제지위를 확보할 수 있을지 여부는 아직 불확실한 상황이다.

화웨이는 스마트폰 시장입지 강화와 신사업 기반 확보

화웨이는 2000년부터 유럽 시장에서 영업을 시작했다. 휴대폰, 모바일 브로드밴드 기기, 홈 디바이스로 구성된 소비자 사업(consumer business) 부문의 2015년 서유럽 매출액은 전년 대비 45% 증가해 20억 달러를 기록하였다. 2013년 화웨이는 34억 달러 규모의 통신부품과 서비스를 유럽에서 조달했으며, 유럽 내 R&D 인력을 2013년의 7,700명에서 향후 5년간 매년 1,000명씩 증원할 계획이다.

화웨이는 유럽 휴대폰 시장에서 삼성과 애플에 이어 3위 업체로 도약하였다. 2015년 9월 화웨이의 전 세계 시장점유율은 7.5%로, 삼성 23.8%, 애플 13.5%에 이어 3위를 기록하였다. 3/4분기 출하량은 2,650만 대로 경쟁사인 샤오미를 추월했으며, 2015년 전체적으로 1억 800만 대의 휴대폰을 출하하였다(연간 44% 증가). 특히 중국과 서유럽 시장에서 괄목할 만한 매출 증가를 기록하였다. 화웨이의 유럽 휴대폰시장 점유율은 1.5%(2013년 2/4분기)에서 8.5%(2015년 2/4분기)로 상승했으며, 2014년 유럽 안드로이드 스마트폰 분야에서는 기존의 6위에서 2위로 도약하였다.

화웨이의 휴대폰 사업이 유럽 시장에서 급성장한 비결은 첫째, '유럽을 제2의 내수시장'으로 인식하고 유럽 시장을 적극 공략했다는 데 있다. 둘째, 이동통신사 및 유통파트너와의 관계를 강화하였다. 셋째, 마케팅 투자로 브랜드 인지도를 향상시켰다. 화웨이는 독일의 보르시아 도르트문트, 이탈리아의 AC밀란, 네덜란드의 아약스 등 유럽 명문 축구단들과 스폰서십 계약을 체결하였다.[29] 넷째, 저가 스마트폰 모델에 의존하던 기존 방식에서 탈피하여 첨단기술을 적용한 중고가 제품을 출시하는 등 제품 라인업을 보강하였다. 다섯째, 최종 소비자를 위해 소매 유통망을 개선하였다.

화웨이는 서유럽에서 매출이 확대되면서 프리미엄 제품군에 역량을 집중하는 사업전략에 보다 자신감을 갖게 되어 메이트 S(Mate S)뿐만 아니라 플래그십 스마트폰인 P8 등과 스마트워치(Watch)도 출시하였다.

화웨이는 VoD 사업 등 사업다각화도 적극 추진 중이다. 2015년 말 영화, TV 시리즈 등의 OTT 서비스를 중국 및 중동에 이어 유럽에서도 개시하였다. 통신사와 파트너십을 체결하거나 자체 유통채널을 이용해 서비스를 제공할 계획이다. 초기에는 iOS 및 안드로이드 스마트폰으로 이용 가능한 OTT 비디오와 앱에 집중하되, 2016년에는 TV용 게임도 출시할 예정이다. 화웨이는 디지털 비디오 생태계 구축을 위해 영국에 스마트 비디오 클라우드 센터를 설립할 계획이다.

화웨이는 R&D 전략으로 5G 기술 개발에도 적극 참여하고 있다. 5G 시장 선점을 위해 EU R&D 프로그램에 참여하는 것은 물론 유럽 국가들과의 협력도 강화하고 있다. 영국 임페리얼 칼리지 런던(Imperial College London)과 협력하여 공동 연구시설을 설립했으며, 보다폰, BT, 텔레포니카, 도이체텔레콤, SAP 등과 클라우드 스토리지, 통신장비, 자동차, 보안 등의 분야에서 R&D 협력을 확대하고 있다. 화웨이는 미국 대신 유럽(특히 영국)을 전략시장으로 선정하고, 투자 확대를 통해 사물인터넷을 비롯한 사업기반 강화에 본격적으로 나서고 있다.

이와 함께 화웨이의 유럽 기업 M&A 행보도 빨라지고 있어 앞으로 경쟁사들에 위협적 존재가 될 전망이다. 선진기술 확보를 통한 사업기반 강화를

---

29 화웨이는 2016년 3월 세계적인 축구스타 리오넬 메시를 브랜드 홍보대사로 임명하는 파트너십 계약을 체결하였다.

위해 유럽 기업들을 대거 인수하고 있다. 광학 분야의 R&D능력 제고를 위해 2012년 1월에는 세계 최고 포토닉스(Photonics) 연구소를 운영하는 영국 기업 CIP 테크놀로지(CIP Technology)를 인수한 바 있다. 2013년 9월에는 내·외부 데이터를 빛으로 연결해주는 광(光)실리콘 분야에 특화된 벨기에의 스타트업 칼리오파(Caliopa)[30]를 인수하였다. 또한 2014년 7월에는 반도체 관련 기술을 확보하고자 독일의 보쉬, 미국의 자일링스(Xilinx)와 함께 영국의 반도체 업체 XMOS에 2,600만 달러를 투자하였다. 그리고 2014년 9월에는 밀턴 케인스 시에 사물인터넷을 결합한 네트워크 서비스를 공급하고 있는 클라우드 컴퓨팅 업체 늘(Neul)을 2,500만 달러에 인수하였다. 이기업 인수를 계기로 앞으로 21억 달러를 투자해 사물인터넷 관련 기술의 개발에 박차를 가할 예정이다.

알리바바: 유럽과 중국을 잇는 게이트웨이 지향

알리바바는 전체 매출액의 50% 이상을 해외에서 창출하겠다는 목표로 글로벌화 전략을 적극 추진하고 있다. 해외 브랜드 및 제조업체가 대규모 자본투자 없이도 중국 소비시장에 접근할 수 있도록 알리바바의 생태계를 이들과 연계시키는 한편, 중국 내 제조업체와 상인들이 전 세계 기업 및 소비자들에게 도달할 수 있도록 플랫폼을 제공하는 사업전략이다. 예컨대 티몰 글로벌(Tmall Global)은 중국 소비자들의 해외 브랜드 제품 수요를 충족시키기 위한 플랫폼이다.

---

30 인텔, IBM, 시스코, 멜라녹스(이스라엘) 등이 선두 주자이며, 칼리오파는 후발주자이지만 추격 속도가 빠른 회사다.

알리바바는 해외 브랜드와 외국 기업들을 위한 글로벌 허브가 되고자 '게이트웨이 투 차이나(Gateway to China)' 전략의 일환으로 유럽 시장 진출을 본격화하고 있다. 알리바바는 2015년 10월 유럽의 브랜드 및 중소기업들이 중국 시장에 진출할 수 있도록 하는 게이트웨이를 지향한다는 내용의 유럽 시장 진출전략을 발표한 바 있다. 고급 브랜드의 제품 및 서비스를 찾는 중국의 소비자들에게 접근하고자 하는 유럽 현지 브랜드 및 소매업체, 정부 기관들을 위한 허브 역할을 수행하려는 것이다.

알리바바는 유럽 제품의 중국 수입을 촉진하고자 유럽 국가별로 협력 사업을 추진하여 2015년 영국(런던, 유럽 본사), 이탈리아(밀라노)에 이어 독일(뮌헨), 프랑스(파리)에도 현지법인을 설립하였다. 이를 통해 알리바바는 유럽 판매자와 중국 구매자를 연결해주는, 국경 간 전자상거래를 촉진하는 플랫폼 역할을 수행하고 있다. 현지 기업들을 위한 '원스톱 숍(one-stop shop)'으로 중국 시장에 가장 적합한 제품 선정, 알리바바 플랫폼을 통한 판매 지원, 인바운드와 아웃바운드의 물류 서비스 지원, 중국 소비자를 위한 온라인 결제 및 중국 관광객들을 위한 오프라인 결제 지원 등을 제공할 예정이다. 나아가 알리바바는 유럽 제품을 중국 시장에 원활히 배달하고자 프랑스의 우편배달 서비스 회사 라포스트(La Poste)와 유럽 내 공급망(supply chain) 개발을 협의하고 있다.

알리바바는 미국의 넷플릭스 및 HBO를 벤치마킹하여 비디오 스트리밍 사업에도 진출하였다. 또한 알리윈(Aliyun)을 통해 클라우드 사업을 확장하고 있으며, 미국에 이어 유럽 시장 진출도 추진 중이다. 알리바바는 인터넷 기반의 클라우드 컴퓨팅과 빅데이터 산업이 향후 10년 내에 사업의 성장동력이 될 것으로 예상하고 투자를 확대하고 있다. 2015년 3월 실리콘밸리에 처음으로 해외 데이터센터를 오픈하였으며, 같은 해 5월에는 두바이의 한 업체와 제휴하여 두바이에 클라우드 컴퓨팅 사업의 거점을 마련하였고, 유럽에서도 유사한 파트너십 모델을 모색 중이다. 앞으로 알리바바는 유럽에도 데이터센터를 설립할 계획인데, 데이터 보안과 네트워크 지연(latency), 해킹에 대한 방화벽, 법적 요건 등을 검토해 설립 대상지를 결정할 예정이다. 알리바바는 유럽 시장 진출을 확대하는 중국 기업들을 상대로 우선적으로 클라우드 서비스를 제공할 계획을 가지고 있다.

한편 알리바바는 영국에서 온라인 기업대출 서비스도 개시하였다. 알리바바의 전자상거래 플랫폼을 통해 중국 제품을 구매하려는 영국 중소기업들을 대상으로 1억 파운드 이상의 새로운 대출상품(e-Credit Line)을 출시하였다. 이를 위해 알리바바는 영국의 스타트업 기업인 아이오카(iwoca),[31] 그리고 이즈봅(ezbob)[32]과 제휴하였다. 중국에 수출하는 업체는 아이오카 혹은 이즈봅을 통해 직접 결제대금을 받게 된다. 전통적인 은행대출을 대체하는 새로운 형태의 기업대출 서비스가 빠르게 증가할 것으로 예상되는 가운데, 알리바바의 전자상거래 플랫폼을 통한 중국과 영국 간의 교역이 확대될 것으로 전망된다.

---

31 아이오카는 글로벌 파운더스 캐피털(Global Founders Capital), 레드라인 캐피털(Redline Capital)을 포함한 투자자들로부터 재원을 마련하였다.

32 이즈봅은 오렌지 머니(Orange Money)가 소유하고 있는데, 오렌지 머니는 영국 최대 온라인 중소기업 대출 회사로, EU 및 유럽투자기금으로부터 금융 중개기관으로 승인을 받았다.

한국 기업을 위한 제언 Ⅰ: 유럽 시장 진출전략

디지털 단일시장을 활용하기 위한 세 가지 차원의 대응전략

한국 기업 입장에서 EU는 북미와 더불어 선진국 시장을 양분하는 중요한 전략시장이다. 특히 애플과 인텔 등 글로벌 경쟁력을 지닌 기업들과 경쟁해야 하는 미국 시장과 달리 유럽 시장은 디지털 제품을 생산하는 경쟁력 있는 현지기업이 별로 없어 공략하기가 상대적으로 용이하다.

현재 한국 기업들은 유럽 경기 침체의 장기화와 유럽 사업의 실적 부진으로 고전하고 있다. 그런 데다 시장 내에서 애플 등 글로벌 경쟁력을 갖춘 미국 기업들뿐 아니라 가격경쟁력과 혁신기술로 무장한 중국 기업들로부터도 거센 도전을 받고 있다.

아울러 2020년이면 완전하지는 않더라도 EU의 디지털 단일시장이 출범할 전망이다. 브렉시트라는 돌발 변수가 생기기는 했지만, EU 및 회원국들의 추진의지가 강해 현재 각국별로 쪼개져 있는 디지털 시장을 하나로 묶는 단일화 작업이 소기의 성과를 거둘 것으로 예상된다. 다만, EU가 2020년까지 디지털 어젠다의 목표를 어느 정도 달성한다 하더라도 EU가 지닌 태생적 한계로 인해 국가별 편차와 시장 파편화 현상이 미국 수준으로 완전히 해소되기는 어려울 전망이다.

2020년부터 본격화될 EU의 디지털 단일시장은 앞으로 한국 IT 업체들의 유럽 사업에 직간접적 영향을 줄 것이다. 거대 단일시장이 부상하고 하드웨어 및 콘텐츠의 수요가 증대된다는 점은 기회가 되겠지만, 시장 내 가격경쟁이 심화되고 EU의 규제가 강화되는 것은 위협요인으로 작용할 전망이다.

한국 기업이 EU의 디지털 단일시장이 가져다줄 사업환경의 변화와 기회를 잘 활용하려면 구체적인 전략을 갖고 있어야 한다. 디지털 단일시장의 기회를 활용하고 위협에 대응하기 위해 디지털 어젠다의 내용을 철저히 분석하는 한편, 유럽 사업의 경쟁력 강화를 위한 전략도 병행 추진할 필요가 있다. 기업들은 디지털 단일시장의 입법 동향과 정책 변화가 시장에 미치는 영향을 예의주시하고 선제적 대응방안을 마련해야 한다.

이를 위해 운영(operation), 제품 및 서비스(product/service), 경쟁(competition)이라는 세 가지 측면에서 EU의 디지털 어젠다 추진에 따른 디지털 단일시장의 기회 요인과 위협 요인을 살펴보고 전략을 강구해보고자 한다.

운영: 거점전략의 재검토

우선, 기업들은 2020년 EU 디지털 단일시장 출범에 대비하여 유럽 거점전략을 재검토할 필요가 있다.

2020년 EU 디지털 단일시장이 출범하면 유럽에서 역내 온라인 거래가 확대되고 모바일 기반의 콘텐츠 및 서비스 거래도 빠르게 증가할 것으로 예상된다. 특히 향후 유형재화는 물론 디지털 콘텐츠와 관련한 EU 역내 전자상거래에서 '지역차단' 현상이 사라질 것이므로 1국 1법인 체제의 실효성은 더욱 약화될 수밖에 없다. 역내 전자상거래 비중이 갈수록 높아지는 상황에서 디지털 시장이 단일화한다면 현재 국가별로 운영되고 있는 오프라인 기반의 조직체계는 실효성을 상실하고 기능중복 문제에 직면하게 될 것이다.

따라서 시장환경 변화에 대응해 현재의 국가별 조직체제를 범(汎)EU체제로 점차 전환할 필요가 있다. 그리하여 향후에는 국가 단위 접근이 아닌, 국가-권역-범EU를 아우르는 3차원적 접근을 할 수 있어야 한다. 지역 본사에서 갖는 의사결정 권한과 사업 책임을 강화하는 한편, 전자상거래 대응 조직을 갖추고 핵심고객(key accounts) 관리 및 영업을 직접 수행해야 한다. 유럽 시장은 3~4개 권역별로 나눠 판매 및 마케팅 활동을 전개하는 것이 바람직하며, 국가 단위에서는 신속한 고객대응이 요구되는 서비스망을 구축할 필요가 있다.

한편 디지털 단일시장의 출현에 대비하는 동시에 비용을 절감하는 방안으로서 EU 전역을 담당하는 SSC(Shared Service Center)를 설립하는 방안도 고려해야 한다. 이미 글로벌 기업들이 하고 있는 것처럼 유럽 시장에서 사업하는 한국 기업들도 금융(비용 청구 및 결제, 급여 지급, 채권회수), 회계, 고객 서비스 등 백 오피스(back office) 기능을 하나의 조직으로 통합해 운영할

278

필요가 있다.

또한 EU의 개인정보보호 강화 추세에 대응하고 콘텐츠 및 서비스 사업의 경쟁력 확보를 위해 EU에 데이터센터를 설립하는 방안도 검토할 필요가 있다. 애플(덴마크, 아일랜드), 구글(핀란드, 벨기에, 네덜란드), IBM, 알리바바 등 글로벌 기업들은 이미 EU 내에 데이터센터 설립을 추진 중이다.

지역전략도 재검토가 필요하다. 향후 한국 기업들은 디지털 기기 보급에 있어 포화 상태에 다다른 서유럽 시장보다 성장성 높은 동유럽과 남유럽 시장을 집중 공략할 필요가 있다. 동유럽 및 남유럽 국가들의 고속 브로드밴드 보급 확대에 따른 고성능 디지털 기기 및 콘텐츠·서비스의 수요 증가가 예상되기 때문이다.

유럽 시장에 진출한 기업은 향후 물류 및 유통 구조 역시 범EU 차원에서 정비하여 일관성 있는 가격 정책과 디스카운트 정책을 시행해야 한다. EU에서 시장단일화가 진행될수록 메이저 유통 업체 및 플랫폼 업체의 시장지배력이 강화될 것이므로 이들과의 윈윈전략을 마련해야 한다. 제품별 시장

범(汎)EU 사업운영체제(안)

단위	기능	목적
범EU	상품기획, 브랜드, R&D 전략, 주요 거래선 관리, 지원 서비스 제공(백 오피스)	전체 조율, 시너지 비용 절감 등
권역	판매·마케팅	권역별 시장 공략
국가	A/S, 기술지원	신속한 고객대응

) EU 경제성장의 중심축 이동 (

지금까지 유럽은 '푸른 바나나(Blue Banana)' 지역을 중심으로 성장하였
으나 향후 EU 경제성장은 '황금 축구공(Golden Soccer Ball)' 지역이 주
도할 것으로 전망된다.

푸른 바나나 지역	영국 중부(런던 포함)~베네룩스~독일 라인강 지역~이탈리아 북부지역을 잇는 벨트(우주에서 보면 푸른빛이 도는 바나나 모양)
	산업혁명 이후 유럽 성장의 중심축(backbone)으로 소득이 EU 평균보다 높은 1.1억 명 인구가 거주
황금 축구공 지역	독일 남부~폴란드~체코~오스트리아~헝가리~슬로바키아~루마니아를 잇는 지역
	EU 역내교역에서 차지하는 비중이 2004~2013년 5.3% 증가

자료: No More Blue Banana, Europe's Industrial Heart Moves East (2015. 3. 15). *Reuters*.

점유율 확대를 통해 대(對)유통 업체 교섭력을 강화하고 이를 기반으로 숍
인숍(shop in shop) 등 상호 간 이익 극대화 방안을 모색할 필요가 있다.

한편 기업들은 전자상거래 활성화와 온라인 플랫폼을 기반으로 한 유통
업체의 대형화 등에 따른 가격하락 압력에도 선제적으로 대응해야 한다. 전
자상거래 활성화에 대비하여 온라인 판매전략과 가격전략을 수립하되, '엄
격한 가격하한선(hard lower limit)'과 '탄력적인 가격상한선(soft upper limit)'
을 마련하는 등 목표가격대를 설정해 관리할 필요가 있다.

제품 및 서비스: 융합을 통한 시장입지 강화

디지털 어젠다로 인해 디지털 제품과 콘텐츠 및 서비스 수요 증가가 예상되므로 기업들은 새로운 사업기회를 적극 모색해야 한다. 이를 위해서는 시장 확대가 예상되는 영상 콘텐츠 관련 소비기기(스마트폰, 태블릿, 스마트 TV 등)의 소비 트렌드를 선도할 필요가 있는데 디자인, 직관적 인터페이스, 화질 등 하드웨어 차별화는 물론 우수 콘텐츠 확보에도 심혈을 기울여야 한다. 특히 앞으로 강화될 것으로 예상되는 유럽의 저작권법을 고려하여 BBC, 데일리모션 등 현지 콘텐츠 업체와의 협력관계를 구축할 필요가 있다. 또한 유럽 현지의 통신, 미디어, 보안, 자동차 업체들과의 협력을 통해 스마트홈, 스마트카 등 차세대 사물인터넷 서비스 시장을 적극 공략해야 한다.

최근 디지털 기술의 발달로 제품과 서비스를 융합하는 사례가 증가하고 있다. IT, 센서, 데이터 애널리틱스(data analytics) 기술이 발전하면서 제조업 부문에서 서비스 사업의 기회를 모색하는 기업이 늘고 있다. 다시 말해, 제품 사용 상태에 대한 정밀하고 방대한 데이터를 분석하여 고객들의 효율적 제품 사용을 지원하는 등 서비스의 부가가치 향상에 주력하고 있다.

그런 점에서 '제품과 서비스의 융합'은 차별화를 위한 선택이 아닌, 제조업 생존에 필수요건이 되고 있다. 실제로 IBM의 제조업 분야 아시아·태평양지역 총괄대표인 마티위 판 빌선(Matthieu A Van Bilsen)은 "제품의 혁신은 이제 더는 소비자를 움직이지 못한다. 서비스 혁신이 중요하다"라고 역설하고 있으며, 제프리 이멜트(Jeffrey Immelt) GE 회장 또한 앞으로는 모든 기업이 소프트웨어 및 데이터 분석 기업이 될 수밖에 없을 것으로 전망한다. 앞으로 기업은 단품 판매 전략에서 벗어나 제품의 서비스화(servitization) 전략을 추진해야 한다. 단순히 제품만 팔기보다는 ICT를 활용하여 부가 서비스를 제품과 함께 제공할 수 있어야 한다. 서비스를 통해 새로운 가치를 추가하여 지속적인 서비스 매출을 창출하거나 제품의 구매 의향을 높이는 전략이 필요하다.

예를 들어 유럽의 TV 시장을 살펴보자. TV 산업이 성숙기에 진입한 상태에서 하이얼 등 중국 전자 업체들이 저가를 무기로 시장을 빠르게 잠식하고 있는데, 이런 상황에서 한국 기업들이 살아남으려면 새로운 경쟁우위 요소를 찾아내야 한다.

2011년 인터넷에 연결하는 스마트 TV가 출시되었으나, 성과는 기대 이하였다. 스마트 TV에 대한 소비자들의 반응이 저조해 스마트 TV에서 정작 스마트 기능을 사용하지 않는 기현상이 발생하고 있다. 이는, 케이블이나 IPTV에 비해 스마트 TV는 프리미엄 영상 콘텐츠가 부족할 뿐 아니라 TV 리모컨의 조작성이 떨어져 인터랙티브한 사용이 어려웠기 때문이다.

하지만 기술 혁신에 힘입어 TV 시장에서 변화의 조짐이 나타나고 있다. 소비자의 시청 방식이 방송전파 수신에서 인터넷 동영상 스트리밍 서비스(OTT)로 이동하고 있다. 북미의 경우, OTT 서비스 가입 가구 비율이 2012년 24%에서 2015년 47%로 상승하였다. 유럽은 미국보다는 늦지만 OTT 서비스가 역시나 빠른 속도로 보급되고 있다. 현재 다양한 산업의 플레이어가 셋톱박스를 출시해 OTT 서비스를 위한 플랫폼 역할을 수행하고 있다. 넷플릭스와 훌루(Hulu) 등 기존 사업자는 물론 컴캐스트의 스트림(Stream)이나 HBO의 나우(Now) 등 방송통신 사업자들과 아마존 인스턴트 비디오(Amazon Instant Video)나 유튜브 레드(YouTube Red) 등 IT 서비스 업체들이 OTT 시장에 속속 뛰어들고 있다. 이러다 보니 콘텐츠 소비의 중심이 IPTV와 케이블 등 유료 방송에서 OTT와 셋톱박스/스마트 TV로 이동하고 있다.

OTT 서비스가 활성화되면서 애플 및 구글발(發) 생태계 변화도 감지된다. 애플, 구글, 아마존, 넷플릭스 등은 OTT 서비스는 물론 자체 영상 제작까지 하며 이용자 확보에 적극 나서고 있다. 애플은 자사 OTT 서비스의 콘텐츠 판매로만 2016년에 24억 달러의 수익을 올릴 것으로 예상된다. 애플과 구글의 공통적 지향점은 스마트폰 앱스토어를 TV로 확장하는 것으로, OTT 서비스의 이용자를 기반으로 TV앱을 활성화하는 전략을 추진하고 있다. 심지어 애플은 "앱이 TV의 미래다"라는 슬로건을 내걸었다.

그러므로 이제 한국 기업들도 그간의 단품 제품 위주의 전략에서 벗어나 '제조와 서비스의 융합' 전략을 적극 추진해나가야 한다. 그리고 온라인을 통한 소비가 보다 활성화될 것이 예상됨에 따라 유럽 인터넷 플랫폼 사업에 대한 투자도 적극 검토할 필요가 있다.

한편 점차 동질화되면서도 여전히 이질적 요소가 공존하는 EU 시장에 효과적으로 대응하려면 제품 및 서비스의 플랫폼화가 요구된다. 단일시장이 되었지만 지역별로 존재하는 상이한 특성을 반영하기 위해서는 제품별로 모델 수를 늘리는 것이 불가피하다. 제품의 수명주기가 짧아지는 것도 모델 수의 증가를 유발한다. 기업으로서는 모델 수가 많아지면서 신제품 개발 및 제조의 효율성을 확보하는 것이 풀어야 할 숙제다. 제품별로 고가, 중고가, 중가 등 기본 플랫폼을 3~4개 정도 운영하되, 기본 플랫폼에 일부 기능을 변형하거나 추가함으로써 다양한 파생모델을 만들어낼 수 있어야 한다.

경쟁: 차별적 경쟁우위 확보

유럽 시장의 단일화가 이루어짐에 따라 앞으로 중국 기업들의 EU 시장 공략은 더욱 강화될 것으로 전망된다. 유럽 사업을 하는 한국 기업들은 이러한 공격에 적극 대비해야 한다. 우선 필요한 것이 제품 차별화를 통해 중국 기업 대비 프리미엄 이미지를 강화하는 전략이다.

한국 기업들은 기존의 프리미엄 전략의 기조를 유지하되 준(準)프리미엄 급인 메스티지(masstige: 대중명품) 제품군을 강화하는 투 트랙(two-track) 전략을 추진할 필요가 있다. 합리적인 가격에 품질을 고급화함으로써 시장 점유율을 유지하는 전략이다.

기존의 하드웨어에 콘텐츠 및 서비스를 결합하는 방식인 '록인(lock-in)' 전략도 적극 추진할 필요가 있다. 하드웨어 측면의 차별화가 더 이상 힘들어지면서 콘텐츠 및 서비스 결합의 중요성이 갈수록 커지고 있기 때문이다. 한국 기업만의 고유하고 특화된 서비스를 발굴하고 활용해 '록인'을 강화해야 한다.

또한 현지의 통신 및 미디어 업체 등과 협력하여 콘텐츠와 사물인터넷 생태계 등을 선점하는 전략도 긴요하다. 예컨대 2015년 삼성전자는 유럽 최대 통신사인 스페인 텔레포니카와 손잡고 셋톱박스가 필요 없는 인터넷 TV(IPTV) 서비스를 개시한 바 있다.[33] 또한 삼성전자는 스마트싱스(SmartThings) 플랫폼을 기반으로 다양한 제조·서비스 기업을 포괄하는 사물인터넷 생태계 구축에도 적극 나서고 있다.

---

33 삼성전자의 스마트 TV에 텔레포니카 IPTV 서비스인 '무비스타 플러스' 애플리케이션을 설치하면 텔레포니카 서비스는 물론 삼성전자가 제공하는 스마트 TV 서비스도 이용 가능하다.

M&A를 통해 유럽 신사업 진출을 도모

한국 기업이 유럽 시장에서 주력사업의 성장 한계를 극복하고 신사업 분야에서 시장선도자(first mover)가 되려면 해외 M&A에 대해 보다 적극적일 필요가 있다. 즉 시장을 선도하는 글로벌 기업의 위상을 확보하려면 M&A를 통해 차별화된 경쟁력을 확보해야만 한다. 지금까지 한국 기업들은 '발빠른 추종자(fast follower)'로서 인수합병을 하더라도 기존 사업의 경쟁력 강화를 위한 소규모·기술 분야·미국 기업 중심의 전략을 추진해온 게 사실이다. 다시 말해, 미국의 신생 기술기업을 중심으로 외부역량을 단기간에 이식하는 데 주력해왔다. 하지만 최근의 상황 변화는 '시장선도자'로서 업계 리더십을 발휘하려면 전방위적이며 공격적인 M&A를 통해 고유의 생태계를 구축해야 함을 말해주고 있다.

지금까지 한국 기업들은 미국 기업(기술) 선호 성향, 유럽 M&A 경험 부족, 유럽 시장에 대한 정보 미흡 등으로 유럽 M&A 시장에 그다지 관심을 기울이지 않았다. 하지만 앞으로는 해외 M&A의 성공 경험을 발판으로 유럽에서도 M&A를 추진할 필요가 있다. 제조업 기반이 강한 유럽은 한국 기업들의 성장에 기여할 수 있는 원천기술과 거대시장을 갖고 있다. 예컨대 자동차 및 부품, 음료, 화학 등 전통 제조업은 물론 바이오·제약, 의료기기, 소재, 에너지 등의 분야에서 강한 기술력을 보유하고 있다.

한국 기업이 유럽 M&A 시장에 진출할 수 있는 여건도 형성되어 있다. 지속되는 경제위기로 인해 수출시장으로서 유럽의 중요성은 줄어들었으나, 경기 부진과 경제 전반에 걸친 구조조정으로 저가의 매물이 시장에 꾸준히 유입되고 있는 것이다. 또한 유로화 및 파운드화의 약세로 비(非)유럽 기업

) 소프트뱅크의 영국 반도체회사 ARM 인수 (

2016년 7월 18일 일본 소프트뱅크가 영국 반도체 회사 ARM 홀딩스(ARM Holdings)를 234억 파운드(약 35조 1,800억 원)에 전격 인수하였다. 소프트뱅크는 ARM 주식을 주당 17파운드에 사들였다. 7월 15일 종가와 비교하면 43%의 프리미엄을 지불한 것이다.

ARM은 1990년 11월 영국 케임브리지에서 설립된 글로벌 기업으로, 생산 시설 없이 칩 설계와 개발만 담당하는 팹리스(fabless) 업체다. ARM의 비즈니스모델은 개발한 칩의 지적재산권(IP)을 칩 제조사에 판매해 로열티를 받는 구조다. 퀄컴, 애플, 삼성전자 등이 ARM에 로열티를 지불하고 애플리케이션 프로세서(AP)를 만들고 있다. ARM IP를 이용한 칩은 다양한 모바일기기에서 쓰이고 있다. ARM 기술을 쓰는 칩의 수는 2010년 연 60억 개에서 2015년 연 150억 개로 2배 넘게 급증하였다. ARM은 저(低)전력 설계 기술을 바탕으로 스마트폰에서 압도적인 시장점유율을 자랑한다. 전 세계 스마트폰의 95%가 ARM 기술을 쓴 AP를 탑재하고 있다. 태블릿 시장점유율은 85%, 웨어러블 시장점유율은 90%에 이른다.

현재 ARM은 3개의 '코어텍스(Cortex)' 제품군을 보유 중이다. Cortex-A는 스마트폰이나 태블릿 등에 들어가는 AP이며, Cortex-R은 약속된 시간 안에 응답하는 리얼타임 지원 프로세서이다. Cortex-M은 마이크로 컨트롤러 등 사물인터넷기기에 쓰인다.

소프트뱅크는 이번 인수를 통해 사물인터넷, 로봇, 커넥티드카 등 차세대 사업에서 유리한 입지를 확보할 것으로 전망된다. 《파이낸셜 타임스》는 "소프트뱅크가 ARM을 인수하여 사물인터넷 시장에서 업계 선두주자로 도약할 것"이라고 내다보았다. 실제로 소프트뱅크의 소프트웨어 서비스와 ARM의 두뇌가 결합된다면 사물인터넷, 인공지능, 로봇, 커넥티드카 등 다양한 분야에서 큰 시너지를 발휘할 수 있을 것이다.

이번 M&A는 '브렉시트' 국민투표 이후 엔화 가치가 오르고 영국 파운드화가 사상 최대폭 수준인 30% 가까이 하락함에 따라 용이하게 이뤄졌다. 전문가들은 소프트뱅크가 ARM을 속전속결로 인수한 데는 '엔화 강세/파운드화 약세'라는 절호의 기회를 놓치지 않겠다는 사업가적 마인드가 작용한 것으로 보고 있다.

(역외 기업)의 인수 여력이 향상되어 M&A 시장으로서의 매력은 오히려 증가하였다. 따라서 한국 기업들은 상대적으로 저평가되어 있는 유럽 기업을 대상으로 전략적 투자와 함께 재무적 투자를 병행할 필요가 있다. 경기 침체로 유럽 기업의 구조조정이 가속화되면서 실제 내재가치가 큰 기업들에 대한 인수 가능성이 높아지고 있기 때문이다.

특히 한국 기업들은 M&A 대상으로 유럽의 히든챔피언(Hidden Champions)[34]에 주목할 필요가 있다. 환경, 에너지 등 신성장 분야에서 원천기술을 지닌 유럽의 히든챔피언과 전략적 제휴를 추진하거나 M&A를 시도하는 글로벌 기업들이 늘고 있다. 2002년 이후 중국과 인도 기업도 히든챔피언 위주로 독일 기업을 인수해왔다. 인도 기업은 2008년까지 50개 이

---

34 독일 경영학자 헤르만 지몬(Hermann Simon)이 정의한 용어로, 연간 매출액 50억 달러 이하, 시장점유율 글로벌 3위 이내 혹은 지역 내 1위인 기업이면서도 대중적 인지도가 낮은 기업을 지칭한다.

상의 독일 기업을 인수했으나, 2011년과 2012년 사이에는 중국의 독일 기업 인수 건수가 32건으로 인도(8건)를 추월하였다.

다만 한국 기업이 유럽 M&A 시장에 진출하려면 유의해야 할 사항들이 적지 않다. EU는 28개국으로 구성된 복잡하고 까다로운 시장이어서 성공적인 M&A를 위해서는 철저한 사전 분석과 연구가 필요하다. 유럽의 M&A 관련 법률과 제도는 물론 문화적 특성이 미국과 다르고, 심지어 유럽 국가들 사이에도 관련 법률 및 적용 방식이 상이하다. 따라서 유럽 M&A 시장에 진출하려면 미국에서 사용하던 것과는 다른 전략이 필요하다.

자산운용사인 OFI 애셋 매니지먼트(OFI Asset Management)의 분석[35]에 따르면 유럽에서는 적대적 기업인수가 우호적 인수보다 실패 확률이 4배나 높다. 또한 유럽 주주들은 적대적 인수에 거부감을 갖는 경향이 강해, 주주들의 반대가 M&A 실패 원인의 42%를 차지할 정도로 M&A 성사 여부에 결정적인 영향을 준다(미국의 경우는 34%). 더군다나 EU 집행위원회 내 경쟁당국과 해당국 정부의 반대도 M&A 실패 원인의 15%를 차지한다. 이렇듯 유럽은 반(反)외자 정서가 미국보다 강하므로 유럽 기업 인수 시에는 현금지급 방식과 함께 추가 인수 프리미엄도 고려할 필요가 있다.

M&A 여건 측면만 놓고 보자면, 유럽 국가 중 영국이 가장 유리한 것으로 판단된다. OFI 애셋 매니지먼트의 분석에서 1998~2011년의 M&A 사례를 보면, 영국은 적대적 기업인수(전체의 17%) 비중은 물론 비유럽 기업들의 영국 기업 인수(전체의 33%) 비중 측면에서 다른 유럽 국가들보다 높다. 이는

---

35 Dieudonné, S., Cretin, F. and Bouacha, S. (2013). MAGMA Europe, a Tool to Analyse the European M&A Market.

) 중국의 독일 최대 로봇 업체 인수 (

하이얼과 더불어 중국의 양대 가전 업체로 꼽히는 메이디(Midea, 美的)가 독일의 산업용 로봇 업체 쿠카(Kuka)를 45억 유로(약 5조 8,000억 원)에 인수하였다. 쿠카의 지분 13.5%를 보유하고 있던 메이디는 2016년 7월 3일 쿠카의 최대 주주인 독일 엔지니어링 업체 보이트(Voith)로부터 쿠카 지분 25.1%를 12억 유로에 사들였고 이후 2,500만 주를 추가로 매입하여 총 76.4%의 지분을 확보하게 되었다.

1898년에 설립된 쿠카는 독일이 추진하는 '인더스트리(Industry) 4.0' 정책의 상징과도 같은 기업이다. 제조업 공정의 디지털화에 초점을 두고 자동차나 기계 생산 공정의 완전자동화를 주도해왔다. 아우디, BMW, 현대자동차, 보잉이 사용하는 산업용 로봇을 생산하고 있다.

독일 정치권에서는 자국의 최대 로봇 업체가 중국 기업에 팔린다는 것에 대해 반대가 심했다. 이에 메이디는 인수 후 쿠카의 독립적 운영과 중국 시장 진출 지원을 약속했으며, 본사와 공장, 일자리를 2023년까지 7년 반 동안 구조조정 없이 보장하기로 하였다.

쿠카를 인수함으로써 메이디는 이제 세계 최상위 로봇기술을 확보한 셈이다. 중국 정부는 '로봇 산업'을 미래 핵심 산업의 하나로 선정하고 2020년까지 산업용 로봇 판매량을 15만 대로 늘리고 그중 50%를 중국산으로 충당하겠다는 계획을 추진 중이다.

유럽 국가 중 영국이 기업인수합병에 있어 가장 자유롭고 개방적이라는 의미다.

한국 기업들은 유럽 M&A 시장 진출을 위한 사전작업의 일환으로 기업 특성에 따른 차별화된 모니터링 체계를 갖출 필요가 있다. 일반 기업의 경우 기업 데이터베이스를 토대로 기업의 성장성과 혁신성을 나타내는 경영지표를 정기적으로 수집·평가하고, 경쟁사의 동향과 제휴 관계 등 산업생태계 정보도 다양하게 수집해야 한다.

한편 히든챔피언의 경우, 확보할 수 있는 정보가 대부분 제한적이므로 현지 인력이나 기업 관련 행사를 적극 활용해야 하고, 오너 및 경영진과 우호 관계를 구축해둘 필요가 있다. 스타트업의 경우에는 혁신 및 기술 담당자를 수시로 파견하거나 현지에 인큐베이터를 운영해 스타트업 창업자들과 인적 네트워크를 구축하고, 경영 노하우와 자금을 제공하는 등의 노력도 필요하다.

유럽의 혁신 스타트업에 대한 관심 필요

한편 한국 기업은 엑시트(exit)[36]를 앞두고 있는 하이테크 분야의 스타트업 또는 엑시트 이후의 고속성장 기업에 관심을 가질 필요가 있다. 특히 사물인터넷 분야에서 신기술로 무장한 스타트업은 주목할 가치가 충분하다. 최근 유럽에서도 e-헬스 기능을 갖춘 웨어러블기기를 개발·생산하는 스타

---

36 벤처기업들이 자금 확보를 목적으로 기업을 증시에 상장(IPO)하거나 M&A를 통해 기업의 지분을 매각하는 것을 의미한다. 한국 기업들은 IPO에 의존하는 반면, 미국에서는 M&A 방식이 주류를 이룬다.

제4부 기회의 EU 경제

트업이 다수 등장하고 있다.

또한 하이테크 스타트업 육성을 통해 혁신기술을 선점하는 것도 하나의 방법이다. 유럽의 스타트업 허브는 실리콘밸리에 다소 뒤져 있기는 하지만 특유의 강점이 발휘될 수 있는 잠재력을 지니고 있다. 실제로 2015년 기준 스타트업 허브 경쟁력 순위[37]에서 실리콘밸리가 1위, 런던은 6위, 베를린은 9위, 파리는 11위를 기록하였다. ICT 1세대 '기기 및 소프트웨어' 허브는 실리콘밸리가 선점했으나, 유럽이 ICT 2세대 '콘텐츠' 허브의 경쟁력을 보유하고 있다는 분석이다.

이에 따라 구글 벤처스(1억 유로), 모자이크 벤처스(1.4억 유로) 등 유럽 스타트업 투자에 특화된 대규모 투자펀드가 속속 설립되고 있다. 그러므로 한국 기업들도 미국 기업들처럼 스타트업 육성을 위한 인큐베이션 운영을 검토할 필요가 있다. 이미 구글은 런던, 베를린 등 유럽 주요 도시에서 스타트업을 지원하는 인큐베이터를 운영하여 미래기술을 선제적으로 확보하고 있다.

끝으로 기업들은 벤처투자 활성화를 통해 장기적 혁신창출 전략을 모색할 필요가 있다. 구글을 비롯한 글로벌 기업들은 '사내 벤처캐피털(CVC; Corporate Venture Capital)'을 활발히 운영하고 있다. 구글, GE, 지멘스 등은 장기적·선제적 관점에서 유럽을 포함해 전 세계를 대상으로 초기 벤처투자를 강화하고 있다. 《포천》 글로벌 500대 기업의 20.2%가 CVC를 운영 중이며, 산업별로는 제약·바이오 66.7%, 통신 44%, 하드웨어·소프트웨어 42.9% 순으로 활용이 많은 것으로 파악되고 있다. GE(제조, 에너지, 금융),

---

37 Compass (2015). The Global Startup Ecosystem Ranking 2015.

바스프(화학), 카길(농산품), 도이체텔레콤(통신), 글락소스미스클라인(Glaxo SmithKline: 제약), 인텔(반도체), 리드 엘제비어(Reed Elsevier: IT), 지멘스(에너지, 헬스케어, 건설 등), UPS(물류) 등이 대표 기업들이다. 2009년 처음 출범한 구글 CVC(구글 벤처스)는 2014년 10월에 대유럽 스타트업 투자안을 발표한 바 있다.[38]

한국 기업들도 전략적 투자 관점의 M&A 이외에, 벤처투자 방식의 CVC 투자나 재무적 투자자와 연계한 공동투자 등의 대안을 모색할 필요가 있다. CVC는 꼭 M&A 측면에서 보지 않더라도 투자이익 실현이나 기술 확보, 사회공헌(CSR; Corporate Social Responsibility) 등의 추가 효용이 적지 않으므로 장기 혁신창출 전략의 일환으로 구사할 수 있는 바람직한 투자방안이다.

---

38 Google Ventures Spells Out Strategy for Investing in Europe (2014. 10. 20). *Financial Times.*

4

한국 기업을 위한 제언 Ⅱ: 규제 돌파를 위한 대응책

유럽의 디지털 산업 규제 강화는 장기적 추세

EU의 디지털 산업 규제 강화는 새로운 패러다임을 만드는 데 목적을 두고 있어 일시적 현상이라기보다는 장기적 추세인 것으로 판단된다. EU는 개인정보보호 강화를 위해 법적 효력을 갖는 대응책 마련에 상당한 진전을 보이고 있으며, 경쟁법 위반 조사 등 신사업활동 규제의 강도를 높여나가고 있다. 조세 규제 분야는 아직 초기 단계에 불과하지만 2017년 이후까지 진행될 구체적인 로드맵을 공개하였고 이를 철저히 이행해나갈 것으로 예상된다.

이를 인지한 다국적 디지털 기업들이 대응책 마련에 나서, 각 규제 분야에서 차별적 대응책을 도입하고 있다. 개인정보 규제에 대해서는 미국 디지

디지털 경제 규제방안과 기업의 대응

국적	EU 차원	회원국 차원	기업 대응
개인 정보 규제	• '잊힐 권리' 인정 • 일반정보보호규정도입 • 프라이버시 실드 시행	• 프라이버시 실드 준수 여부 감독 강화	• EU 내 데이터센터 확충

조세
규제
	• 세제특혜와 관련하여
	  정부 지원 규정 위반
	  조사 및 세금 추징 명령
	• 조세체계 정비 작업
	  진행
		• '구글세' 도입
		• 세금회피 조사 강화
			• 조직체계 개편
			• 기존 세금회피
			  수단 검토

신사업
활동
규제
	• 시장지배적 지위 남용
	  조사
		• 자국 디지털 기업
		  인수과정 개입
		• 산업 패러다임 변화
		  속도 저지
			• 강력한 법적 대응
			• 경제발전 기여에
			  대해 홍보
			• 신생 기업과 초기에
			  관계 구축
			• 신기술 안착
			  프로젝트 추진

털 기업들도 유럽 소비자들과 마찬가지로 미국 정부의 디지털 정보 남용의
피해자라고 주장하는 동시에 장기적 안목을 갖고 데이터센터를 구축하는
데 대대적 투자를 단행하고 있다. 이는 해당 분야에서 이미 EU의 규제 강화
가 상당 부분 추진되었기 때문인 것으로 분석된다.

　다국적 디지털 기업들은 3개 분야 중 신사업활동 규제에 대해 가장 강력
하게 반감을 표출하는 동시에 신기술이 경제에 미치는 긍정적 영향을 적극
홍보하고 있다. 신사업활동이 유럽인의 삶의 질을 높여줄 것을 확신하면서
신기술 확산은 시간문제라는 인식을 갖고 있기 때문인 것으로 보인다. 또한
디지털 생태계에 투자하며 디지털 신생 기업과 우호적 관계를 구축하고 신
기술이 유럽에 안착할 수 있도록 유럽 기업 및 규제당국과 협업하여 사회공

헌활동 성격의 프로젝트도 진행하고 있다.

한편 조세 규제에 대해서는 다소 소극적인 대응을 하고 있다. 세금회피에 대한 여론의 분노 수준이 여전히 높아 강력한 반발을 삼가는 듯 보인다. 또한 이 이슈가 법적 문제를 넘어 도덕적 문제로 확산된 가운데 자칫 대응책 마련 과정에서 과거 조세회피 구조와 관련한 정보가 공개되어 이미지에 큰 타격을 입지 않을까 우려하는 것으로 보인다. 예전에 조세혜택을 제공한 일부 회원국 정부와 한 배를 탄 상황이고 EU 차원에서 새로운 규제가 마련되고 있어 다국적 디지털 기업들은 우선은 '기다리며 지켜보는(wait and see)' 전략을 견지하고 있다. 과거 법적 체계가 미비했던 것은 기업의 잘못이 아님을 재차 강조하면서 앞으로 새로운 규제는 철저하게 지키겠다는 입장을 나타내고 있다.

유럽과 미국의 대결이라는 단편적 시각은 오류

주로 미국의 다국적 디지털 기업들이 EU 집행위원회와 회원국의 규제 대상이 되며 사업활동에 어려움을 겪고 있다. 그러자 미국 당국은 EU가 미국 기업을 차별한다고 비판하는 한편 대책 마련에 고심하고 있다. 이는 미국 기업들이 디지털 산업의 선두주자라서 겪는 어쩔 수 없는 결과인 것으로 보인다. 식음료 산업에서도 비슷한 상황이 전개되고 있다. 하지만 현재 상황을 유럽 정부와 미국 기업의 싸움이라고 단정 짓기는 어렵다. EU의 규제가 영향을 미칠 기업과 문제를 제기한 기업의 국적을 살펴보면 상황이 좀 더 복잡하기 때문이다. 한국 기업이 EU의 규제 강화 추세에 주목해야 하는 이

다국적 기업에 대한 EU 집행위원회의 주요 경쟁법 위반 관련 사건

기업	공식조사 개시 시점	구분	조사 분야	사건 번호	관련 회원국
애플	2014년	정부 보조금	세제특혜	SA.38373	아일랜드
스타벅스	2014년			SA.38374	네덜란드
아마존	2014년			SA.38944	룩셈부르크
맥도날드	2015년			SA.38945	룩셈부르크
구글	2010년	반독점	검색엔진	39740	–
구글	2015년		안드로이드	40099	–

자료: European Commission Competition: Cases 웹사이트 〈http://ec.europa.eu/competition/elojade/isef/index.cfm〉.

유도 바로 여기에 있다.

EU가 강화하고 있는 다국적 기업 규제는 대부분 국적에 상관없이 모든 기업에 적용될 것으로 예상된다. 개인정보 규제의 경우 사건의 발단이 미국 정부의 도청(盜聽)에서 시작되었기 때문에 '유럽 대 미국'이라는 구조가 명확해 보였다. 한편 일반정보보호규정은 유럽에서 활동하는 모든 기업에 적용되며 프라이버시 실드는 미국에서 데이터를 기반으로 한 사업활동을 하는 모든 국적의 기업에 영향을 미칠 것이다. 또한 세원 잠식 및 소득이전(BEPS) 프로젝트와 함께 EU가 정비하고 있는 조세체계도 모든 기업에 적용된다. 자국 디지털 기업에 대한 인수 개입의 경우 EU가 미국 기업에만 반감을 갖고 있는 것은 아니다. 예를 들어, 야후의 데일리모션 인수 실패 이후 중국(홍콩)의 PCCW(Pacific Century Cyber Works)가 데일리모션의 인수를 시도했는데, 여기에 프랑스 정부가 개입했다. 프랑스 정부는 '유럽의 디지

털 주권'의 미래가 달린 일이라며[39] 데일리모션의 모기업 오랑주에 데일리
모션을 비유럽 기업에 매각하기 이전에 모든 옵션을 고려할 것을 주문했다.

EU의 규제 대상에는 자국 기업도 포함되어 있다. EU 집행위원회는
2016년 1월에 발표한 벨기에의 초과이윤 비과세 조사 결과에서 특혜를 받
은 기업이 대부분 유럽 기업이며 벨기에 정부가 추징해야 하는 7억 유로 중
5억 유로를 유럽 기업이 납세해야 한다고 밝혔다.[40]

주요국의 신사업모델 규제 강화로 인해 유럽의 자국 기업도 영향을 받고
있다. 예를 들어 2014년 프랑스 정부가 택시업계를 보호하기 위해 도입한
테브누법 시행 이후 우버와 유사한 사업모델을 보유한 프랑스 신생 기업 힛
치(Hitch) 등도 조사를 받았다.[41]

더불어 EU의 반독점법 위반 조사 강화는 유럽을 무대로 한 미국 거인
들 간의 싸움의 결과라고도 볼 수 있다. 구글의 검색엔진 관련 반독점법 위
반에 대해 문제를 제기한 기업에는 다수의 EU 기업이 포함되어 있으나 규
모 측면에서는 미국의 마이크로소프트가 가장 크며 주도적 역할을 한 것으
로 판단된다.[42] 미국의 옐프(Yelp), 익스피디아(Expedia), 트립어드바이저
(Tripadvisor) 등도 여기에 포함되어 있다. 미국의 뉴스 코프(News Corp.)와
게티이미지도 EU 집행위원회에 구글의 반독점 행위에 대해 공식 항의를
한 바 있다.

---

39 French Government Weighs in on Proposed Dailymotion Sale to PCCW (2015. 4. 1). *The Financial Times.*

40 European Commission (2016). Belgian "Excess Profit" Tax Scheme: Statement by Commissioner Margrethe Vestager.

41 France–Uber Story (2015. 10. 1). *Associated Press.*

42 EU antitrust Case against Google Based on 19 Complaints: Sources (2015. 4. 24). *Reuters.*

회원국과 EU 집행위원회 차원의
'투 트랙' 대응전략이 필요

국가 및 지역의 문화와 산업구조에 따라 디지털 산업의 규제 강도가 상이할 것으로 예상된다. 사회적 자본주의를 추구하는 유럽대륙의 일부 국가가 신 사업모델 등장으로 인해 경쟁구도가 급격히 변화하는 것을 상대적으로 강력히 제어하고 있다. 프랑스의 테브누법 사례에서 볼 수 있듯이 한 국가의 산업 정책은 경로의존성으로 인해 급격한 변화가 힘들고 유사한 성향의 정책이 여타 산업으로 확산될 가능성이 높다. 따라서 유럽의 신산업 분야에 진출하는 한국 기업들은 회원국들의 경제제도를 철저히 분석하고 국가군별로 진출전략 및 규제 강화에 대한 대응책을 마련할 필요가 있다. 기업이 경제제도가 상이한 회원국에서 획일적인 사업전략을 추진할 경우 경영 측면은 물론 사회적으로도 큰 타격을 입을 수 있다.

또한 기업들은 산업 정책 분야에서 갈수록 강력한 권한을 보이고 있는 EU 집행위원회에 대응할 수 있는 소통창구를 마련할 필요가 있다. 여러 나라에서 문제가 발생하더라도 해결책 및 규제 마련은 브뤼셀에서 진행될 가능성이 높기 때문이다. 2015년 2월 구글은 기존의 '북부/중부 유럽' 담당과 '남부/동부 유럽 및 중동 아프리카' 담당으로 분리되어 있던 조직을 하나로 통합하였다. EU를 상대로 한목소리를 내며 민첩하게 대응할 수 있는 구조를 구축하기 위한 포석으로 풀이된다. 아울러 EU의 정책 방향성을 설정하는 데 중요한 역할을 하는 기관들과의 관계 강화도 필요하다. 이러한 차원에서 구글은 유럽의 다양한 단체 및 기관들과 지속적 교류를 맺고 있다. 2015년 9월 기준 구글은 산업 단체에 속해 있을 뿐만 아니라 리스본 카운슬(Lisbon Council), 브뤼겔(Bruegel) 연구소, 유럽국제정치경제연구소(ECIPE; European Center for International Political Economy), 유럽정책센터(EPC; European Policy Centre) 등 유럽의 대표 싱크탱크들의 멤버로도 가입되어 있다.[43]

눈에 보이는 마케팅과 눈에 보이지 않는 사회공헌활동이 필요

디지털 기업들은 신기술의 필요성과 그것이 경제 및 사회에 미치는 긍정적 영향력을 적극 홍보해야 한다. 그러려면 꾸준한 정보 수집 및 분석이 필요하다. 우버나 에어비앤비 등 공유경제 기업과 디지털 생태계를 구축하고 있는 기업들도 이 전략을 도입하는 추세다.

애플의 경우 자사의 유럽 내 일자리 창출 기여도를 보여주는 웹사이트를 운영하고 있다. 이 웹사이트는 2016년 1월 기준 애플이 유럽에서 직간접적으로 146만 개의 일자리를 창출하는 데 기여했음을 보여준다. 애플은 유럽에서 2만 2,000명을 직접 고용하고 있고, 애플의 투자 및 성장의 혜택으로 여타 기업이 24만 1,000명을 고용하게 되었으며, 애플의 앱스토어 생태계가 120만 개의 일자리를 창출하는 데 간접적으로 기여했다고 밝히고 있다.[44]

---

43 EU Transparency Register 웹사이트 〈http://ec.europa.eu/transparencyregister/public/consultation/displaylobbyist.do?id=03181945560−59〉.

44 Apple: Apple's Job Creation in Europe 웹사이트 〈http://www.apple.com/uk/job-creation/〉.

구글은 구글캠퍼스가 경제성장에 미치는 긍정적 영향을 연차보고서를 통해 적극 홍보하고 있다. 2015년 런던 캠퍼스와 마드리드 캠퍼스에 자리 잡은 스타트업이 각각 1,040개와 1,269개의 일자리를 창출했으며 각각 7,598만 달러와 1,870만 달러의 투자자금을 유치했다는 보고서를 발표 했다.[45]

한편 사회공헌활동을 전개할 경우에는 개방적이며 '차분한' 전략이 효과적이다. 디지털 생태계를 구축한 기업들은 네트워크 효과를 통해, 신사업을 앞세운 기업들은 선점 효과를 통해 유럽 시장을 장악하고 있다. 이러한 상황에서 자칫 메시아적 성격을 지닌 사회공헌활동은 반발을 일으킬 수 있으므로 상향식(bottom up) 사회공헌 프로젝트를 개발할 필요가 있다. 이 전략의 핵심은 디지털 생태계 또는 신사업활동의 영향을 받는 경제주체들을 사회공헌활동에 포함시키는 것이다. 이때 경제주체란 경쟁업체가 될 수도 있고 소비자가 될 수도 있다.

기업홍보 측면에서 기업들은 구글의 기민하고 고차원적인 전략을 참고할 필요가 있다. 구글은 유럽 내 자사 이미지 개선을 위해 2015년 4월 1억 5,000만 유로를 투자해 '디지털 뉴스 이니셔티브(DNI)'라는 프로그램을 출범시켰다. 유럽 저널리즘의 기술혁신을 지원하는 것이 구글이 표방하는 프로그램의 목적이지만, 실제로는 유럽 언론사와 우호적 관계를 구축하려는 것이 궁극적 목적임은 부인하기 어렵다. 이 프로그램의 진정성을 설득한 결과, 성향이 매우 다른 영국의 《파이낸셜 타임스》와 《가디언》 등 11개 언론사가 창립 멤버로 참여하였다. 2016년 7월 현재 유럽 내 170여 개 언론사

---

45 Google Campus. Campus: Come Start Something.

들이 이 프로그램에 참여하고 있는데, 구글은 3년간 혁신기금 명목으로 총 1억 5,000만 유로를 지원할 계획이다.

영국의 대표적 진보 성향 신문인 《가디언》은 당시 "언론사들은 구글의 화해 노력에 기회를 줘야 한다"라는 제목의 기사를 냈다.[46] 《가디언》은 구글의 부상으로 언론계가 뉴스 제공에 대한 독점력을 상실하며 큰 타격을 입었다는 분석을 내놓으면서도, 언론계는 이제 디지털 기술 없이는 생존할 수 없으며 구글도 언론계가 생산하는 콘텐츠 없이는 생존할 수 없다고 주장하며 구글과의 결투보다 협력이 필요함을 역설했다.

로마에 가면 로마의 법을……

EU의 디지털 경제 규제 강화로 다국적 기업들이 사업활동에 어려움을 겪고 있는 것은 주지의 사실이다. 디지털 산업의 성장 또는 4차 산업혁명의 본격화로 EU의 규제는 더욱 강화될 것으로 보인다. 과거에도 다국적 기업이 미국의 산업 패러다임을 이른바 글로벌 스탠더드로 인식하고 유럽의 규제에 불만을 표시한 사례가 적지 않았다. 그러나 유럽에서 규제 정글에 빠르게 적응한 기업은 국적과 상관없이 성공의 발판을 만들 수 있었다. 산업 정책은 시장논리로만 결정되는 것이 아니며 해당 국가의 문화와 인식, 그리고 직면하고 있는 사회문제도 중요한 영향을 미친다. 일례로 EU는 유럽 문화산업의 침체를 우려해 1989년 텔레비전 방송국들이 유럽 제작

---

46 Publishers Should Give Google a Chance as it Tries to Make Peace (2015. 4. 28). *The Guardian*.

물에 총 편성시간의 50% 이상을 할당하도록 하는 지침을 채택한 바 있는데, 2016년 5월 이와 유사하게 EU는 온라인 주문형 비디오(VoD) 업체들에 콘텐츠의 20%를 유럽 제작물로 채우도록 하는 '시청각 미디어 서비스 지침(Audiovisual media services directive)' 개정안을 발표하였다.[47] 넷플릭스와 아마존은 이러한 움직임에 발 빠르게 대응하여 유럽 콘텐츠의 자체 제작은 물론 현지 제작업체들에 대한 투자를 확대하고 있다. 넷플릭스의 경우 유럽에서 최초로 제작된 오리지널 TV 시리즈인 〈마르세유(Marseille)〉를 2016년 5월 초에 방영했으며, 11월에는 영국에서 제작된 엘리자베스 2세와 관련된 시리즈물인 〈왕관(The Crown)〉을 내놓을 예정이다.

현재 상황이 이런 만큼, 향후 유럽 디지털 시장을 공략하려는 기업들은 "로마에 가면 로마의 법을 따르라"라는 격언이나 입향순속(入鄕循俗)을 기억하고 유럽에 대한 이해와 현지화를 위한 노력을 강화할 필요가 있다.

한국 기업들도 규제 돌파를 위한 대응책 마련 필요

한국 기업 역시, EU의 역외 기업 규제와 차별대우를 극복하기 위한 방안을 신속히 마련해야 한다. EU의 기업 규제가 아직까지는 미국 글로벌 기업에 집중되고 있으나, 앞으로는 그 대상이 중국과 한국 등 여타 국가의 기업들로 확대될 가능성이 크다.

---

47 European Commission (2016). Commission Updates EU Audiovisual Rules and Presents Targeted Approach to Online Platforms.

한국 기업들은 개인정보보호, 소비자 보호, 조세, 환경 및 에너지, 노동 등 EU 규제 변화를 면밀히 주시하여 불필요한 제소와 제재 등의 가능성을 사전에 최소화할 필요가 있다. 2015년 독일 노르트라인베스트팔렌 소비자 협회는 한국 전자 업체의 스마트 TV가 개인정보를 무단 수집한다며 독일 법원에 제소한 바 있다. 확인 결과 고객 동의를 전제로 필수 항목만 수집한 것이어서 소비자단체의 이해 부족에서 비롯된 잘못된 소 제기로 밝혀졌지만, 이는 고객과의 커뮤니케이션이 얼마나 중요한지를 보여주는 하나의 좋은 사례라 하겠다.

한국 기업들은 역내 고용 확대, 사회공헌활동 등을 통해 EU 사회의 일원으로서 EU 발전을 위해 노력하고 있음을 적극 홍보할 필요가 있다. 다시 말해, 앞으로 한국 기업들은 EU의 디지털 경제에 기여할 수 있는 전략적 파트너로서 포지셔닝해야 하는 것이다.

EU는 미국 기업들의 독주를 더는 방관해서는 안 된다는 입장[48]이어서 그들을 견제하기 위한 제도적 장치를 강화하는 추세다. 귄터 외팅거 EU 집행위원은 미국 기업들의 파괴적인 신사업모델이 자동차, 가전, 조명, 섬유, 에너지, 가공식품 등 유럽의 전통산업을 위협하고 있어 대항마를 육성하는 것이 시급하다는 입장을 피력한 바 있다.[49]

다행히 유럽인들은 한국 기업들을 미국에 맞설 수 있는 기술력을 보유한 잠재적 협력파트너로 인식하고 있다. 우리 기업들이 전략적 마케팅을 펼칠 수 있는 유리한 여건이 조성되어 있는 셈이다. 앞으로 한국 기업들은 EU의

---

48 이를 '반(反)GAFA 정서'라고 부르는데, GAFA는 미국의 IT 산업계를 대표하는 'Google-Apple-Facebook-Amazon'을 지칭한다.

49 Europe Seeks a Model to Repel U.S. Internet Giants (2015. 5. 21). *The Wall Street Journal*.

미국 기업에 대한 견제심리를 십분 활용하여 유럽 기업들과의 제휴를 통해 콘텐츠 및 서비스 사업을 강화하고 사물인터넷 등 새로운 사업기회를 모색할 필요가 있다. 앞으로 확대될 EU의 디지털 시장에서 입지를 강화할 수 있느냐의 여부는 한국 기업들 하기에 달려 있다.